Der Autor dieser Biographie über Michael Hatcher, Hugh Edwards, ist ein Kenner der Unterwasserarchäologie. Als preisgekrönter Autor schrieb er unter anderem den Bestseller »Islands of angry Ghosts«, die tragische Geschichte des niederländischen Schiffes Batavia, das 1628 vor der Küste Australiens auf ein Riff lief und unterging. Unter den Überlebenden entbrannte eine blutige Meuterei. Die Batavia wurde 1963 gefunden und unter schwierigen Bedingungen geborgen.

Neben der Schriftstellerei, arbeitet der Australier Hatcher als Fotograf für maritime Themen. Er lebt in Perth.

W0177191

Hugh Edwards

Weißes Gold aus blauer Tiefe

**Das Leben des Mike Hatcher
und sein spektakulärster Coup: die
Hebung des Porzellanschatzes
der Tek Sing**

Aus dem Englischen
von Regina Schneider

SIERRA

Bildnachweis:
© Hugh Edwards, Nr. 1, 16, 17, 19, 21, 22, 23, 24, 25, 26, 27, 28, 29, 30, 31
© Michael Hatcher, Nr. 3, 4, 5, 6, 7, 8, 9, 10, 11, 12, 13, 14, 15
© Panorama, Nr. 2
© Dive New Zealand, Nr. 18, 20, 32
© Nagel Auktionen, Stuttgart, Nr. 33, 34, 35

Die Deutsche Bibliothek – CIP-Einheitsaufnahme
Ein Titeldatensatz für diese Publikation ist bei
Der Deutschen Bibliothek erhältlich.

REISEN · MENSCHEN · ABENTEUER

Deutsche Erstausgabe, 1. Auflage 2001
© SIERRA bei Frederking & Thaler Verlag, München
in der Verlagsgruppe Randomhouse GmbH
© Hugh Edwards und Michael Hatcher
2000 erschienen bei Harper Collins Publishers, Australien
Originaltitel: Treasures of the Deep
Titelfotos: oben Hugh Edwards, unten Mike Hatcher
Lektorat: Susanne Meyerhöfer, München
Karte: Margret Prietzsch, Gröbenzell
Umschlaggestaltung: Atelier Seidel, Altötting
Satz/DTP: Martin Strohkendl, München
Herstellung: Sebastian Strohmaier, München
Druck und Bindung: Clausen & Bosse, Leck
Das Papier wurde aus chlorfrei gebleichtem Zellstoff hergestellt
ISBN 3-89405-135-3
Printed in Germany

www.frederking-und-thaler.de

Pressestimmen zu Fund und Auktion:

Meer des weißen Goldes

Stuttgart wird der riesige Porzellanschatz einer vor fast 200 Jahren gesunkenen chinesischen Dschunke versteig...

„Die Dschunke Tek Sing geht im Hauptbahnhof vor Anker"
Stuttgarter Zeitung vom 5.8.2000

„Gesamterlös von 22,4 Millionen Mark"
Süddeutsche Zeitung vom 27.11.2000

„Eine logistische Meisterleistung"
Der Spiegel, Nr. 21/ 2000

„die größte Auktion aller Zeiten"
Süddeutsche Zeitung vom 9.8.2000

„Ein Porzellanschatz unterm Hammer"
Stern vom 29.6.2000

„heiße Ware aus der Dschunke"
Stern, Nr. 47/ 2000

„Eine außergewöhnliche Auktion in Stuttgart"
Neue Zürcher Zeitung vom 21.8.2000

„Zerbrochene Hoffnungen, heile Schüsseln"
Frankfurter Allgemeine Zeitung vom 19.8.2000

50 Meter lang ist das Holzschiff im Stuttgarter Hauptbahnhof, in dem 350 000 Stück Porzellan ausgestellt sind. Foto: dpa

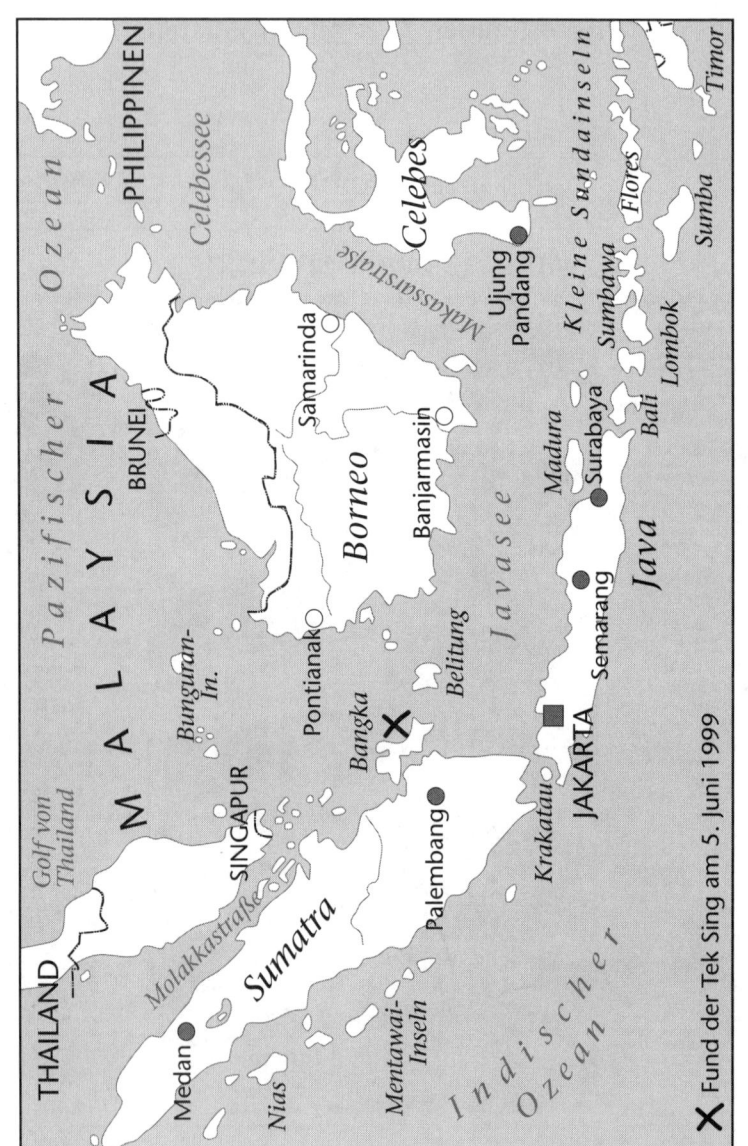

THAILAND

Golf von Thailand

Molakkastraße

SINGAPUR

M A L A Y S I A

Pazifischer Ozean

PHILIPPINEN

BRUNEI

Borneo

Celebessee

Celebes

Makassarstraße

Samarinda

Banjarmasin

Pontianak

Burungan-In.

Ujung Pandang

Kleine Sundainseln

Sumbawa

Flores

Sumba

Timor

Lombok

Bali

Surabaya

Madura

Semarang

Java

Javasee

Belitung

Bangka

Palembang

Sumatra

Mentawai-Inseln

Nias

Medan

JAKARTA

Krakatau

Indischer Ozean

✕ Fund der Tek Sing am 5. Juni 1999

Inhalt

1
Geisterschiffe der Gaspar-Straße

5. Juni 1999. Früher Morgen. Über dem Südchinesischen Meer geht die Sonne auf, glühend rot und sengend, und spiegelt sich rosa in den weißen Aufbauten der *Restless M*, die ihren blauen Rumpf sanft in der Dünung hinter dem Riff vor Anker wiegt. Es sollte ein schicksalhafter Tag werden. Aber er begann wie jeder andere.

Der Koch war schon sehr geschäftig, hantierte mit seinen Aluminiumtöpfen in der Kombüse. Wie immer in südostasiatischen Gewässern gab es Reis und Fisch.

Im Süden ragte die grüne Dschungelspitze der Gaspar-Insel durch den dichten Morgennebel und teilte die Gaspar-Straße. Die Insel war zu weit weg, als dass man das einzelne Haus unter den Kokospalmen am Strand hätte erkennen können. Ansonsten lebte dort auf den Hügeln oder an der Küste niemand, denn der malaiischen Tradition nach gilt dieses Ufer als unheimlich, als Ort der bösen Geister. *Han tu.*

Vor mehr als einem Jahrhundert war der Strand einmal übersät mit Schiffbrüchigen, die dort entlang der Gezeitenmarke angespült wurden wie ineinander verschlungenes Treibholz. Und das ist der Grund, warum die Insel bis heute als Ort der bösen Geister gilt. Die Crew des *Restless M*, obgleich das beim Frühstück an jenem Morgen noch keiner ahnen konnte, war im Begriff, Teil dieser alten und schrecklichen Geschichte zu werden – einer Geschichte, bei der an einem schwarzen Monsun-Tag im Jahre 1822 mehr Menschen ertranken als 1912 bei der Katastrophe der sehr viel berühmteren *Titanic*.

Kurz darauf war die *Restless M* in Fahrt, zog im sprudelnden Kielwasser ein Tauchboot hinter sich her, die so genannte »Gummi-Ente«, die kräftig an der Schleppleine riss. Bis das Schiff sein Operationsgebiet erreicht hatte, peitschte der Südost-Passatwind tückische weiße Schaumkronen von den Wellenspitzen. Es war die Zeit des Südost-Monsuns, die typische Sommerwetterlage mit allgemein vorherrschenden Winden, die jegliche Aktivität im Südchinesischen Meer beeinträchtigen.

Die Crew der *Restless M* machte sich an die alteingespielte Teamarbeit, während einige noch die letzten Frühstücksbissen kauten. Die Augen verfolgten die Messgeräte und Bildschirme, auf der Suche nach einer Anzeige auf dem Magnetometer (ein torpedoförmiges Instrument, das hinter dem Suchschiff hergezogen wird und das Auftreten von Eisen registriert), nach einer Wölbung der flachen Grundlinie des Echolots, nach einem ungewöhnlichen Muster, das das Side-Scan-Sonar sichtbar macht. Immer in der Hoffnung auf einen Treffer. Allerdings waren nach Monaten der Misserfolge und falscher Alarme nun alle Hoffnungen und Erwartungen auf dem absoluten Tiefpunkt.

Doch was half das – die Arbeit musste trotzdem getan werden. Langsam und methodisch suchte das 24 Meter lange Schiff den Meeresgrund ab, »mähte das Gras«, wie die Crew diesen Teil ihrer Arbeit nannte, weil es sie an das Rasenmähen an Land erinnerte und weil, so sagten sie, elektronisch gesehen dabei ebenso wenig Aufregendes passierte. Rauf und runter, hin und her, Bahn für Bahn sondiert das Suchgerät über Hunderte von Kilometern den Meeresgrund – allerdings mit einem entscheidenden Unterschied: Mit einem Rasenmäher hat bislang noch niemand einen Schatz gefunden.

An Bord der *Restless M* aber bestand immer die Möglichkeit, dass die nächste angesteuerte Suchbahn, die nächste nautische Meile, diejenige welche sein könnte. Dass die nächste Stunde, der nächste Tag »den Volltreffer« bringen könnte. Und diese Hoffnung war nie ganz erloschen, auch wenn sie derzeit nicht eben besonders groß war.

Die Rudergänger in den einheimischen indonesischen und malaysischen Fischerbooten – niedrige Nussschalen mit scharf geneigtem Bug – hatten längst aufgehört herumzurätseln, auf was dieses Suchschiff wohl aus sein mochte. Die *Restless M* gehörte mittlerweile genauso ins Bild wie die aufsteigenden Fregattvögel und die gelegentlichen Strichböen, die über die Wellen nördlich der Gaspar-Straße pfiffen.

Ihre Position war knapp über zwei Grad südlicher Breite unterhalb der imaginären Linie des Äquators – eine Position nördlich von Java, östlich von Sumatra und südlich von Singapur. Borneo, das heutige Kalimantan und Heimat des Orang-Utans, des haarigen »roten Mannes der Bäume«, lag am östlichen Meeresrand riesig und brütend unter seinem dichten Dschungelblattwerk in ein Wolkenband gehüllt.

– Ein sehr geschichtsträchtiges Meeresgebiet.

Jahrhundertelang durchkreuzten chinesische Dschunken mit rechteckigem Heck, holländische und britische Ostindienfahrer mit breitem Bug, arabische Dhauen mit Lateinsegeln, malaiische Proas mit Bambussegeln sowie große Makassarenschoner die so genannten »Trade-Wind«-Routen. Segelschiffe aller Formen und Größen durchfuhren mit ihrem Kiel die Gelasar- oder Gaspar-Straße. In Bauform und Ausführung unterschieden sich die Schiffe zwar beträchtlich, doch eines hatten sie außer dem Meer noch gemeinsam: Alle waren sie auf ihren Reisen vom Wind abhängig. In diesem Teil der Welt, den die Europäer ausgehend von der eigenen geographischen Lage, den »Fernen Osten« nennen, wehen die Winde derart beständig und vorhersagbar, dass sie zur Zeit der Segelschifffahrt als *Trade Winds*, als Passatwinde, bekannt wurden. Sie ermöglichten den Austausch von Waren zwischen Ländern und Kontinenten.

Während des Monsuns der nordischen Winter peitschten die Nordostpassate die Dschunken, Dhauen und voll beladenen Ostindienfahrer aus China und der Straße von Malakka heraus nach Batavia (dem heutigen Jakarta, Indonesien). Einige fuhren direkt in die Sunda-Straße, das Tor zur wogenden blauen Weite des Indischen Ozeans. Der Sommerwind, der Südostpassat, blies aus der anderen Richtung und brachte die aus Europa einlaufenden Schiffe die Sunda-Straße hinauf und weiter nach Malakka, Kanton und Macao.

All diese Schiffe mit ihren kostbaren Ladungen aus Silber, Gewürzen, Tee, Porzellan, Seide und manchmal auch Gold kreuzten durch diese Gewässer, in denen jetzt die *Restless M*, ein Spürhund mit blauem Rumpf, auf Schatzsuche war. Sie suchte und schnupperte mit ihrem hochtechnischen Messgerät über den Meeresboden, nahm zwischen Korallen und Sandbänken Fährte auf, von etwas Menschengemachtem, etwas Künstlichem … einer nicht überbrachten Fracht.

In diesem Gebiet auf ein Schiffswrack zu stoßen, war sehr wahrscheinlich. Alle Schiffe in dieser Region mussten in jener Zeit die berüchtigte Gaspar-Straße zwischen den Inseln Bangka und Belitung passieren, rechts oder links an der Gaspar-Insel vorbei. Um die Reise durch die Meeresstraßen erfolgreich zu beenden, mussten weit ausgedehnte Korallenriffe umschifft werden. Am unteren Zipfel des Südchinesischen Meeres hatten die Schiffe eine Reihe von tückischen Riffen zu umsegeln, darunter das Belvidere-Riff und die Warren-Hastings-Bänke – schwer zu sichtende Hindernisse und Untiefen, die gefährlich aus dem Wasser ragten und auf die ein Schiff mit dem Kiel leicht auflaufen konnte.

Der Vermessungskurs der *Restless M* führte an jenem besonderen Tag über den Meeresgrund um den berüchtigten Belvidere-Felsen – schwarze Granitsteine, gerundet und ausgewaschen, wie menschliche Schädel, geradezu symbolisch für die vielen Schiffswracks in diesem Gebiet. Es gab damals keine Leuchttürme, Bojen oder Warnzeichen, die auf Gefahren hingewiesen hätten, und auch heute gibt es nichts dergleichen. In dunklen Nächten oder wenn der Nordostmonsun die tropische See zu einer weißen Schaumkronenflut aufpeitscht, sind die Riffs unter der Oberfläche nicht auszumachen. Die Korallen ragen scharf und spitz als Unterwassergrate und -klippen aus dem

Meeresboden empor – zu steil, als dass die Lotleinen der Segelschiffe rechtzeitig vor den Gefahren warnen konnten. »Brandung voraus!« – dieser verzweifelte Ruf des Matrosen im Ausguck kam für viele daher oft zu spät.

Schiffe aller Größen und Nationalitäten sind hier schon zerschellt und untergegangen, und mit ihnen die angsterfüllten Schreie der Ertrinkenden, erstickt in der Nacht. Die Geisterflotte der Gaspar-Straße – jedes einzelne Schiff nahm sein eigenes Geheimnis um das gewaltsame Ende und die verlorene Ladung mit in die Tiefe. In einer Tiefe von 16 Faden (96 Fuß oder 29 Meter) liegen die Wracks mitsamt Geschütz, den Gebeinen ihrer ertrunkenen Passagiere und deren Erinnerungen. Und da liegen sie, überwuchert von Korallengärten und leuchtenden orangefarbenen Gorgonienfächern, bewacht von Haien und Fischen, bis eines schönen Tages einmal der Schatten der *Restless M* darüber hinweggleiten würde – vielleicht.

Aufgabe der *Restless M* als Bergungsschiff war es, nach verlorener Ladung zu suchen. Alte holländische Silberdukaten, Rix-Dollar, 8-Real-Stücke aus dem 17. und 18. Jahrhundert erfreuen das Herz eines jeden Entdeckers. Und der Gedanke an Gold lässt es noch einmal höher schlagen. Doch das erlesene Porzellan, das chinesische Töpfer in längst vergangenen Jahrhunderten hergestellt hatten, war im Verhältnis ebenso wertvoll wie Silber und Gold. Vorausgesetzt, das Meer war diesem Schatz wohl gesonnen gewesen. Die *Restless M* hatte in den letzten Jahren schon oft millionenschwere Ladungen aufgespürt. Doch bis zu jenem 5. Juni 1999 am Belvidere-Felsen lag eine lange Durststrecke hinter ihr.

Dabei war Kapitän Mike Hatcher, dem wohl erfolgreichsten Schatzsucher der südostasiatischen Meere, mit der *Restless M* schon einmal, 1983, ein Sensationsfund geglückt. Zusammen mit seinem Partner Max de Rham hatte er am Admiral-Stellingwerf-Riff den 1752 gesunkenen holländischen Ostindienfahrer *Geldermalsen* entdeckt. Das Zeeland-Schiff trug genau die Art von Ladung, von der die meisten Möchtegern-Schatzsucher nur träumen können. Mit der Bergung der »G«, wie sie von Hatcher liebevoll genannt wurde, machte er sich einen großen Namen. Das Gold und Porzellan des Bergungsguts wurde 1985 in Amsterdam versteigert und erbrachte einen Auktionserlös von 20 Millionen US-Dollar. Eine sagenhafter Finderlohn.

Die Bergung der *Geldermalsen* hatte etwas von abenteuerlicher Schatzsuche, etwas Glamouröses, das das Interesse der Zeitungen, des Fernsehens und der Filmemacher erregte. Das Alltagsgeschäft, die mühevolle Arbeit der Wracksucher, bei der sich vor allem mit Zinn und Nichteisenmetallen, Kupfer, Messing und Bronze aus gehobenen Wracks der neueren Zeit Geld verdienen lässt, findet normalerweise kaum Beachtung. Aus eigener Kraft brachte es Hatcher zum Dollarmillionär, vornehmlich mit dem Heben deutscher U-Boote und gesunkener Handels- und Kriegsschiffe – den Opfern des Zweiten Weltkrieges.

Das war in den achtziger Jahren. In den Neunzigern dagegen wandelte sich Hatchers Glückssträhne in eine Verlust bringende Pechsträhne. »Hatch« arbeitete zwar noch immer nach der gleichen Methode, doch gute Wracks waren immer schwerer zu finden. »Es ist da und wartet«, pflegte er zu sagen, wenn er ein bestimmtes Ziel verfolgte, und das hoffnungsvolle Funkeln in seinen Augen erlosch dabei nie, »vielleicht schon an der nächsten Vermessungslinie.«

Als er schließlich im Golf vor Thailand auf ein Wrack mit jahrhundertealten Gefäßen und Keramiken stieß, umzingelte die königlich thailändische Marine sein Bergungsschiff mit Kanonenbooten. Sie befestigten Haftminen an den Ankerketten und brachten die Ladung mit Waffengewalt an sich, obwohl Hatchers Schiff in internationalen Gewässern und 55 Seemeilen vor der nächstgelegenen Küste lag.

»Die Macht liegt im Gewehrlauf«, wie der chinesische Führer Mao Tse-tung einst weise bemerkte. Hatcher mag zwar nach seiner eigener Moral gehandelt haben, doch die Thai hatten die Kanonen zündfertig geladen und auf Hatchers Schiff gerichtet – ein bewaffneter Überfall im nautischen Sinne.

»Die Ladung war zwischen acht und zehn Millionen Dollar wert«, beklagte er später. Die australische Regierung weigerte sich einzuschreiten, da sie die Handelsbeziehungen mit einem Nachbarstaat nicht unnötig aufs Spiel setzen wollte.

Für Hatcher und seine Crew hieß es also, weiter »das Gras zu mähen«. Es vergingen drei weitere erfolglose Suchaktionen vor den Küsten des kriegszerstörten Kambodscha und Vietnam sowie ein Sommer vor Ternate auf den Molukken (den früheren Gewürzinseln), wobei der Suchradius im Ausgangsgewässer vor Singapur immer weiter ausgedehnt wurde. Und schließlich ging das Geld aus. Im Juni 1999 war die *Restless M* auf der Rückfahrt über die Gaspar-Straße nach Singapur. Den Männern an Bord war die desolate finanzielle Situation sehr wohl bewusst. Mike Hatchers langjährige Investoren waren die – um es im Jargon der Ölbohrindustrie auszudrücken – vielen »Trockenbohrlöcher« leid, wie etwa die vor Kambodscha. Sie hatten keine Lust, noch mehr Geld zu investieren, um damit doch nur einen weiteren Schlag ins Wasser zu landen.

Hatcher war allem Anschein nach die längste Zeit im Geschäft gewesen, und die Nachricht von seiner misslichen Lage verbreitete sich mit Windeseile unter den anderen Operatoren vor den Küsten Südostasiens – insbesondere unter denen, die auf Wrackladungen, Öl und andere Bodenschätze aus waren. Seit zwanzig Jahren stand Hatchers Name für erfolgreiche Wracksuche, und nicht wenige waren es leid, ihn immer wieder zu hören und sein Bild in Zeitungen und im Fernsehen zu sehen. Das öffentliche Mitgefühl für Kapitän Mike Hatcher hielt sich also in Grenzen, einige weideten sich sogar hämisch an seiner unglückseligen Lage. »Vom eitlen Pfau zum gerupften Huhn!« krähten sie. »Hat den Mund diesmal ein bisschen zu voll genommen. Hatcher ist erledigt. Aus und vorbei. Er kann sich nur nicht feig geschlagen geben.«

Es wurde zunehmend schwerer für Hatcher, seine überdrüssigen Investoren bei der Stange zu halten. Selbst sein so berühmter und normalerweise unwiderstehlicher Enthusiasmus und

Eifer stieß nur auf taube Ohren. »Wenn wir nur lange genug weitersuchen«, hatte Hatcher immer und immer wieder beteuert, »dann müssen wir letztendlich Erfolg haben. Das ist ganz einfach logisch, wenn man die Sache richtig betrachtet und bedenkt.«

»Nur lange genug weitersuchen« – so lautete sein Wahlspruch. Doch der war mittlerweile ausgereizt. Die Logik war eine Sache – lautete das niederschmetternde Urteil –, sie kostete jedenfalls nichts, doch die Betriebskosten waren eine ganz andere. Jeder Tag, an dem die *Restless M* ihre Messinstrumente rauf und runter zog, kostete Hunderte von Dollar; eine Woche sogar mehrere tausend. Nach Monaten und Jahren gehen die Kosten in die Millionen. Allein mit der Bergung eines Wracks bei Kambodscha wurden drei Millionen Dollar in den Sand gesetzt – eine ganze LKW-Fuhre voller US-amerikanischer Banknoten, das neuzeitliche »Gold« Südostasiens, für immer verloren.

Abgesehen von den Kosten für Schiff, Treibstoff und Ausrüstung musste auch noch die Crew bezahlt und verpflegt werden. Mitte 1999 hatte die Mannschaft an Bord der *Restless M* drei Monate lang keinen Gehaltsscheck mehr gesehen. Und kaum einer glaubte daran, die Heuer rückwirkend in voller Höhe ausbezahlt zu bekommen, auch nicht zurück an Land in Singapur. Die Kassen, das wussten alle, waren leer.

Das waren die nackten Tatsachen. Die Underwater Sub Sea Services, Mike Hatchers Betreiberfirma, war faktisch am Ende. Ohne Geld. Zahlungsunfähig. Bankrott. Das Glücksspiel – denn Wracksucher sind wie die Goldsucher an Land immer auch Glücksritter – war gescheitert.

So schien es zumindest.

Hatcher ging ein letztes Mal an Land. Er war von der Insel Bangka nach Jakarta geflogen, um seine Investoren ein letztes Mal telefonisch zu beschwören, den Geldhahn nicht endgültig zuzudrehen. Die Reaktion war, gelinde formuliert, negativ, was inzwischen selbst Hatcher nicht anders erwartet hatte. Doch während Hatcher in Jakarta weilte, ortete das Side-Scan-Sonar an Bord der *Restless M* am frühen Abend des 5. Juni gegen sechs Uhr eine auffällige Unregelmäßigkeit am Meeresboden.

»Das sieht nach etwas aus«, meinte Skipper Alistair Feast hoffnungsvoll. »Was meinst du?«

Doch Abdul W. Rahim, Hatchers erfahrenster Taucher und treuer Mitarbeiter seit 1979, schüttelte nur den Kopf. »Ein Riff«, sagte er, »Korallenklumpen und Fels.«

»Irgendetwas auf dem Magnetometer?«, fragte Alistair den indisch-singapurischen Maschinisten Arasan.

»Sorry, Alistair. Nichts, was ich sehen könnte«, gab dieser zurück.

»Ein Riff«, wiederholte Rahim.

Doch an jenem Abend war die Crew der *Restless M* vom Pech verfolgt. Ein unglücklicher Zufall, wie er gelegentlich auf See passiert, im Moment aber zu einem denkbar ungünstigen Zeitpunkt kam, entmutigte die ohnehin schon niedergeschlagene Crew einmal mehr: Das Tauchbeiboot, das Dingdi, Hatchers Lieblingsspielzeug und sein ganzer Stolz, treidelte nicht mehr an der Leine hinter dem Schiff her. Irgendjemand hatte einen schlechten Knoten gebunden und die »Gummiente« hatte sich losgerissen und war verschwunden.

»Oh Gott!«, sagte Alistair Feast und ihm graute vor dem Satellitentelefongespräch, das er nun nach Jakarta würde führen müssen. »Der Zorn des Captain Mike« über eine in seinen Augen unfassliche grobe Fahrlässigkeit würde so heftig losbrechen wie ein Gewitter über dem Südchinesischen Meer und war fast ebenso vorhersehbar …

»Findet es!«, brüllte Hatcher, als er davon erfuhr. »Findet es, ihr unfähigen Armleuchter! Findet es, und wenn ihr verdammt noch mal ewig suchen müsst! Kapiert? Los, oder ich reiße euch eigenhändig den Arsch auf!«

»Das Telefon war eigentlich gar nicht nötig. Ich hätte ihn von Jakarta bis hierher auch so brüllen hören«, erzählte Alistair später.

Den ganzen Tag suchte die Crew der *Restless M* die umliegenden Gewässer ab, fragte einheimische Fischer, aber es nützte alles nichts. Das Dinghi blieb unauffindbar, und sie (wie auch Hatcher) mussten sich wohl oder übel mit der unangenehmen Tatsache abfinden. Entmutigt und niedergeschlagen kehrten sie an ihren letzten Vermessungspunkt zurück, um die Ausschläge auf dem Ausdruck des Side-Scan-Sonars zu prüfen. Am frühen Morgen des 7. Juni stieg Rahim in seinen Taucheranzug, um das Gebiet zu inspizieren. Obwohl er skeptisch blieb, was die Identität des Zielobjekts anging, begab er sich doch gut gelaunt unter Wasser. Immerhin brachte ein Tauchgang etwas Abwechslung in das ewige Einerlei der Vermessungsarbeiten und es galt nun, sämtliche Unregelmäßigkeiten gründlich zu untersuchen, ohne Rücksicht auf die Spekulationen an Bord.

Als Arasan das Signal zum Ankerwurf auf die »Unregelmäßigkeit« geben wollte, schüttelte Alistair den Kopf: »Pass auf, du zerschlägst noch das Porzellan!«, rief er im Spaß. Sie schauten ihn alle abschätzig an, ankerten aber doch ein kleines Stück weiter weg, um auf Nummer sicher zu gehen. Nur allzu gut konnten sie sich Hatchers Reaktion ausmalen, wenn sie nicht nur die Gummiente verloren hätten, sondern zu allem Unglück auch noch den sechzig Kilo schweren Eisenanker mitten hinein in eine Ladung Porzellan geworfen hätten. Die Chance stand zwar eins zu einer Million, doch das Risiko wollten sie auf keinen Fall eingehen. Mit einer Boje markierten sie die Stelle.

Die Taucher waren bereit. Yoni sollte Rahim als Tauchpartner unterstützen. Das Zielobjekt lag in ziemlicher Tiefe, das Echolot zeigte 31 Meter, um die 100 Fuß. So weit unten würden sie ihre Zeit- und Tiefengrenze im Auge behalten müssen, wegen des Risikos der *bends* (oder Dekompressionskrankheit), falls sie zu lange unten blieben. Doch Rahim rechnete nicht damit, dass sich die Inspektion in die Länge ziehen würde, und er würde wie gewohnt die Stopps beim Aufstieg in geringere Tiefen einhalten, mit denen Taucher die potentiell gefährlichen Stickstoffblasen im Blutstrom ausgleichen.

Sie sprangen längsseits der *Restless M* von Bord hinein ins Wasser, hielten sich mit einer Hand die Maske ans Gesicht, wobei sie den Verlust des Tauch-Dinghis einmal mehr verfluchten, denn von der »Gummiente« aus wäre das Abtauchen wesentlich leichter gewesen. Die beiden Taucher sanken in einer weißen Blasenwolke unter die Wasseroberfläche, drehten sich kopfüber und steuerten mit starkem Flossenschlag an der Bojenleine nach unten. Das Wasser war von tiefblauer Farbe. Erst in einer Tiefe von 25 Metern konnten sie den Meeresgrund unter sich verschwommen erkennen, und bis zur 30-Meter-Marke nahm das Licht weiter ab.

Der Meeresboden war eben und sandig, mit wenigen hinderlichen Pflanzen oder anderen unspezifischen Gebilden. Rahim befestigte seine Suchleine an der Bojenleine und schwamm immer weiter hinaus, kreiste, bis er die 35-Meter-Grenze erreicht hatte. Er markierte die Stelle und suchte ein weiteres Gebiet im Radius von 35 Metern ab. Diesmal sah er Fische in der Ferne.

»Gut!«, sagte er sich. Fische deuten für gewöhnlich auf ein Riff. Und als er ihnen entgegen schwamm, sah er zu seiner Genugtuung einen ganzen Schwarm mannigfaltiger Fischarten aller Formen und Größen. Genau das, was er erwartet hatte. Als er im gedämpften Licht des leicht trüben Wassers in rund dreißig Metern Tiefe dem Zielobjekt näher kam, wurde die Meereswelt immer lebendiger: Korallenforellen, Schnappbarsche sowie eine bunte Vielfalt anderer farbenprächtiger Riff-Fische – blaue, grüne, rote, einige sogar mit allen Farben des Regenbogens; Demoiselles, Engelsfische, orangefarbene und weiße Stachelanemonenfische und Stachelmakrelen. Großartig. Der Koch war ein begeisterter und geschickter Fischer, der lieber fischen als essen oder schlafen würde. Das bedeutete: Korallenforelle zum Abendessen!

Doch dann erregte etwas ganz anderes Rahims Aufmerksamkeit. Es war blau, weiß, kreisförmig und warf das Licht direkt auf ihn zurück. Das war vertraut, aber völlig unerwartet.

»Das kann nicht sein!«, sagte er sich verwundert. Abdul Rahim war ein höchst erfahrener Taucher, beileibe keiner, der sich von unwichtigen oder nebensächlichen Erscheinungen in Aufregung versetzen ließ. Zusammen mit Hatcher war er am gesunkenen deutschen U-Boot *U-IT 23*, 52 Meter tief in der pechschwarzen Dunkelheit der Malakka-Straße. Im Inneren des U-Bootes fanden sie eine Ladung Gummi und Zinn sowie die mumifizierten Körper einiger Mannschaftsmitglieder – derjenigen Unglücksraben, denen es nicht mehr gelungen war zu entkommen, als das Unterwasserboot 1944 vom britischen U-Boot *Tally-Ho* torpediert wurde.

Darüber hinaus war er als erfahrener Taucher dabei, als 1985 die Ladung der *Geldermalsen* gehoben wurde, eine für ihn unvergessliche Erfahrung, bei der auch Goldbarren geborgen wurden. In der Straße von Malakka, Schauplatz der Seeschlacht zwischen Holländern und Portugiesen im 17. Jahrhundert, half er mit, die riesigen, bronzenen Kanonengeschütze zu heben, die durch feindliches Artilleriefeuer zerstört worden waren. Bei verschiedenen Bergungsaktionen hatte er drei Taucher sterben sehen, und den dünnen Grat zwischen Triumph und Unglück kannte er nur allzu gut.

»Unmöglich!«, rief er in eine Wolke von Blasen. Er schloss die Augen. Das musste er träumen, sich einbilden, phantasieren. Der Tiefenrausch ist zwar ein bekanntes Phänomen, doch eines, das nur in Tiefen unter dreißig Metern auftritt. Ein Taucher, der von einem Tiefenrausch befallen wird, fängt an zu halluzinieren oder sich blödsinnig zu verhalten … wie etwa sein Mundstück einem vorbeischwimmenden Fisch anzubieten. Doch Rahim war ganz bestimmt nicht tief genug, um Phantasiegebilde zu sehen. Nie zuvor hatte er Probleme in großen Tiefen gehabt, schon gar nicht bei 30 Metern.

Langsam machte er die Augen wieder auf. Das blaue, weiße und kreisförmige Objekt war noch immer da, reflektierte noch immer das Licht, und nun sah er auch andere, ähnliche Formen aus dem Sand ragen. Am Riff vor ihm erkannte er vertraute Formen, sorgfältig aufgereiht, so wie er sie damals auf der *Gel-*

dermalsen gesehen hatten. Tellerränder etwa, Schüsseln oder Untertassen?

»Unmöglich!«, rief er abermals. Doch dieses Mal wusste er, dass das, was er da sah, auch real war. Es war das, was in der Wracksuchersprache als *spill* einer Ladung bezeichnet wird. Das »Riff« war praktisch nichts anderes als eine kompakte Ansammlung von Porzellangut, das sich auf dem Meeresboden stapelte und aussah wie ein natürliches Korallenriff. Nur ein paar wenige Teller und Schüsseln lagen über dem sandigen Grund verstreut.

Eine riesige Ladung und ein Wrack von Ehrfurcht gebietender Größe!

Tiefseetaucher wissen, dass es unmöglich ist, Worte für andere klar und verständlich über das gummierte Mundstück zu artikulieren, doch außergewöhnlich lautes Rufen kann bisweilen verstanden werden. Als Yoni, der zweite Taucher, Rahims triumphierendes Jauchzen hörte, reagierte er alarmiert. Als er die fernen, schrillen Töne vernahm, war sein erster Gedanke, dass der normalerweise ruhige Rahim von irgendeiner Unterwasserkreatur angegriffen worden war und um Hilfe schrie. Oder mit dem Tode rang. Sein alarmierter Zustand verschlimmerte sich noch, als er aus dem trüben Halbdunkel eine dunkle Gestalt pfeilschnell auf sich zukommen sah. Doch da sah er auch schon mit eigenen Augen, was Rahim gesehen hatte, erkannte den Grund für Rahims Krakeel und johlte mit. Das war er. Der »Volltreffer«. Und die beiden Taucher teilten das Privileg und die Aufregung, die Ersten zu sein, die es sahen.

Die Dimensionen des Fundorts des Wracks waren erstaunlich. Der Frachthaufen bedeckte mehr als 42 Quadratmeter Grund und hatte ein künstliches »Riff« ausgebildet, das rund vier Meter hoch vom Meeresboden in die Höhe ragte. Die Ladung, ein riesiger Berg aus kompakt gestapeltem Porzellan, die den ganzen Schiffsrumpf ausfüllte, lag, wie spätere Grabungen ergaben, teilweise bis zu zwei Meter unter dem Meeresgrund. Das Spantenwerk war noch erhalten, eingegraben bis zur Wasserlinie im weichen Sand. Der ganze Berg war überwuchert von Korallen und Schwämmen, doch die Ränder und Formen der Teller und Schüsseln sowie Krüge und Vasen konnte man klar erkennen.

Bislang dachten die Taucher, die Ladung der *Geldermalsen* sei groß gewesen. War sie auch, im Vergleich zu den bis dahin gekannten Schiffswracks. Doch das Ausmaß dieser Ladung schien alle anderen in den Schatten zu stellen. Während die *Geldermalsen* rund 180 000 Stücke Porzellangut an Bord hatte, hatte dieses unbekannte Schiff allem Anschein nach ein Mehrfaches dieser Menge geladen – ein Güterzug auf dem Ozean, ein Massengutfrachter vergangener Jahrhunderte.

»Unmöglich!«, hatte Rahim noch gesagt, doch nun kannte der Jubel keine Grenzen: »Wir haben ihn! Wir haben den Volltreffer gelandet!« Weit oben an der Oberfläche platzten Blasen des Triumphes. Mitten in diesem Porzellanberg, ebenso wie daneben und bei diesem ersten Tauchgang noch unentdeckt, befand sich eine ungewöhnlich große Menge von Artefakten – persönliches Hab und Gut der Crew und der Passagiere, die auf dieser schicksalsträchtigen Reise mit an Bord dieses Segelschiffes waren.

Zusammen mit Opium und Quecksilber kamen europäische Weinflaschen und Gläser sowie ein Sextant und Taschenuhren zutage – und auch ein Chronometer. Darüber hinaus fand man Stempelkissen und Stempel der chinesischen Sekretäre, mit denen sie Siegel oder Amtsstempel auf die Listen drückten, auf denen Tees, Seide, Pfeffer und feines Porzellan verzeichnet waren. Eiserne und bronzene Geschütze zur Abwehr von Piraten sowie ein langes, reich verziertes Bronzegewehr mit schwenkbarer Mündung, vermutlich chinesischen Ursprungs, wurden ebenfalls geborgen. Auch ein kunstvoll ausgearbeiteter delfinförmiger Henkel war noch vollständig erhalten.

Handelsgüter, Nadelbüchsen, Taschenmesser, chinesische Vorhängeschlösser aus Messing, Räuchervasen, Kerzenhalter und Hunderte andere Gegenstände, die ohne Zweifel in der großen Handelsstadt Batavia zum Verkauf kommen sollten, gehörten ebenfalls zum Frachtgut.

Doch man stieß auch auf die Gebeine von Mannschaftsmitgliedern und Passagieren, die nicht das Glück hatten, entkommen zu können, mit dem Schiff untergingen und unter den umgestürzten Spanten begraben lagen. Zu jenem Zeitpunkt konnten die Taucher Quantität und Qualität der Ladung wie auch die erschreckende Zahl der Todesopfer, die diese Katastrophe forderte, noch nicht ermessen. Doch die Geister unter der glänzenden Wasseroberfläche der Gaspar-Straße waren gerade im Begriff, ihr Geheimnis preiszugeben.

Später an jenem Tag liefen die Telefone heiß. Vom Südchinesischen Meer aus über die Gaspar-Straße und das Belvidere-Riff nach Jakarta ging die Neuigkeit um die ganze Welt – nach Singapur, London, Amsterdam und in mehrere australische Bundesstaaten. Wie ein Stein, der in einen Teich geworfen wird, kleine wellige Kreise zieht, verbreitete sich die Nachricht immer weiter. Und schließlich erreichte der Anruf auch mich zu Hause in Westaustralien.

»Wir haben es«, rief Mike Hatcher am anderen Ende der Leitung. »Wir haben den Volltreffer.« Pause – und dann: »Wirklich, wir haben ihn!« Er gab mir einen kurzen Moment, um seine Worte wirken zu lassen, kam dann aber, wie es seine Art war, ohne Umschweife zur Sache. »Pack dein Zeug zusammen und beweg dich her!«

Einen Augenblick zögerte ich, da mich eine Art Déjà-vu-Gefühl überkam – schon einmal war ich einer ähnlichen Aufforderung gefolgt und fand mich dann auf einem schwankenden, nassen Dschunkendeck vor Kambodscha wieder, in einer heftigen Strichbö, inmitten greller Blitze, heftigem Donnergrollen und meterhohem Seegang. Als dann noch die Pumpen ausfielen, gab es nicht einmal mehr Funkkontakt, und ich schwor mir: »Nie wieder!«

Aber irgendwie klang das hier anders.

»Okay, Mike«, sagte ich. »Ich komme.«

»Gut«, antwortete Hatcher und hängte auf, um den nächsten Anruf zu tätigen. Es gab nun alle Hände voll zu tun. Als Erstes musste eine riesige Truppe von Spezialisten aus aller Herren Länder zusammengetrommelt werden. Für eine Bergungsaktion diesen Ausmaßes würde man Taucher, Techniker, Fotografen, Seeleute, Kranführer, Bootsmannschaften, Schreiner, Köche und Verlader brauchen – »butchers and bakers and candlestick makers«, wie es in einem alten Volkslied heißt. Tausende von Ausrüstungsgegenständen mussten zusammengetragen werden: Tauchausrüstungen, Dekompressionskammer, Air-Lift-Spezialgerät, eine 60 Meter lange und 15 Meter breite Bergungsplattform samt dreistöckigem Wohnsilo, ein 39 Meter langer Schleppkahn, ein Ersatzschiff, die *Restless M*, ein 50-Tonnen-Kran, unzählige Generatoren und Luftkompressoren – alles musste einsatzbereit zur Verfügung stehen.

United Sub Sea Services, der totgesagte Drache, war weit entfernt vom Tod. Zu neuem Leben erweckt, wie der Drache aus der Sage, schlug er mit dem Schwanz und spie Feuer aus beiden Nüstern.

Kapitän Michael Hatcher meldete sich zurück.

2

Ein Schiff nach Australien

Wie der geneigte Leser wohl schon gemerkt hat, ist Mike Hatcher ein Mann, der gerne ein Risiko eingeht, ein Mann, der Gefallen an der Herausforderung hat und oft erst dann zu Hochform aufläuft, wenn er vor Problemen steht, die komplizierter nicht sein könnten. Die Aussicht auf Ruhm treibt ihn vorwärts, wie einen Rugby-Spieler, der wiederholt blutig geschlagen wird, sich dennoch durch die Reihen der Gegner kämpft, nur so an der Linie entlangfliegt, die Eckfahne fest im Blick, und zu einem letzten, siegbringenden Angriff ansetzt.

In seiner Arbeit war er stets unglaublich ausdauernd, selten aber geduldig. Hatcher kann an einem Traum festhalten und ihn verbissen verfolgen, sich weigern aufzugeben, wo andere längst schon die Segel gestrichen hätten. Er ist eiskalt, wenn Gefahr droht, fährt aber oft schon bei der kleinsten Kleinigkeit aus der Haut. Doch Gott sei Dank ist sein Groll nach einem Donnerwetter auch schnell wieder verflogen. Er hält sich nicht auf mit Bürokratie oder mit Leuten, die nach Äußerlichkeiten gehen oder mehr versprechen, als sie halten können. Allen, die ihm je einen Gefallen getan haben, ist er ein treuer Freund, besonders jener Truppe, die ihn seit den frühen Anfängen in der Malakka-Straße, seit den siebziger und achtziger Jahren, begleitet hat. Dazu gehören die Taucher Rahim und Suliman sowie die Techniker am Magnetometer und am Side-Scan-Sonar VJ und Arasan.

Nachdem er mit der Entdeckung der *Geldermalsen* zu Ruhm und Ehre gelangt war, spitzten die meisten Schreiberlinge ihre Stifte, um am Ende doch nur ein sehr vereinfachtes Bild dieses äußerst vielseitigen Charakters zu zeichnen. Verständlich. Da sie ihn allein nach seinen Taten beurteilten, sahen sie in ihm eine Art Seeräuber des 20. Jahrhunderts, einen zeitgenössischen Elisabethaner, der eher in die Zeiten von Drake und Raleigh passte als in das moderne Computerzeitalter. Im Gehrock, mit Dreispitz und Teleskop auf einem Achterdeck hätte er in der Tat eine gute Figur gemacht. »Erster Geschützoffizier! Feuer Breitseite und runter mit dem Großmast dieser Schurken!«

Doch die Persönlichkeit Hatchers hat noch andere Facetten als nur die des leidenschaftlichen Schatztauchers. Manchmal ist Hatcher sehr in sich gekehrt, selbstkritisch, in Gedanken vertieft; bisweilen auch misstrauisch oder misslaunig, wenn er das Gefühl hat, dass ihn jemand ausnutzen will. Eine der wohl überraschendsten Seiten seines Charakters, die kaum einer kennt, zeigt sich, wenn er »daheim« ist auf seinem 40 468 Quadratkilometer großen Landbesitz in den Weiten von Grafton in New South Wales. Dort, inmitten seiner Viehherden auf den Koppeln zwischen bewaldeten Hügeln voller Vogelgezwitscher, findet er wirklich Ruhe und Erholung. Wenn seine Töchter Michelle und Naomi bei ihm sind, an seiner Hand spazieren, erleben seine Lieben einen ganz anderen Mann.

Inwiefern Angeborenes und Anerzogenes einen Menschen prägen, wird wohl nie vollständig zu klären sein, doch in Mike Hatchers Leben gibt es Merkmale und Eckpfeiler, angeborene wie durch Umstände bedingte, die seine Persönlichkeit entscheidend beeinflusst haben. Wenn es einen Charakterzug gibt, den er ererbt haben mag, dann ist das ganz sicherlich sein Mut. Sowohl sein Vater als auch sein Großvater wurden mit Tapferkeitsmedaillen ausgezeichnet. Am 10. Oktober 1922 berichtete die Zeitung *Barnsley Independent* in Yorkshire, England, über ein Ereignis in der Barnsley Main Colliery, einer Kohlengrube. Dabei bekam Mikes Großvater Arthur von König George V. sowohl die Edward-Medaille als auch den *Daily Herald*-Orden für industrielles Heldentum zuerkannt – eine seltene Auszeichnung für einen Arbeiter.

»Der größte Held von Barnsley«, lautete die Überschrift des Zeitungsartikels, der schilderte, wie der 39 Jahre alte Grubenarbeiter, Ehemann und Vater von sieben Kindern, sein eigenes Leben aufs Spiel setzte, um vier andere Grubenarbeiter zu retten. Er hatte sich vor einen vollbeladenen, durchgegangenen Förderkübel geworfen, der unkontrolliert einen schrägen Stollen untertage bergab schoss. Im Tunnel voraus saßen vier seiner schreckensstarren Kumpel in der Falle, ohne eine Möglichkeit, dem Förderkübel auszuweichen, der auf den Schienen direkt auf sie zudonnerte. Hatcher warf sich vor den Kübel und blockierte ihn mit seiner bloßen Körperkraft. Doch der Preis dafür war hoch – er trug ernste Wirbelsäulenverletzungen davon, konnte sein Leben lang nicht mehr arbeiten und erhielt eine Leibrente.

In einem Interview, das er nach diesem Vorfall dem *Barnsley Independent* gab, erzählte er, er habe sich, als er das Donnern des Förderkübels hörte, der ungebremst den schrägen Stollen hinabsauste, auf die Schienen geworfen, weil gerade »nichts anderes da war, um es dazwischenzuwerfen«.

George Albert Hatcher, Mike Hatchers Vater, ging im Alter von sechzehn Jahren zur britischen Armee. Er kämpfte in verschiedenen Gefechten in den Grenzgebieten des Britischen Königreiches und bekam in Palästina die Militärmedaille verliehen. Diese ehrenvolle Auszeichnung wird für beispiellose Tapferkeit unter Beschuss verliehen und eigentlich eher an Offiziere als an einfache Soldaten vergeben.

Doch leider blieb das Glück den Nachfahren der Familie, dem jungen Michael Hatcher, seinem älteren Bruder David George und seiner jüngeren Schwester Jessie Cynthia Rosetta nicht mehr gewogen. Die Hatcher-Kinder hatten einen ungewöhnlich schweren Start ins Leben, eine unglückliche Kindheit, wie man so schön sagt.

Im Allgemeinen hat man dafür schnell auch einen Schuldigen ausgemacht. Gewiss, die städtischen Behörden von damals, 1942, fühlten sich in Anbetracht der familiären Umstände und im Interesse der drei Hatcher-Kinder verpflichtet, einzugreifen, doch trafen die behördlichen Entscheidungen die Hatcher-Kinder unter den Umwälzungen im kriegsverstrickten England besonders hart.

Jenseits des Ärmelkanals zog Hitler gerade seine Truppen zusammen. George Hatcher war Soldat und nur noch selten zu Hause. Für seine Frau Elsie wurde es zunehmend schwerer, alleine zurechtzukommen. Die beiden hatten geheiratet, während er in York stationiert war. Er war knapp zwanzig und sie erst 19. Das erste Kind, David, wurde 1937, im ersten Jahr ihrer Ehe, geboren, Michael 1940 und Jessie 1941. Abgesehen von den seltenen Malen, wenn er auf Urlaub nach Hause kam, sah Elsie ihren jungen Gatten kaum.

Als alleinstehende Frau war es äußerst schwer, drei Kinder alleine aufzuziehen, und so lenkte Elsie zwangsläufig das Interesse anderer Männer auf sich. Bis 1942 hatte man George Hatcher in den Rang eines Oberfeldwebels erhoben, und er durchlief nun eine intensive Schulung zur Vorbereitung auf den bevorstehenden Nordafrika-Feldzug. Als er von angeblichen außerehelichen Verhältnissen seiner Frau erfuhr, kehrte er ohne genehmigten Urlaub nach England zurück, um sie zur Rede zu stellen.

»Nachdem sich die Behauptungen als wahr herausgestellt hatten«, wie es in einem späteren Bericht des Kinderschutzbundes NSPCC (*National Society for the Prevention of Cruelty to Children*) heißt, »teilte er ihr mit, dass er sie verlassen würde.« Die seelische Wunde war derart groß, dass George nicht zu seinem Regiment zurückkehrte, sondern nach Coventry ging, so sehr war seine Welt zerstört. Dabei war diese Geschichte im damaligen England kein Einzelfall, wo die Männer im Krieg über lange Zeitspannen weit weg von daheim Dienst taten und die Frauen alleine zurückblieben. Unter den Soldaten wurde darüber oft gewitzelt, doch für diejenigen, die direkt davon betroffen waren, war es alles andere als lustig.

Die Armee setzte George Hatcher auf die Liste der Deserteure und stellte umgehend die Lohnzahlungen ein. Auch der Anteil des Lohns, der regelmäßig an Elsie Hatcher und die Kinder überwiesen worden war, wurde eingestellt. Mit dieser neuen Situation, ohne Geld für Miete und Essen und ohne George, wurde Elsie nicht mehr fertig. Sie holte sich Rat beim NSPCC. Wie der Untersuchungsbeamte berichtete, waren die Kinder in guter Verfassung … »die Mutter gab an, im Besitz eines Briefes zu sein, den eine andere Frau an den Vater der Kinder geschrieben habe, und dass es ihr Wunsch sei, die Kinder in ein Heim zu geben, damit sie arbeiten gehen könne. Das PAC (*Public Assistance Committee*) lehnte es ab, die Kinder in Obhut zu nehmen, sicherte der Mutter aber Unterstützung und Mietzahlung zu.«

Schließlich kehrte George wieder zu seiner Einheit zurück, wo er umgehend vor ein Kriegsgericht gestellt und vom Oberfeldwebel zum einfachen Soldaten herabgestuft wurde. Elsie schrieb an den Kommandeur der Einheit und gab an, »dass sie die Kinder verlassen und sie wie auch den Vater nie wieder sehen wolle.«

Unter dem Eindruck dieses neuerlichen Schocks wurde George für drei Tage beurlaubt, um seine familiäre Situation zu klären. Offensichtlich hielt der Kommandeur große Stücke auf ihn, denn die vorausgegangene Desertion galt normalerweise als schwerstes militärisches Vergehen. Im Ersten Weltkrieg machte man mit Deserteuren der Britischen Armee in Frankreich kurzen Prozess; sie wurden durch ein Exekutionskommando hingerichtet. Jedoch konnte das Verständnis, das die Armee in Hatchers Fall an den Tag legte, die weitere Zerrüttung der Familie nicht aufhalten. Elsie hatte beim NSPCC erneut um Hilfe gebeten. Und dieses Mal war es um den gesundheitlichen Zustand der Hatcher-Kinder eindeutig anders bestellt. Ein Untersuchungsbeamter des NSPCC machte sich ein Bild vor Ort und fand äußerst elende Verhältnisse vor. David war damals fünf Jahre alt, Michael erst zwei und Jessie knapp zehn Monate. Alle drei Kinder waren in einem erbärmlichen Zustand.

Im Bericht heißt es: »Der Beamte fand die drei Kinder in einem schmutzigen, verwahrlosten Zustand und alle drei litten an eitrigem Hautausschlag. Das gesamte Mobiliar war von den Lieferanten wieder abgeholt worden und die Mutter war im Begriff, an jenem Tag ihre Kinder zu verlassen.«

Die Rettung der Ehe oder eine Versöhnung stand zweifelsohne nicht zur Debatte. Die Mutter wollte die Kinder verlassen und der Vater war als Soldat der Achten Kompanie unterwegs nach Nordafrika und keinesfalls in der Lage, sich selbst um seine Kinder zu kümmern. Zudem gab es keine Garantie, dass er lebend zurückkehren würde. Blieb als einzige Möglichkeit nur noch das Heim. Am 14. April 1942 wurden David, Michael und Jessie in das Hollins House in Yorkshire eingewiesen, und damit war die Kindheit im Schoße einer Familie von heute auf morgen vorbei.

»Unter diesen Umständen«, so geht aus dem Bericht des NSPCC hervor, »wurde den Kindern sofortige Obhut gewährt. Es wurde beschlossen, die Unterbringung zunächst für die Dauer des Krieges zu sichern, wobei der Fall bis in zwölf Monaten noch einmal begutachtet werden sollte.« Die Hatcher-Kinder kamen von einem Heim ins andere – Hollins Hall in Yorkshire war das Erste, es folgte Cloan in Auchterader in Yorkshire sowie eine Reihe weiterer in ganz England.

Die Hoffnung, dass eines Tages ihr Vater wieder für sie sorgen könnte, erfüllte sich nie. George Hatcher ging mit der 3. Division der Fallschirmjäger, die als unterstützende Einheit gegen Rommel zu Felde zog, nach Nordafrika. 1943 wurde er bei einer ersten Fallschirmlandung in Afrika schwer verwundet und im Notlager des Leatherland Military Hospital in Surrey repatriiert. Für George Hatcher war der Krieg damit zu Ende. Dabei war er zum Zeitpunkt seiner Verletzung gerade wieder einen ersten Schritt auf der Beförderungsleiter nach oben geklettert und wurde als Gefreiter geführt. Die Berichte aus dem Waisenhaus in den Jahren 1943 und 1944 enthalten zahlreiche Hinweise auf die Beziehung von George zu seiner Frau Elsie und den Kindern.

Immer wieder wurde vermerkt, dass George felsenfest davon überzeugt war, dass es keine Versöhnung mit seiner Frau und keine Rückkehr zu einem familiären Zusammenleben geben könne. Er wollte die Scheidung und es war ihm daran gelegen, nach Kriegsende das Sorgerecht für die Kinder zu bekommen. Er wolle nicht, so sagte er aus, dass seine Frau sie jemals wieder zu sehen bekäme. Elsie ersuchte in einem Schreiben von 1944 ebenfalls um das Sorgerecht für die Kinder. »Sie ist heute in der Lage, ihnen ein behütetes Zuhause zu bieten. Sie arbeitet als Haushälterin bei einem Mann, den sie bald zu heiraten hofft …«

Eine Pattsituation, in deren Folge die Kinder weder dem einen noch dem anderen Elternteil zugesprochen wurden und als Staatsmündel aufwuchsen. Obwohl die Bediensteten der Waisenanstalten zweifelsohne nette Menschen waren, die immer das Wohl der Kinder im Sinne hatten, konnten sie ihnen keine Liebe geben. Für die Frauen gab es klare Anweisungen, auch für Mrs. Landridge, die Mike Hatcher in den ersten Jahren betreute. Es war dem Personal strikt untersagt, sich emotional zu engagieren. Und das bedeutete für beide Seiten beständiges Herzeleid.

Die Waisenhausberichte schildern anschaulich und lebendig die frühen Jahre des Michael Hatcher von der Zeit an, als er zum ersten Mal zusammen mit seinen beiden Geschwistern mit eitrigem Hautausschlag, zerzaustem Haar und in verlaustem Zustand in ein Heim gebracht wurde. Im Alter von zwei Jahren, wenn Kinder normalerweise anfangen, sprechen zu lernen und den sozialen Umgang mit Erwachsenen auszubilden, war Michael in seiner Entwicklung in jeglicher Hinsicht völlig zurückgeblieben und von der Familienzerrüttung traumatisiert. Einem frühen Bericht zufolge war er »bei Aufnahme ins Heim mit Eitergrind gänzlich übersät. Sein Zustand äußerst verwahrlost. Ein leicht reizbares Kind. Er flucht und hat keinerlei elterliche Führung gehabt.«

In seinen frühen Kinderjahren wurde er als ungehalten und aggressiv beschrieben und als Problemkind auf dem Spielplatz.

Doch später fielen die Beurteilungen besser aus. Im August 1943, als er gerade erst drei war, wurde er mit einem gebrochenen Bein in das Bridge of Earn Hospital eingeliefert. Als »lebhafter Junge« (wie er in den »Cloan-Heimberichten« beschrieben wurde) war er auf einen Wäschekorb geklettert und »auf sein Bein gefallen … ein glatter Schenkelbeinbruch.« Das Schenkelbein ist bekanntlich der lange Knochen im Oberschenkel und die Verletzung war äußerst schmerzhaft. Doch hatte das Unglück auch etwas Gutes, denn sein Vater hatte sich extra beurlauben lassen, um ganze zwei Tage mit seinem Sohn verbringen zu können.

Irgendwo holte sich der kleine Michael immer Kratzer und Schrammen. Am 21. März 1944 hatte er, so der Bericht, ein Werkzeugteil verschluckt. In der Klinik zeigte ein Röntgenbild, dass es sich um eine Schraubenmutter handelte (die er Gott sei Dank bald darauf wieder ausgeschieden hat).

Eine Liste von Waisenheimen und Schulen belegt, wie die drei Hatcher-Kinder während dieser frühen Jahren immer wieder auseinander gerissen wurden, mal hierhin und mal dorthin kamen. 1953, mit dreizehn, kam Michael in das Dr.-Barnardo-Heim in Crowborough in Sussex, wo er die Beacon School besuchte. Seine Schwester Jessie war inzwischen in High Barn, sein Bruder David in Southborough. Damals schien es mit Michael immer weiter bergauf zu gehen – im Schulbericht von 1950 heißt es, dass er sich »zu einem wirklich sehr liebenswürdigen jungen Kerl entwickelt hat, der ganz vernarrt in sein Kaninchen, sein Haustier, ist.«

Doch schon 1951 und 1952 ging es wieder bergab. Heimberichten zufolge waren sowohl Michael als auch Jessie empfänglich für »Anfälle von Geistesstörung«, die auch als »unbeherrschte Launen« beschrieben wurden. Launen? Oder eine Mischung aus Frustration, Verlassenheit und Verzweiflung?

Auch heute, mehr als vierzig Jahre später, sind Hatcher jene dunklen Momenten in seinem Leben immer ganz gegenwärtig Dabei schien er eigentlich weit entfernt von jenen schweren und traurigen Kindheitstagen, wie er 1999 so dasaß auf dem Oberdeck der Bergungsplattform *Swissco Marie II*, die sanft im Südchinesischen Meer schaukelte, an seinem Bintang-Bier nippte, unter ihm auf dem Meeresgrund ein Porzellanvermögen sondergleichen.

Er schüttelte den Kopf, und für einen kurzen Moment verfinsterte sich sein Gesichtsausdruck. »Es geht einfach nie weg«, begann er und sah hinaus auf den Horizont. »Nur wer selber in einem Waisenhaus aufgewachsen ist, kann das verstehen. Die Leute, die uns versorgten, taten ihr Bestes, aber einen Elternteil oder gar eine Familie konnten sie nicht ersetzen.«

Michael hatte die Wahl, und anstatt sich im Elend zu ergehen, kehrte er seine Lage ins Gegenteil und entwickelte einen ungeheuren Erfolgswillen. Der Leiter der Beacon School vermerkte, dass der zwölfjährige Michael »im Grunde ein sehr liebenswerter und reizender Junge ist, aber ein ziemliches Scheusal, wenn er irgendwo auf Widerstand trifft … Ich mag den Jungen außerordentlich gerne, würde ihn aber auch oft gerne in den Hintern treten!« Im Juni 1953, ein Jahr später, steht in einem anderen Bericht: »Betragen im Allgemeinen gut. Hat seine Anfälle von Geistesstörung überwunden und ist heute ein netter Kerl …« Zu jenem Zeitpunkt stand Hatcher an einem Scheideweg. Seine berufliche Zukunft, so jedenfalls deuten die Schulberichte an, würde voraussichtlich im landwirtschaftlichen oder handwerklichen Bereich liegen. Er wurde als »robust« beschrieben.

Die Barnardo-Heime, in den 1850er Jahren vom Sozialreformer Thomas John Barnardo gegründet, hatten sich der Aufgabe verschrieben, Not leidenden Kindern zu helfen. Barnardo war ein außergewöhnlicher Mann. Als Arzt in London sah er tagtäglich bis zu sechzehn Kinder sterben und war tief erschüttert von der städtischen Armut, der schlechten Ernährung und der mangelnden medizinischen Versorgung. In der Mitte des 19. Jahrhunderts gab es in London Obdachlose wie Sand am Meer, darunter zahllose Kinder, die keine Bleibe hatten und gezwungen waren zu stehlen, um überleben zu können. Während viele Bürger nur leere Worte über die Hoffnungslosigkeit der Situation verloren, war Thomas John Barnardo fest entschlossen, das Problem anzupacken.

1868 schuf er in einem gemieteten Eselstall ein Zufluchtsheim für verarmte Kinder und gründete 1874 am Causeway in Stepney, einem der ärmsten Stadtteile Londons, die erste seiner berühmten, »rund um die Uhr offenen« Einrichtungen. Bis zum 50. Jahrestag der Barnardo-Heime hatte er 29 Jahre lang in den Straßen Londons gearbeitet. Dabei hatte er 27 000 völlig verelendete Kinder gerettet, 60 781 weiteren mit seinen *Ragged Schools* (Armenschulen) geholfen und noch einmal 6805 Kinder nach Australien, Südafrika und Kanada umgesiedelt.

Von den bescheidenen Anfängen an, als er einem Kind nicht viel mehr als eine Tasse Kakao und eine Decke bieten konnte, wuchs Barnardos Rettungswerk unaufhaltsam weiter. In ganz England gründete er Schulen und Barnardo-Heime. Stolz konnte er sagen, dass die Kinder »von ihrem entwürdigenden Dasein gerettet wurden ... dass sie gewaschen sind, saubere Kleidung tragen, satt sind, ihnen Erziehung und Ausbildung zuteil wird und ihnen so Möglichkeiten eröffnet werden«. Barnardo hatte stets zum Ziel, die Kinder zu gesunden und kultivierten Menschen heranzuziehen mit Arbeitswillen und der Chance, mit den vom Glück begünstigteren Kindern aus intakten Familien im Leben konkurrieren können.

In den fünfziger Jahren förderte Australien im Zuge einer neuen Bevölkerungspolitik die Einwanderung junger Menschen. Besonders gefragt waren kräftige Kinder und Jugendliche britischer Herkunft. Die australische Barnardo-Organisation bot für die Übergangszeit die Übernahme der Fürsorge für jugendliche Einwanderer aus dem Vereinigten Königreich an. Michael, abenteuerlustig wie er war, war ganz erpicht darauf, nach Australien zu gehen. Jessie war weniger überzeugt davon. Sie hatte gehört, dass Australien ein »wilder Ort« sein soll, wollte aber dort sein, wo ihr Bruder war. David dagegen war fest entschlossen, in England zu bleiben, da er Freunde gefunden hatte.

Und die Eltern der Hatcher-Kinder?

Die Aufzeichnungen der Barnardo-Heime belegen, dass George Hatcher während der Kriegsjahre den festgesetzten Unterhaltsbetrag für seine Kinder aus seinem Sold regelmäßig bezahlt hat. Doch von 1944 an, als das bis dahin starke Interesse beider Eltern am Sorgerecht nachließ, zeigen die Aufzeichnungen nur noch leere Seiten. Briefe an die zuletzt bekannte Adresse George Hatchers blieben nach Oktober 1944 unbeantwortet. Mit Bleistift ist am Rand der Einträge vermerkt, dass George Hatcher nach Australien ausgewandert war: »S.S. New Australia, 13:12:52. Vater und Stiefmutter nun in Australien. Letzte bekannte Adresse PO Coolangatta. Kein Interesse an den Kindern.«

Wer weiß – vielleicht hat diese Notiz ja die Entscheidung von Michael und Jessie, als *Ten Pound Tourists* ebenfalls nach Australien zu gehen, beeinflusst. Doch ist davon eher nicht auszugehen, da die Aufzeichnungen der Barnardo-Heime vertraulich waren und die Kinder wohl kaum von der kleinen Randnotiz gewusst haben, die sich auf Hatcher Senior bezog. Und wie der Zufall so spielt, reisten sie auf demselben Schiff nach Australien wie zwei Jahre zuvor ihr Vater. Mike Hatcher hatte damals jedenfalls keine Ahnung gehabt, dass sein Vater ebenfalls in Australien lebte.

Bis er ihm eines Tages gegenüberstand.

Michael und Jessie fuhren auf dem Auswanderungsschiff *New Australia* und gingen im November 1954 am Circular Quay in Sydney an Land. »Nach England schien Australien ein riesiges Land«, erinnert sich Michael. »Riesig und einsam.« Er kam zunächst an die Dr.-Barnardo-Farmerschule in Picton. Einmal mehr wurde er eingestuft und bewertet und auf seinen Allgemeinzustand hin untersucht. Die Bewertung erfolgte dieses Mal durch das Fürsorgeamt, das Youth Welfare Section, Vocational Guidance Bureau of New South Wales. Auch Australien hatte einen bürokratischen Beamtenapparat.

In diesem Gutachten vom 24. November 1954 heißt es: »Der

Junge scheint ein handwerklicher und ungebildeter Typ zu sein. Landwirtschaft liegt ihm eher, Rechnen und Englisch mag er nicht. Er sagt von sich, er sei kein guter Schüler und hoffe, die Schule verlassen zu können, sobald er fünfzehn ist.« Unterzeichnet ist das Gutachten von D.E. Rose, Leiter des Fürsorgeamtes.

Doch bevor der junge Hatcher eine Arbeitsstelle zugewiesen bekam, durchlief er eine noch viel härtere Schule. Die Jungen an der Schule in Picton waren eine eingeschworene Bande, die einen Neuling aus dem Waisenhaus als »Ausländer« und Freiwild betrachteten. Sie machten sich über Hatchers »Pommy-Akzent« lustig und sahen in ihm eine willkommene Zielscheibe zum Piesacken. Doch das war ein Fehler, wie sie noch zu spüren bekamen. »Die konnten mich schlagen, aber kleinkriegen konnten sie mich nicht«, erinnert er sich. »Ich war zwar nicht groß und ich war nicht der beste Kämpfer, aber aufgegeben hätte ich nie und nimmer. Irgendwann hatten sie es satt, dass ich immer wieder aufstand und zurückschlug.« Am Ende hatte Hatcher sich Respekt und einen Rang in der Bolzplatz-Hackordnung verschafft.

Mit knapp fünfzehn vermittelte die Barnardo-Organisation ihn an seinen ersten Arbeitsplatz, eine Farm. In Picton hatte er landwirtschaftliche Grundkenntnisse erworben, und man betrachtete ihn nun als reif genug für den Ernst des Lebens. Eine Menge Farmer meldeten sich und wollten Barnardo-Jungs für die Arbeit auf ihrer Farm. Darunter waren anständige Leute, aber auch solche, die in den jungen Kerlen nichts weiter als billige und ausbeutbare Arbeitskräfte sahen.

Wenn es etwas gab, das die Barnardo-Schützlinge immer wieder eingetrichtert bekamen, dann war das unbedingte Sauberkeit. Am ersten Abend auf der neuen Arbeitsstelle kam Hatcher von oben bis unten mit Kuhmist verdreckt ins Haus. In der Küche wurde Tee serviert, und die Frau des Farmers schlug ihm hochmütig seine Bitte ab, eine heiße Dusche nehmen zu dürfen. Stattdessen sollte er sich draußen in einer Emailschüssel mit kaltem Wasser waschen.

»Am nächsten Tag bin ich gegangen«, erinnert er sich. »Ging wieder zurück zu Barnardo, um eine neue Anstellung zu bekommen.« Bei seiner nächsten Stelle saß Hatcher gerade auf dem Melkschemel und melkte eine Kuh, als der Farmer an ihm vorbeiging und ihm ins Ohr brüllte:

»Du lausiger kleiner Bastard! Du hast dir die Hände nicht gewaschen!«

»Ich würde nie im Leben melken, ohne mir vorher die Hände zu waschen«, sagte Hatcher voller Zorn. Und die Reaktion, die folgte, hätte der Leiter der Beacon School vorhersagen können.

»Ich sah nur noch rot, sprang auf, griff die nächstbeste Holzlatte, zehn Zentimeter breit und fünf Zentimeter dick, und zog ihm ordentlich eins über. Der Schlag haute ihn glattweg um, und als er auf allen Vieren aus dem Kuhstall kroch und um Gnade winselte, drosch ich immer noch auf ihn ein. Die Frau des Farmers brachte mich zum Zug. Doch sie schien sich nicht einmal sonderlich aufzuregen. Ich hatte eigentlich eher den Eindruck, dass sie das Ganze recht lustig fand.«

In Picton wurde er mit sorgenvollen Seufzern empfangen. Doch sollte es derer noch so manche geben, bevor Hatcher einer regelmäßigen Arbeit nachging. Ein lediger Farmer versuchte ihn sexuell zu missbrauchen und kassierte für seine Annäherungsversuche einen rechten Haken. Eine andere Familie gehörte zu den oberen Zehntausend. Mit dem Farmer dieser Familie kam er ganz gut aus, doch dessen Frau behandelte ihn ständig wie einen Hausdiener.

»Kehr' die Veranda!«, befahl sie am Vorabend einer großen Dinner-Party und drückte ihm einen Besen in die Hand.

»Das ist nicht meine Aufgabe«, protestierte Michael. »Ich bin Farmarbeiter.«

»Los, mach schon!«, herrschte sie ihn an, »oder du kannst was erleben!«

»Mach es halt«, bat der Farmer. »Um des lieben Friedens willen. Ich werde sonst meines Lebens nicht mehr froh. Ich mach es auch wieder gut.«

»Der Farmer war kein schlechter Kerl«, erinnert sich Hatcher. »Doch er stellte sich in entscheidenden Momenten nie hinter mich, und nachzugeben hätte das ohnehin Unvermeidbare nur noch unnötig hinausgezögert.«

Also hat er auch diesen Job geschmissen.

Australien kam ihm wie ein riesengroßer und einsamer Ort vor, und jede neue Erfahrung schien die Hoffnungslosigkeit seiner Situation nur zu bekräftigen. In jedermanns Augen, auch in seinen eigenen, war er ein missratener Eigenbrötler, unfähig, irgendwo heimisch zu werden.

»Ich hatte niemanden, an den ich mich wenden konnte, außer die Leute bei Barnardo, und die wurden immer ungeduldiger mit mir. Nirgendwo sonst hätte ich hingehen können. Und das war das Erschreckende. Es ging mittlerweile um das pure Überleben, geistig wie körperlich. Diese Zeit war alles andere als schön. Ich hatte damals eine wirklich negative Lebenseinstellung. Jeder und alles schien gegen mich. An diesem Punkt hätte ich leicht auch kriminell werden und für den Rest meines Lebens hinter Gittern landen können.«

Jahre später, bei der Arbeit unter Wasser, tief unten in der Malakka-Straße, vor der Ostküste von Malaya oder am Admiral-Stellingwerf-Riff holten ihn die Bilder seiner Kindheit hie und da wieder ein, ungewollt und unwillkommen. »Ich habe immer versucht, das alles aus meinem Kopf zu kriegen. Doch dann und wann kam ein Gedankenblitz hoch, ein Bild, das ich nicht sehen wollte. Heute kann ich damit umgehen, aber es macht mir noch immer etwas aus.«

Doch dann, als es so aussah, als könne es schlimmer nicht kommen, geschah das Wunder. Er fand eine anständige, fürsorgliche Familie, die ihn als Mensch behandelte.

»Am ersten Abend deckten sie für mich am Familientisch mit. Bei den vorherigen Jobs musste ich draußen in der Küche oder auf meinem Zimmer essen. Ich und die Hunde draußen. Ich rechnete jeden Moment damit, zu erfahren, dass es sich um einen Irrtum handelte, denn ich konnte es einfach nicht glauben.«

Die Edmunds besaßen einen Molkereibetrieb namens *Corinda Grange* in Bundanoon in New South Wales. Zum ersten Mal bekam der inzwischen 19-jährige Michael einen angemessenen Lohn.

»Fürstliche elf Pfund, zwölf Schilling und einen Sixpence die Woche. Das schien 1959 eine Menge Geld. Die Edmunds waren wirklich wundervolle Leute. Sie waren Adventisten vom Siebenten Tag oder Zeugen Jehovas oder so was Ähnliches, aber sie haben nie versucht, mich irgendwie zu bekehren. Ich konnte tun, wie mir beliebte. Doch sie waren die christlichsten Menschen, die ich je kennen gelernt habe.«

Bald wurde er auch in das soziale Leben der ländlichen Kleinstadt eingeführt.

»Ich fuhr mit dem Kastenwagen die Straße hinunter, als mich der örtliche Polizeisergeant wegen irgendeiner Lappalie aus dem Verkehr winkte«, erinnert er sich. Ein riesiger Mann, der sich durch das Fahrerfenster beugte und mit ernster Miene Hatchers Name und Adresse in sein Notizbuch aufnahm. Er bewegte den Bleistift langsam und bedächtig und leckte zwischendurch an der Spitze.

»Also gut, mein Sohn«, sagte er streng, als er fertig war. »Du hast zwei Möglichkeiten. Du kannst die Geldbuße gleich bezahlen oder einen gemeinnützigen Dienst ableisten!«

Der junge Hatcher blinzelte unsicher. »Gemeinnütziger Dienst? Was ist das denn?«, fragte er.

»Du kannst dem örtlichen Rugby-Club beitreten, mein Sohn. Wir trainieren immer dienstags und donnerstags, um fünf Uhr nachmittags. Nicht zu spät kommen!« Er klappte das Notizbuch zu und war auch schon weg, seine Schritte knirschten auf dem Kies.

Leicht verwirrt darüber ging Michael Hatcher zu seiner ersten Trainingsstunde im Rugby League Club in Bundanoon und musste feststellen, dass der groß gewachsene Sergeant der Präsident des Clubs war und zudem als »Werbe«-Offizier die Nachwuchsspieler rekrutierte.

Damit begann für Hatcher die erste echte Glücksperiode seines Lebens. Er liebte die körperliche Anstrengung, die Herausforderung, die Kameradschaft beim Rugby. Wie die meisten Football-Teams auf dem Land war auch das aus Bundanoon jedes zweite Wochenende zu einem Spiel unterwegs. Gewonnen oder verloren, nach jedem Spiel wurde ein Fass Bier aufgemacht, alte Rugby-Lieder wurden gegrölt, und natürlich kamen auch Mädchen vorbei, um ihre Rasseln und Schals zu schwenken und die Helden des Teams zu bejubeln.

Mike Hatcher hatte fortan auch ein soziales Leben, eine Gruppe von Freunden, ein Interesse außerhalb der Arbeit und das nötige Selbstvertrauen, das ihm vorher sichtlich gefehlt hatte. Aus dem widerborstigen und argwöhnischen Jugendlichen, der nur allzu leicht aus der Haut fuhr und in allen Lebenslagen immer das Schlimmste erwartete, wurde der heitere, freundliche und extrovertierte Mensch, der er später immer war.

Das glückliche Ende einer traurigen Kindheitsgeschichte?

»Nennen wir es lieber einen glücklichen Anfang«, sagt Hatcher. »Mein Leben hat in Bundanoon begonnen.«

In einem Barnardo-Bericht vom Oktober 1959 heißt es: »Ein anständiger Kerl, der anfängt, sich über seine Zukunft Gedanken zu machen. Will weitere 12 Monate bei seinem jetzigen Arbeitgeber (den Edmunds) verbringen und hofft, danach einen Molkereibetrieb auf Gemeinschaftsbasis zu bewirtschaften.«

Und dann, als Michael gerade sein erstes Auto, einen Morris 10, für 270 Pfund gekauft hatte und damit seine Schwester in Sydney besuchen fuhr, ereignete sich etwas völlig Absurdes. Sie fuhren gemeinsam durch die östlichen Stadtviertel, als sie auf einmal ein Schild an einem Gebäude sahen:

G. Hatcher
Maurer

Darunter Adresse und Telefonnummer.

»Das will ich wissen«, sagte Jessie

»Das kann doch nicht sein«, sagte Michael. »Hatchers gibt es hier bestimmt wie Sand am Meer. Warum soll ausgerechnet er das sein?«

»Ich jedenfalls fahr da hin, egal.«

Sie fuhren zu der angegebenen Adresse, doch Michael blieb im Auto sitzen. Jessie klopfte an die Tür und tatsächlich – George Hatcher, ihr Vater, kam heraus.

»Was machst du denn hier?« fragte er sie verwundert.

Sie zog ihn an der Hand zum Auto, damit er auch seinen Sohn sah. »Seit ich drei war, hatte ich ihn nicht mehr gesehen und ich hatte keine Erinnerung an ihn«, erzählt Hatcher. »Damals lag ich im Krankenhaus. Und in diesem Moment sah ich ihn zum ersten Mal in meinem Leben richtig.«

Einem Hollywood-Drehbuchautor hätte diese Situation gefallen … Vater, Sohn und Tochter wären sich in die Arme gefallen, hätten die Vergangenheit Vergangenheit sein lassen und gemeinsam ein neues Leben auf der anderen Seite der Erdkugel begonnen.

»Ganz so war es dann doch nicht«, erinnert sich Hatcher. »Lustigerweise verstand ich mich ganz gut mit Win, seiner Lebensgefährtin, aber er und ich kamen nie wirklich darüber hinweg. Vielleicht hatte ich innerlich zu viel Wut. Und er hatte möglicherweise Schuldgefühle. Und beides zusammen vertrug sich nicht. Jessie kam wesentlich besser mit ihm klar.«

Die Barnardo-Organisation hatte einige Zweifel. Obgleich Michael inzwischen festen Boden unter den Füßen hatte, glücklich war bei den Edmunds und mit seinem Rugby, hatte sie noch immer ein wachsames Auge auf sein Wohlergehen, wobei sich der letzte Barnardo-Bericht für heutige Begriffe vielleicht etwas steif liest: »Ich bin nicht ganz glücklich über die Verbindung Michaels mit seinem Vater, denn dessen Verhältnisse sind nicht ganz einwandfrei. Tatsächlich bestehen beträchtliche Zweifel darüber, ob Mr. Hatcher mit der Frau, mit der er zusammenlebt(!), auch tatsächlich verheiratet ist. Es wäre allerdings falsch, angesichts Michaels Alter einzuschreiten, zumal er aus der Verbindung offensichtlich eine gewisse innere Zufriedenheit mitnimmt.« Die Barnardo-Organisation hatte für die Hatcher-Kinder das Bestmögliche getan. Nun war es für Michael an der Zeit, die Flügel auszubreiten und selbst zu fliegen.

»Ich hatte mir schon ausgerechnet, dass ich als Angestellter die Farm niemals würde kaufen können«, sagt er. »Ich hatte seit jeher ein natürliches Geschick für Maschinen – vielleicht geht das ja zurück auf die Schraubenmutter, die ich als Dreijähriger verschluckt habe!« Hatcher beschloss, einen Kurs in Ingenieurbau zu machen, der auch praktische Arbeiten am Wasserkraft-Projekt *Snowy River* vorsah, dem größten Wasserbauprojekt in der Geschichte Australiens und selbst nach internationalem Maßstab ein Mammutunternehmen. Es umfasste 16 Hauptdämme mit einer Speicherkapazität von mehr als dem dreizehnfachen Volumen des Hafenbeckens von Sydney und beschäftigte 100 000 Arbeiter aus dreißig Ländern der Welt, die oft unter schwierigsten Bedingungen arbeiten mussten.

Snowy war für den jungen Hatcher eine prägende Erfahrung, und abgesehen vom persönlichen Gewinn erwarb er sich Fähigkeiten, die ihm in seinem späteren Leben noch nützlich sein würden – Sprengtechnik, Umgang mit Sprengstoffen oder das Formen, Schweißen und Schneiden von Eisen und Stahl mit einem Sauerstoff-Azetylengebläse.

Im Alter von 22 Jahren zog es ihn in die Glitzermetropole Sydney. »Ich wurde Konstruktionsmanager für Frank O'Neil-Swimmingpools. Der Boden in und um Sydney ist oft sehr felsig und wir mussten eine Menge Sprengungen durchführen. Eines Tages sprengten wir ein Loch für einen Pool in der Nähe von Wohnhäusern. Ich hatte zwei italienische Arbeiter mit dabei, von denen keiner ein Wort Englisch sprach. Ich war der Meinung, dass die Arbeit viel zu langsam voranging, und so gab ich bei der nächsten Bohrung doppelt so viel Ladung hinein.

Es tat einen Riesenschlag, und die Gesteinsbocken flogen nur so durch die Luft. Überall hin. Da stand ein Typ auf der Straße, der seinen nagelneuen Holden liebevoll polierte. Er war gerade dabei, die letzten Stellen mit dem Ledertuch abzureiben, trat ein paar Schritte zurück, um das gute Stück zu bewundern, als ein schädelgroßes Sandsteinstück aus heiterem Himmel herunterknallte. Mit einem heftigen Rums schlug es mitten durch das Autodach, und der Wagen war damit komplett schrottreif. Junge, war der auf hundertachtzig! Er kam angefegt, wäre uns am liebsten an die Gurgel gesprungen. Als Erstes fuhr er mich an. Doch ich zuckte nur mit den Achseln, zeigte auf die Italiener und schob alles auf die beiden. Da sie ja kein Wort Englisch konnten, verstanden sie auch nicht, was der von ihnen wollte, und sie schrien lauthals zurück, was ihn natürlich nur noch rasender machte.

Da standen sie also, schrien aufeinander ein und fuchtelten wie wild umher. Ich hielt es für angebracht, mich zu verdrücken, und machte mich klammheimlich aus dem Staub!« Er grinst vor sich hin. »Ich hatte immer den Drang, die Arbeit ein wenig voranzutreiben, immer ein bisschen zu viel Sprengstoff in die Bohrlöcher zu geben. So kam es auch zu ein paar lustigen Vorfällen bei den Arbeiten an Wracks.«

In Rabaul Harbour verwertete man in den ersten Jahren nach dem Zweiten Weltkrieg die rostenden Zeugen der japanischen Invasion, wo immer es ging.

»Da lag zum Beispiel am flachen Ufer ein japanischer Schiffsbug. Die örtlichen Behörden bauten längs am Deck entlang eine Asphaltstraße, eine Pier. Es lief alles ganz gut, bis ich zur Alteisenverwertung die Schiffsschraube am Heck absprengte. Mit einem Höllenlärm ging die Ladung los. Es knallte und rumste mächtig, und eine riesige Staubwolke, kleine Rostteilchen sowie größere Schiffsteile flogen über Rabaul Harbour durch die Luft.«

»Aber hallo«, sagte Hatch unschuldig, »was ist denn da passiert?«

Als daraufhin in heller Aufregung das Schiff inspiziert wurde, wurde klar, dass die Explosion nicht nur den Propeller vom Heck gerissen, sondern auch das gesamte Schiffsdeck zum

Einsturz gebracht hatte! Und nicht nur das – auch die Asphaltstraße war in das rostige Innere des Schiffes gekracht.

Rabaul hatte also keine Pier mehr.

Uups!

3
Tauchlektionen

Mike Hatcher erzählt gerne über Praktiken und Grundlagen bei der Bergungsarbeit, über jene Qualitäten, die über Erfolg und Misserfolg beim Entdecken und Heben von Wrackladungen entscheiden können.

»Durchhaltevermögen«, sagt er mit Nachdruck. »Vor allem anderen muss ein guter Wracksucher Durchhaltevermögen haben. Und damit meine ich den Mut, dir selber zu vertrauen, wenn niemand sonst mehr an dich glaubt.« Die Spanier nennen diese Eigenschaft *cajones*, was dasselbe meint.

»Gesundes Selbstvertrauen ist überaus wichtig. Auf der anderen Seite setzt man natürlich nicht alles auf eine Karte oder riskiert beim Roulette sämtliche Ersparnisse auf einen Dreh. Das wäre ganz schön dumm. Ich persönlich halte mich an das Motto, nie etwas vom eigenen Grundbesitz zu verkaufen, um auf Schatzsuche zu gehen. Ich bin kein Spieler im üblichen Sinne des Wortes. Ich spiele kein Poker, gehe nicht auf Pferderennen oder in Kasinos. Ich sehe keinen Sinn darin. Die Chancen stehen viel zu hoch gegen dich. Buchmacher und Kasino müssen ja auch ihr Geld verdienen. Die nehmen ihre 10 oder 25 Prozent oder wie viel auch immer, und somit ist es nie eine faire Wette. Mit etwas Glück gewinnt man vielleicht ein- oder zweimal, vielleicht auch öfter. Doch wenn du nur lange genug weiterspielst, kassiert am Ende die Bank. Ganz einfach.«

Hatcher ist zynisch gegen Regierungen, die am Glücksspiel kräftig mitverdienen. »Der Staat schreibt vor, dass auf jeder Zigarettenschachtel vermerkt sein muss: Rauchen gefährdet die Gesundheit. Aber auf einem Lotterielos muss nicht vermerkt sein, dass die Gewinnchancen eins zu einer Million gegen dich stehen. Oder auf einem Spielautomaten. Oder am Eingang zur Spielhalle. Nie im Leben! Die sind viel zu wild auf das Geld, das entweder direkt oder über die Steuern ins Staatssäckel kommt. Die Gewinnchancen in unserem Geschäft stehen da allemal besser. Wracksuche ist im Grunde eine Sache von Forschung, Technik und Zeit. Sind diese drei Voraussetzungen gegeben und kommt der entsprechende persönliche Einsatz hinzu, so muss man am Ende einfach einen Treffer landen.«

Zeit allerdings ist das Hauptproblem.

Zeit ist Geld – wie in so vielen anderen Branchen, so auch bei der Wracksuche. Und Wracksuche kann sehr viel Geld bedeuten. Dauert die Suche oder die Bergung zu lange, dann übersteigen die Kosten des Unternehmens den voraussichtlichen Gewinn und man macht ein Verlustgeschäft.

»Und genau da kommt der feine Grat des Ermessens ins Spiel«, sagt Hatcher. »Die meisten Wracktaucher kennen Ladungen, die zu tief liegen, zu gefährlich, oder in Gebieten, wo es zu lange dauern würde, sie zu finden.« Dann hebt er den Finger und betont: »Im Augenblick jedenfalls. Nichtsdestoweniger schreitet die Wissenschaft von der Wracksuche ständig voran. Die Verbesserungen bei Side-Scan-Sonargeräten, Magnetometern, Roboterkameras sowie die globale Ortung durch Satelliten haben in den letzten paar Jahren einen Quantensprung gemacht. Was heute unmöglich ist, kann schon morgen sehr wohl möglich sein. Und wir werden da sein, wenn es so weit ist.«

Aber wie arbeitet Hatcher?

Das Prinzip, nach dem er vorgeht, ist recht simpel. Er für seinen Teil bringt die Fertigkeiten und die Erfahrung aus dreißig Jahren Tauchen und Wracksuche in südostasiatischen Gewässern ein. Investoren, große wie kleine, stellen das Geld für die Suche zur Verfügung und bekommen bei einem erfolgreichen Fund siebzig Prozent vom Reingewinn nach Kostenabzug. Ausrüstung, Ortungsboot, Bergungsschlepper sowie Ersatzschiff werden unter Vertrag genommen. Taucher und Crew werden für den speziellen Einsatz ebenfalls vertraglich verpflichtet, wobei Hatcher dazu neigt, die gleichen Mitarbeiter ein ums andere Jahr beizubehalten.

Im Falle der riesigen Ladung, die im Juni 1999 zuerst von A. W. Rahim gesichtet wurde, standen die Kosten im Verhältnis zum Umfang des Projekts … Tausende von Dollar pro Tag. Die Bergungsplattform *Swissco Marie II* war buchstäblich eine Insel im Meer – drei Stockwerke hoch, 55 Meter lang und 14 Meter breit. Zweiundvierzig Männer, einschließlich der Taucher, lebten, arbeiteten, aßen und schliefen an Bord der Plattform, die ganze drei Monate lang über dem Wrack vor Anker lag. Darüber hinaus gab es ein Ersatzschiff, die *Swissco 88*, von 230 Tonnen Gewicht und 40 Metern Länge sowie die allzeit treue *Restless M* samt Crew. Jeder Einzelne, der in die Operation involviert war, war ein Experte seines Faches.

Am späten Nachmittag, die Spitze der Gaspar-Insel weit am südlichen Horizont, die Sonne tief über Sumatra im Westen, genoss Michael Hatcher sein Bintang-Bier am Oberdeck der Bergungsplattform *Swissco* und ließ den Tag noch einmal gedanklich vorüberziehen.

Trevor McInery überwachte das Säubern, Verpacken und Registrieren der Fundstücke und hatte seinem Boss bereits eine Liste der an jenem Tag geborgenen Teile ausgehändigt: blauweiße Porzellantassen, Untertassen und Schüsseln, Kerzenhalter, Räuchervasen, größere und kleinere Teekannen, Sonnenschirmgriffe und zahlreiche andere Handelswaren jener Zeit. Manchmal war auch die ein oder andere Kuriosität darunter wie das funkelnde Leuchten von Goldstaub, ein silberner spanischer Pillar-Dollar, eine chinesische Münze mit einem viereckigen Loch in der Mitte oder der flüssige Schimmer von Quecksilber. Menschliche Gebeine wurden nicht mehr an Bord gebracht. »Bringt Unglück«, sagten die Malaien. »Lasst sie dort unten in Frieden ruhen.«

Welche Umstände führten zu jener fatalen Segelreise? Wer waren die Porzellanhersteller? Wer verfrachtete die Ladung?

Wer segelte auf dem Schiff mit? Und weit wichtiger – wer starb und wer überlebte diese Katastrophe, deren Spuren zu einem riesigen Grabeshügel aus Ladungsgut dreißig Meter tief unterhalb der *Swissco Marie II* führten?

Die wissenschaftliche Erforschung war, wie fast alles, extern als Auftragsarbeit vergeben. Am anderen Ende der Welt, in England, begann der Historiker Nigel Pickford, Archive und Akten aus Kolonialtagen zu durchforsten und brütete über alten Frachtbriefen der Britischen Ostindien-Kompanie. Er durchstöberte alte Zeitungen wie *The Calcutta Times* und die *Java Gazette* und untersuchte die Segelrouten in so genannten Routenfindern oder *Pilots*, den klassischen Bänden, wie sie seit dem 15. Jahrhundert von Männern wie Horsburgh verfasst wurden. Diese gewichtigen und gelehrten Bände enthalten detaillierte Informationen über Vorgebirge und Inseln, Felsen und Riffe, Strömungen und Wassertiefen, denen ein Schiff auf einer bestimmten Route begegnen könnte. Pickford suchte nach irgendeinem Eintrag, und sei er auch noch so klein, der einen Hinweis auf die Identität des Schiffes und die Namen der Passagiere auf dieser letzten Reise liefern könnte. Im Seefahrerjournal *Directions for Sailings to the East Indies*, Band 2, 1827, stieß er schließlich auf einen Absatz von James Horsburgh:

Die Belvidere-Sandbänke: Deren südwestliches Ende liegt 2 Grad 15 Minuten südlicher Breite und reicht vom Gaspar Island Peak über 16 Kilometer nach Westen; von dort verläuft sie etwa 6,4 Kilometer weit in nordöstlicher Richtung mit etlichen Korallenbänken, darüber 1,8 bis 3 Meter Wasser, und am nordöstlichen Ende ragt ein schwarzer Fels aus dem Wasser. Das Meer bricht sich an ihnen, wenn es ansteigt, und während des Tages können sie mit einem guten Ausguck leicht umfahren werden, vor allem da einige der Flecken bei Niedrigwasser trocken sind …

Ein amerikanisches Schiff jedoch, das Mr. Astor aus New York gehörte, zerschellte vor einigen Jahren an diesen Bänken und kurz darauf sank dort eine große chinesische Dschunke. Et-

liche der Passagiere erreichten die Gaspar-Insel, während andere, die auf Wrackstücken im Meer trieben, durch die lobenswerten Bemühungen eines Landungsschiffs aus Kalkutta gerettet wurden …

Das Wrack, das unter der *Swissco Marie II* lag, schien der Ladung und den persönlichen Besitztümern nach auf die Beschreibung »einer großen chinesischen Dschunke« zu passen. Und auch die Daten auf den spanischen Pillar-Dollars (1797 und 1804) entsprachen jener Zeit. Beflissen wie er war, versprach Pickford bald mehr Information.

So nahm Hatcher noch einen Schluck Bier und sah über Backbord hinaus in die Weite zum *Black Rock*, dem schwarzen Felsen an der Belvidere-Sandbank, der schon bei Horsburgh Erwähnung fand. Er sah zu, wie die Sonne in einem karminroten Glanz unterging und sann über gegenwärtige und bevorstehende Aufgaben nach. In die geschäftlichen Überlegungen mischten sich auch hin und wieder friedvolle Bilder – die Viehweiden seiner Farm in Grafton … Vieh, das bis zum Bauch im Gras versank, die lachenden Gesichter seiner beiden kleinen Töchter, Naomi und Michelle. Er war zufrieden, doch der Weg bis hierher war alles andere als leicht gewesen.

Er hatte viel Lehrgeld im Wracksuchergeschäft bezahlen müssen, ehe er damit einigermaßen Geld verdiente. Doch neben der ganzen Zeit und Mühe, die er darauf verwendete, ist es auch verwunderlich, wie oft ihm schon eine glückliche Begegnung oder Wendung auf seinem Weg weitergeholfen hat. »Hatchers Glück« – wie seine Konkurrenten oft verdrießlich sagten. Mag sein. Doch als Michael Hatcher sich auf seinen Abenteuerpfad begab, war mehr als Glück im Spiel.

Seit den sechziger Jahren hat Michael Hatcher mehr Zeit zu Wasser als zu Lande verbracht. Er konnte über einen langen Zeitraum auf einem Schiff leben und schien wie geschaffen für ein

Leben auf dem Meer. Doch bis er Mitte zwanzig war, hatte er nie einen Fuß auf ein Boot gesetzt (abgesehen von seiner Auswanderung per Schiff nach Australien 1954), geschweige denn eine Ruderpinne in der Hand gehabt oder ferne Ziele angesteuert.

Doch das sollte sich bald ändern. Im Urlaub in Coolangatta lernte er eine Gruppe junger Leute vom Manly Surf Club im nördlichen Sydney kennen. Man verstand sich gut, spielte zusammen Fußball, und bei seiner Rückkehr nach Sydney beschloss Hatcher, dem Club beizutreten. Schnell war er in das Clubleben integriert und zuständig für die Organisation geselliger Veranstaltungen. Im Laufe der Zeit hatte der Club sich vergrößert und dabei 10 000 Dollar Schulden angehäuft, ohne eine Aussicht, diese in absehbarer Zeit wieder los zu werden. Hatcher beschloss, eine Reihe von Themen-Partys zu organisieren – arabische Nächte, römische Nächte, griechische Nächte und so fort –, und erinnert sich amüsiert daran, dass die Südseenacht recht lustig war, bis er sein Baströckchen verlor! Nach und nach konnte der Club seine Schulden abbezahlen, obwohl man bei den alten Herren des Clubkomitees das eher ausgelassene Treiben nicht gerne sah.

»Doch richtig Scherereien gab es erst, als wir uns zu einer Hafenrundfahrt entschlossen«, erinnert sich Hatcher. »Im Hafen von Sydney mieteten wir ein Fährboot, aber als der große Tag kam, hatten wir erst zweihundert Tickets verkauft. Das reichte kaum, um den Mietpreis für die Fähre zu decken. Da kam jemand auf die glorreiche Idee, Bob Rogers anzurufen, einen bekannten Radiomoderator. Seine allabendliche Sendung war der Renner. Jeder hörte sie.

›Könnte man einen Veranstaltungshinweis durchgeben?‹, fragten wir ihn.

›Für den Manly Surf Club?‹, fragte er. ›Klar, freut mich. Ich schwimme dort selber ab und zu.‹

Also startete er einen Aufruf nach dem anderen. ›Hallo da draußen. Noch nichts vor? Lust auf eine Party? Auf dem Wasser gibt es eine großartige Party … vom Manly Surf Club …‹ und so weiter.

Die Leute kamen in Scharen. Am Ende war es an Bord so proppevoll, dass man sich nicht mehr bewegen konnte. Wir haben das ganze Bier verkauft, alle Tombolalose und ein Vermögen beim Roulette eingespielt. Da uns die Preise langsam ausgingen, fingen wir an, Kartons mit Bier zu verlosen, bis wir auch das los waren. ›Keine Sorge‹, sagte mein gwiefter Kumpel Spaney. ›Ich mach das schon.‹ Er riss ein paar Lose ab, gab ein paar mir, ein paar sich selber und ein paar an die anderen Jungs aus dem Komitee. Dann zog er die Lose aus dem Hut, und – oh Wunder –, die Gewinner waren … na, wer wohl? Und so mussten wir keine Preise mehr vergeben. Lange Rede, kurzer Sinn – wir machten ein Vermögen und haben die Schulden des Clubs auf Heller und Pfennig zurückbezahlt.«

Aber hat er dafür ein Dankeschön bekommen, einen Schulterschlag oder ein »Gut gemacht!« vom Präsidenten?

Hatcher schüttelt sauer den Kopf. »Die haben mich rausgeschmissen. Ich wurde vor das oberste Clubkomitee zitiert. Sie hatten alle finstere Mienen und waren sehr besorgt um den Ruf des Clubs, der durch getürkte Tombolalose und minderjährige Kids beim Roulettespiel angeblich Schaden genommen hatte. Keiner verlor ein Wort über das Geld, das wir dem Club beschafft haben!«

Viel mehr konnte Hatcher nun eigentlich auch nicht mehr anrichten, doch legte man ihm nahe, fortan nur noch als »Berater« zu fungieren, da er ja offensichtlich gute Ideen zur Geldmittelbeschaffung habe.

»Ihr könnt mich mal«, war alles, was Hatcher dazu sagte, und stolzierte hinaus.

Etwas Gutes allerdings hatte die Verbindung zum Surf-Club – er lernte die Neuseeländerin Jan Carryer kennen, verliebte sich schrecklich in sie, und als sie wieder zurück nach Neuseeland ging, folgte er ihr. Dort lernte er auch ihren Vater kennen, der Grillgeräte und Verbrennungsöfen herstellte. »Die würden in Sydney reißenden Absatz finden!«, sagte Hatch. »Gib mir ein paar zum Ausprobieren mit!«

Das Geschäft ging so gut, dass die ganze Familie nach Australien umzog und ein gut gehendes Unternehmen aufbaute. Alle großen Läden kauften sie. Hatcher war als Verkaufsvertreter unterwegs, und als er eines Tages Werbeprospekte in Vorbereitung hatte, führte ihn sein Weg in die Druckerei von Harold Vourne, einem bekannten Yachtsegler und Autor von Segelbüchern. Hatcher betrachtete das Bild einer Yacht unter vollem Segel, das auf Vournes Schreibtisch stand.

»Du lieber Himmel – das macht bestimmt Spaß«, sagte er.

»Macht es. Es gibt nichts Schöneres«, sagte Vourne. »Was machst du heute Nachmittag?«

»Arbeiten, schätze ich«, antwortete Hatcher.

»Nein, tust du nicht.« Vourne schob seinen Stuhl vom Schreibtisch zurück und sagte: »Du kommst mit zum Segeln.« Es war ein Mittwochnachmittag und Pittwater veranstaltete regelmäßige Wettfahrten in der Dämmerung – Hatchers erster Tag auf einem Boot.

Er war augenblicklich begeistert und bald schon Stammgast. Er plante sogar, sich ein eigenes Boot zu kaufen und um die Welt zu segeln! Doch so etwas geht nicht von heute auf morgen – er musste erst das Geld zusammensparen und segeln lernen. Er wurde Mitglied im Manly 16-foot Skiff Club und nahm Unterricht. Der Ausbilder für Rettungsschwimmer im North Steyne Surf Club führte auch Segel- und Tauchkurse durch. Hatcher belegte beide Kurse und war nun, mit 27 Jahren, drauf und dran, seinem Leben eine völlig neue Richtung zu geben.

Mit der Yacht *Islander III* machte er den bedeutendsten Kauf seines Lebens. Sie hatte Kraweelbeplankung, war zehn Meter lang, mit bleiverstärktem Vordersteven und 1917 in Tasmanien aus Tasmanischer Gummitanne gebaut worden. Sie war nicht pompös, aber robust und solide und in einem seetauglichen Zustand. Allerdings musste Hatcher noch seine Navigations- und Seefahrtskenntnisse erweitern. Doch war er wild entschlossen und hatte mehr als nur ein bisschen Glück.

»Meine erste Fahrt ging von Sydney nach Port Stephens«, erzählt er, »und ich benutzte eine Straßenkarte.« Hatcher hatte eigentlich vor, vierzehn Tage lang unterwegs zu sein, doch das Segeln gefiel ihm so gut, dass er erst nach fünf Wochen wieder zurückkehrte. Als er sich schließlich wieder in den Gewässern vor Sydney befand, fasste er den festen Entschluss, tatsächlich um die Welt zu segeln und Ade zu sagen – Ade den Steuern, Frustrationen und Zwängen der Zivilisation. Vagabundenleben ahoi!

Inzwischen war die Romanze mit Jan Carryer abgeflaut und Hatcher hatte eine neue und leidenschaftliche Affäre mit Jaquie, der Tochter eines Majors der königlich-britischen Luftwaffe. Als die *Islander III* von Sydney aus in See stach, wettete man im Yacht-Club, dass Hatcher nicht über Brisbane hinauskommen würde. In der Tat schaffte er es beinahe nicht einmal bis dorthin. Er lernte noch fleißig aus Büchern über Navigation, als die *Islander III* vor der Ostküste von einem Sturm erfasst wurde. »Ich hatte sie vor Anker liegen, während ich verzweifelt Hitchcocks Buch über Segeltheorie las, um herauszufinden, was ich tun sollte! Ein klassischer Fall von *learning by doing*.«

Die Yacht überlebte den Sturm. Die Romanze mit Jaquie hingegen nicht. Bis sie Townsville erreicht hatten, hatte Jaquie genug von den Gefahren und Unannehmlichkeiten auf kleinen Yachten. Sie teilte Hatchers ungezähmten Optimismus nicht, mit dem er unbedarft und unerfahren allen Gefahren des Meeres bei einer Weltumsegelung trotzen wollte.

Unbeirrt und unerschüttert in seinem persönlichen Glauben fuhr Hatcher weiter, schlängelte sich durch die Torres-Straße (die sich 1776 für James Cook auf der *Endeavour* als unüberwindliches Hindernis erwies) nach Thursday-Island. Als er ankam, war er pleite. Doch glücklicherweise wurden für einen Dammbau im Inselinneren Konstruktionsarbeiter gesucht, und da kamen ihm seine Erfahrungen aus dem Snowy-Projekt gerade recht. »Sie nannten es T. I. oder ›Thirtsty Island‹. Und der Namen passte«, erinnert sich Hatcher an jene Zeiten. »Herrje, haben die gebechert! Jede Nacht Party.« Hatcher hatte bald genug davon. Er hatte nun genügend Geld beisammen, um sich erneut auf große Abenteuerfahrt zu begeben, und hoffte, nun den Pazifik überqueren zu können.

»Ich lief nach Neuguinea aus, das Licht der untergehenden Sonne funkelte auf den leeren Flaschen am T.I.-Strand. Auf ins tropische Paradies – dachte ich. Jedenfalls war das mein letzter Trinkspruch vor meiner Abfahrt.«

Doch leider erwies sich Port Moresby in Papua-Neuguinea als Reinfall – ein einziges Dreckloch und eine große Enttäuschung. Es entsprach bei weitem nicht dem tropischen Paradies, das Hatcher sich vorgestellt hatte. »Mach dir nichts draus«, sagten die Einheimischen fröhlich. »Du musst dir eben im Klaren sein, dass das hier die hinterletzte Ecke von Papua-Neuguinea ist. Es gibt hier auch schöne Flecken. Fahr doch mal auf die Trobriand-Inseln.«

Als Hatcher sich in Port Moresby seine Zollpapiere abholte, fragte ihn der Hafenmeister, wie lange er voraussichtlich fort sein würde. Hatcher ging von fünf Wochen aus … doch fünf Monate später war er noch immer in Bougainville mit einer Bootsladung voller inseltypischer Holzschnitzereien. Er war dem Rat der Einheimischen von Port Moresby gefolgt und hatte sein ganzes Geld für Tabak und Betelnüsse ausgegeben. Mit diesem »Grundkapital« an Bord war er als »Händler Mike« unterwegs. In klassischer Joseph-Conrad-Manier schipperte er als fahrender Händler von Insel zu Insel und tauschte Tabak (*baccy*) und Betelnüsse gegen Kunstgegenstände, kreuzte so lange umher, bis in den Laderaum der *Islander III* unmöglich noch ein weiterer geschnitzter Spazierstock oder eine Teufelsmaske hineinging.

»Zeitlich passte alles ganz gut zusammen«, erinnert er sich. »In Bougainville wurde gerade die größte Kupfermine der Welt eröffnet, und der Großteil der Techniker, Ingenieure und Lasterfahrer waren Australier, die an ihren freien Tagen alle nach etwas typisch Einheimischem suchten. Ich fand heraus, dass sie einen Yacht-Club aufgebaut hatten, aber keine Boote hatten. Als ich von der *Islander III* an Land ging, lag sie als einzige

Yacht in der Bucht. Die haben mich mit offenen Armen empfangen.«

Der Manager und seine Frau spendierten Hatcher einen Drink. Das Geld für den zweiten konnte er dann gerade noch berappen. Aber dann war Schluss. Hatchers Taschen waren leer.

»Kann ich auch anschreiben lassen?«, fragte Hatcher und erwartete eigentlich ein höfliches, aber bestimmtes Nein.

»Klar«, kam zurück. »Wie viel willst du?«

Er war erfreut, in ein Land des Überflusses gekommen zu sein. Sein Handel florierte. Die geschnitzten Spazierstöcke, von denen er dachte, dass sie etwa fünf Dollar einbringen würden, waren knapp, und so stieg der Preis auf fünfzig Dollar.

»Wirklich wahr«, berichtet er. »Bis zum Ende der Woche hatte ich 450 Dollar gemacht, und die Minenarbeiter strömten in Scharen herbei, um das Boot zum Fischen oder Tauchen zu chartern.«

Während der Zeit in Bougainville wurde er mit einer Gruppe von Tauchern bekannt, die die Überreste eines gesunkenen Zerstörers aus dem Zweiten Weltkrieg nach Kupfer und Messing durchsuchten. Nichteisenmetalle erzielten in der Wiederaufbauphase der Nachkriegszeit hohe Preise und fanden schnellen Absatz. In seiner seltenen freien Zeit schloss sich Hatcher dem Team an und erwarb so viel Erfahrung, dass er erwog, allein auf Wracksuche zu gehen.

Abends saßen die Taucher oft bei einem Bier zusammen und unterhielten sich über die großen Wracks der Geschichte – über die holländischen Ostindienfahrer, die mit Gold beladenen Klipper, die von Australien aus in See stachen, die Wracks aus dem Zweiten Weltkrieg, von denen es im indonesischen Archipel und dem Südpazifik nur so wimmelte, die mit Gold und Quecksilber beladenen U-Boote. Auch Rabaul Harbour wurde des Öfteren erwähnt, als wahrer Friedhof für japanische Kriegsschiffe.

Als der Name Rabaul fiel, spitzte Hatcher die Ohren. Ein Boot hatte er, Neubritannien war nicht allzu weit weg und es passte ihm auch sonst gut in den Plan. Um 4500 Dollar reicher verließ er Bougainville auf der *Islander III*, in die er einen neuen Dieselmotor installiert hatte, da ihn die Macken des veralteten und unzuverlässigen Benzinmotors beim Start schon mehr als einmal zur Raserei getrieben hatten.

Seine Glückssträhne hielt an. In Rabaul gab es in der Tat jede Menge Wracks und einen »Strandläufer« namens Pat Roberts, der mit einem einheimischen Mädchen aus Papua verheiratet war und der die regierungsamtliche Konzession für Wrackbergungen besaß. Doch Pat tat nichts lieber, als in der Rolle eines »Lehnsessel-Admirals« einfach nur am Strand zu sitzen und zuzusehen, wie der junge und hoch motivierte Hatcher die Taucharbeiten erledigte.

Einer von Mikes ersten Jobs war es, die Schiffsschraube an eben jenem gestrandeten Frachter abzusprengen, an dem längs am Deck eine asphaltierte Pier entlangführte. Und wie wir ja bereits wissen, hat die gewaltige Detonation das rostige Schiff samt Pier zum Einsturz gebracht.

»Es dauerte eine Weile, bis die Einheimischen mir das verziehen hatten«, erinnert er sich. »Aber schließlich konnte ich sie davon überzeugen, dass alles nur ein dummer Zufall war. Ich machte ihnen weis, dass ich ihnen damit eigentlich einen Gefallen getan hätte. Denn wenn die Pier derart instabil war, wäre früher oder später sowieso einer der Laster in das rostige Innere des Wracks durchgebrochen und hätte womöglich noch Menschen mit in den Tod gerissen.«

An den Stränden von Rabaul Harbour mangelte es nicht an weiteren Wracks. Das Problem war nur, dass der Hafen der Krater eines erloschenen Vulkans und das Unterwasserprofil wie ein Kegel geformt war. Das Ufer fiel steil und jäh ab in Tiefen, die für Hatchers Tauchgeräte zu tief waren.

Ein Wrack kostete ihn damals beinahe das Leben.

»Es war aus Holz, was ich ziemlich ungewöhnlich fand«, erinnert er sich. »Dann stellte ich fest, dass die Winde am Vorderdeck aus Messing war und der Anker sowie die Ankerkette aus Bronze! Das verdutzte mich völlig. Warum ist ein hölzernes

Schiff mit derart teurem Gerät ausgestattet? Dann kapierte ich. Klar! Ein Minenräumfahrzeug, das aus Holz und nichtmagnetischen Materialien gebaut war, um den Magnetminen zu entgehen. Eine wahre Goldgrube!«

Denn wie Hatcher entdeckte, war nicht nur das Zubehör aus Messing und Bronze, sondern auch der gesamte Kajütenbereich bestand aus Messingpaneelen. Das Wrack brachte gute 15 Tonnen Messing ein.

Doch wie gesagt, die Bergung kostete ihn beinahe das Leben. Wie viele junge Taucher ging auch Hatcher sehr nachlässig mit Zeit- und Tiefengrenzen bei tiefen Tauchgängen um. Zwar hatte man ihn vor dem Risiko der *bends* zur Genüge gewarnt, doch bildete er sich ein, ihm könne so etwas nicht passieren. Das Heck des Minensuchers lag in ziemlicher Tiefe. Und eines Nachmittags hatte Hatcher länger in größeren Tiefen gearbeitet als gewöhnlich. Er tauchte auf, trocknete sich ab, füllte seine Tankflaschen auf und machte sich Abendbrot. Plötzlich hielt er inne und wollte nicht glauben, was da gerade mit ihm passierte.

»Ich spürte plötzlich ein Kribbeln in den Fingern. Ich versuchte, es zu ignorieren, dachte, alles Einbildung. Das vergeht schon wieder.« Doch das Kribbeln hielt hartnäckig an und ein heftiger Schmerz zog sich durch die Arme. Sein Zustand war ernst und Hatcher wusste sofort, was los war.

Er hatte viel über die Dekompressionskrankheit gelesen und wusste nur allzu gut, dass sie das berufliche Hauptrisiko eines jeden Tiefseetauchers darstellt. Über die Jahre waren Tausende von Tauchern in aller Welt daran gestorben. Unzählige blieben gelähmt. Einige verloren sogar Gliedmaßen, andere trugen doppelseitige Lähmungen oder Lähmungen aller vier Extremitäten davon – ein Leben lang ein Krüppel. Die Helmtaucher aus der Zeit der »schweren Kupferhüte« waren auf ihre alten Tage krumm und bucklig, von Gelenkschmerzen übel geplagt.

Zwischen 1910 und 1917 starben im nordwestlichen Australien 145 Perlenfischer – eine erschütternd hohe Zahl. Die Todesrate in der Torres-Straße, in Queensland, Darwin und anderen australischen Perlenfischereigebieten lag ähnlich hoch. Vor Broome starben allein im Jahr 1914 auf einer aus 400 Schiffen bestehenden Flotte 33 Männer an der Dekompressionskrankheit. Angaben über die Zahl derer, die Lähmungen davongetragen haben, liegen nicht vor.

Auch heutzutage sind Taucher trotz modernster Ausrüstung nicht gefeit vor der Dekompressionskrankheit. Der Schmerz der *bends*, der zu Krämpfen und Muskelspasmen führt, wurde von einem Perlenfischer beschrieben als die »schlimmste Art von Schmerz, die man empfinden kann. Denn so schlimm man es im Moment empfindet, man hat immer Angst, es könne jeden Moment noch schlimmer werden.« Manchmal war der Schmerz nicht auszuhalten. Damals, wenn die Perlenfischerflotte vor Anker lag, konnten die nächtlichen Schreie nur eines bedeuten.

Dass ein Anfall von Dekompressionskrankheit die Strafe für einen zu langen Tauchgang in zu großer Tiefe ist, ist in Taucherkreisen weithin bekannt. Und ein gut geschulter Taucher kennt auch die körperlichen Ursachen dafür. Diese theoretische Kenntnis ist für das Überleben unter Wasser unentbehrlich und gehört heute in allen Tauchschulen zum Pflichtprogramm. Auch Hatcher hatte in seinem Tauchkurs gelernt, dass die Luft, die wir atmen, aus verschiedenen Gasen besteht, hauptsächlich aus Sauerstoff und Stickstoff. Dabei ist der Sauerstoff, der von unseren Lungen absorbiert wird, der Stoff, den wir zum Leben benötigen, während Stickstoff in unserer gewöhnlichen Umgebung bei einem Druck von 1 kp/cm^2 eine weniger wichtige Rolle spielt. Doch muss ein Taucher bei jedem Tauchgang die Auswirkungen des Stickstoffs berücksichtigen, da der atmosphärische Druck unter Wasser erhöht ist. Denn je tiefer man taucht und je länger man verweilt, desto mehr bewirkt der erhöhte Druck, dass sich Stickstoff aus der Atemluft in das Körpergewebe löst.

Der Druck, der auf den Körper eines Tauchers in zehn Metern Tiefe wirkt, ist doppelt so groß wie an der Oberfläche. In 30 Meter Tiefe herrscht der vierfache Druck der Oberfläche. In einer solchen Tiefe löst sich Stickstoff aus der Atemluft und der nun flüssige Stickstoff wird nach einer gewissen Tauchdauer in die Blutgefäße absorbiert. Dort zirkuliert er zunächst ohne Komplikationen durch Venen und Arterien, bis es ans Aufsteigen geht. Steigt ein Taucher zu schnell auf, erhöht sich die Stickstoffkonzentration und der überschüssige Stickstoff beginnt, Blasen in Blutgefäßen und im Körpergewebe zu bilden, so ähnlich wie wenn eine Flasche Champagner zu schnell geöffnet wird.

Stickstoffblasen, die sich zu schnell über die Blutbahnen verteilen, können Arterien verstopfen, die für die Versorgung von Gelenken, Wirbelsäule oder Gehirn verantwortlich sind. Drücken sie auf Nerven, kann es zu marternden Krämpfen und Schmerzen kommen sowie in der Folge zu einem Schlaganfall, einem Herzstillstand oder zu Lähmungen. Bereits zu Beginn des Jahrhunderts haben Wissenschaftler den Zusammenhang zwischen Stickstoffabsorption und Tiefseetauchen entdeckt und auch entsprechende Behandlungsmethoden herausgefunden. So hat der herausragende britische Physiologe J. S. Haldane für die Taucher der Royal Navy, der Königlich Britischen Marine, eine Reihe von Tabellen ausgearbeitet. Blieb ein Taucher über die sichere Zeitgrenze hinaus in einer bestimmten Tiefe, wurde mit Hilfe der Tauchtabellen festgelegt, wie langsam der Aufstieg erfolgen müsste, damit der Körper den überschüssigen Stickstoff im Blut wieder komplikationslos abbauen kann.

Dieses Wissen und die sachgemäße Verwendung der Tauchtabellen, welche fortan in der Perlenfischerei eingesetzt wurden, sowie die Schenkung einer Dekompressionskammer durch den britischen Tauchanzughersteller Heinke Pty Ltd in London halfen, die Zahl der tödlichen Taucherunfälle in Broome von 33 im Jahr 1914 auf durchschnittlich einen Todesfall pro Jahr zu reduzieren. Heute werden überall, beim Berufstauchen ebenso wie beim Freizeit- oder Sporttauchen, Tabellen benutzt, die in regelmäßigen Abständen überprüft und auf den neuesten Stand gebracht werden.

Moderne Berufstaucher arbeiten entweder mit einer Kombination aus Gasen, einem so genannten Gemisch mit Helium, das den Stickstoff ersetzt, oder sie kommen beim Auftauchen an die Oberfläche in Dekompressionskammern. Dort wird ihnen unter Druck Sauerstoff zugeführt, während sie sich allmählich wieder an den Druck von 1 kp/cm^2 an der Oberfläche gewöhnen.

Fast überall auf der Welt, wo getaucht wird, verfügen die örtlichen Krankenhäuser über solche Dekompressionskammern, die auch zur medizinischen Notfallversorgung von Tauchern eingesetzt werden, die ihre Zeitgrenze falsch beurteilt haben und aufkommende Symptome der Dekompressionskrankheit zeigen.

Zurück nach Rabaul Harbour. Dort saß Mike Hatcher gottverlassen in der Dunkelheit der *Islander III* und wusste, dass er Hunderte von Meilen entfernt war von der nächsten Dekompressionskammer auf Thursday Island. Er wusste auch, dass ihm möglicherweise nur noch wenige Minuten blieben, einen klaren Entschluss zu fassen. So oder so – er konnte auf Deck sterben, ohne dass vor dem nächsten Morgen irgendjemand an der Küste merken würde, dass etwas nicht stimmte.

»Das war einer der schlimmsten Momente in meinem Leben«, erinnert er sich. »Ich verfluchte mich tausendmal für meine große Dämlichkeit. In diesem Moment war mir sehr wohl bewusst, dass ich zunehmend geschludert hatte beim Lesen meiner Tabellen und der Beachtung meiner Zeit- und Tiefengrenzen. In geringeren Tiefen, in denen ich bis dahin gearbeitet hatte, hätte das auch gar kein Problem gegeben. Doch nun war ich an der tiefsten Stelle des Wracks gewesen. Die Gefahr ist immer, dass dir anfänglich nicht bewusst ist, dass irgendetwas nicht stimmt. Mir passiert schon nichts, denkt man nach einer Weile. Anderen vielleicht, aber mir doch nicht. Und dann eines Tages – Bingo!

Plötzlich weißt du, dass du in Schwierigkeiten bist. Doch da ist es bereits zu spät für Selbstmitleid oder irgendwelche sinnlosen Reueschwüre (und glaub mir, die leistest du in diesem Moment zur Genüge). Ist keine medizinische Hilfe zu erwarten, hilft nur noch eines. Du musst noch mal rein ins Wasser. Wenn es mitten in der Nacht ist, das Wasser schwarz wie Tinte und du hast vor Angst die Hosen gestrichen voll – umso schlimmer! Aber du hast keine Wahl – noch mal abtauchen oder sterben.«

Dieses Mittel war auch zu Zeiten der Perlenfischerflotten bekannt. Doch die Bedingungen in Rabaul Harbour unterschieden sich von denen damals gewaltig. Hatcher war mutterseelenallein auf der *Islander III*, die bei einem Wrack geankert hatte, das mitten in der Nacht im pechschwarzen Wasser zwanzig Meter unter dem Kiel unsichtbar auf dem Meeresgrund lag. Das »Heilmittel« bestand also darin, noch einmal tief genug abzutauchen, damit die Stickstoffblasen bei entsprechender Tiefe und Druck reabsorbiert werden konnten, und dann langsam, sehr langsam, wieder an die Oberfläche aufzusteigen, bis der absorbierte Stickstoff die Blutgefäße wieder verließ und dann als Luftblasen problemlos durch das Mundstück ausgeatmet werden konnte. Je länger die Verweildauer und je langsamer der Aufstieg, desto besser die Chancen auf eine vollständige Erholung.

»Ich bekam es mit der Angst zu tun«, gibt Hatcher zu. »Ich hatte kein Licht. Ich konnte die Hand nicht vor den Augen sehen. Ich konnte nicht einmal auf meiner Armbanduhr die Zeit ablesen. Alles, was ich tun konnte, war, mich Hand um Hand die Ankerkette hinunter bis zum Grund zu hangeln. Und von dort musste ich mich ganz langsam wieder nach oben arbeiten. Ich schätzte, dass die Luft in meiner Tauchflasche noch ungefähr für eine Stunde und zehn Minuten ausreichen müsste. Ich rechnete mir aus, dass ich bei zehn, sieben und drei Metern einen Stopp einlegen musste. Doch in der Dunkelheit konnte ich alles nur schätzen.

Meine größte Sorge war, dass meine Arme, von wo die Schmerzen ausgingen, gelähmt oder zu schwach werden könnten und ich die Ankerkette in der Dunkelheit einfach loslassen würde. Falls das passierte, wüsste ich nicht mehr, wo ich war. Ich würde in der endlosen schwarzen Leere verloren sein, nicht mehr wissen, wo oben und wo unten ist. Auch machte ich mir Sorgen wegen der Haie. In Rabaul Harbour wimmelt es nur so von ihnen, und ein Tigerhai kann bis zu fünf Meter groß werden. Am Tag, wenn ich arbeitete, waren sie harmlos, aber soweit man weiß, gehen sie ja nachts auf Jagd. Und ich tauchte da unten, blind, eine Zielscheibe für jeden Hai, ob groß oder klein, der Appetit verspürte.«

(Für die Haie macht es keinen großen Unterschied, ob Nacht oder Tag ist. Sie sind mit feinen Sensoren in der Nase ausgestattet, mit denen sie Hindernisse oder andere Lebewesen in der totalen Finsternis orten.)

Während Hatcher sich an der Ankerkette festhielt, sah er phosphoreszierende Gestalten, einige davon erschreckend groß, die als Lichtstreif oder Blitz vorbeischwirrten. Ob es sich dabei um Haie, Delfine, große Fische oder Tintenfischschwärme gehandelt hat, wird er wohl nie erfahren. Auf Verdacht stieg Hatcher an der Ankerkette entlang in Etappen nach oben und hielt sich nur an seine ungefähren Bestimmungen. Vom letzten Halt aus, drei Meter unter der Wasseroberfläche, konnte er den tröstlichen dunklen Umriss seines Bootes und das schwache Funkeln der Sterne erkennen.

Und er war zutiefst dankbar, am Leben zu sein.

»Ich hatte viel Zeit nachzudenken, und vieles, über das ich nachdachte«, erinnert er sich. »Diese spezielle Erfahrung blieb mir in meiner ganzen Tauchkarriere derart stark im Bewusstsein, dass ich diesen Fehler nicht noch einmal gemacht habe.«

Zu guter Letzt war die Pressluftflasche leer und das Kribbeln und die Schmerzen waren vorbei. Michael Hatcher zog seinen erschöpften Körper an der Seite der *Islander III* hoch, schmiss die klatschnasse Ausrüstung an Deck auf einen Haufen und fiel in seine Koje, geistig und körperlich am Ende.

Er hatte seine Lektion gelernt!

4
Landhaie

Die *bend*-Attacken hinter sich, war Mike Hatcher nun um eine Erfahrung reicher und zu einem mit allen Wassern gewaschenen Schatztaucher geworden. Es gab zwar noch immer eine Menge zu lernen, aber die Elementartechniken des Gewerbes kannte er mittlerweile. Und auch einige der Gefahren. Darüber hinaus hatte er auch die Richtung geändert, im wörtlichen Sinne. Während er ursprünglich die Absicht hatte, die Welt nach traditioneller Seglermanier in östlicher Richtung zu umsegeln, immer der aufgehenden Sonne entgegen, hatte er sich nun für die Westroute um den nördlichen Zipfel von Neuguinea herum entschieden mit Endziel Singapur, der alten Kolonialhauptstadt.

Hatte er früher keine anderen Karriereambitionen als die, sich den Wind um die Nase wehen zu lassen, so sah Hatcher nun seine Zukunft im Schatztauchen. Rabaul hatte sich für ihn gelohnt. Er verdiente dickes Geld. Doch die wirklichen Reichtümer lagen, wie Hatcher von anderen Tauchern gehört hatte, in der Malakka-Straße und dem Südchinesischen Meer. Dort seien die Gewässer, so erzählte man sich, geradezu übersät mit Kriegswracks mit bronzenen Schiffsschrauben, kupfernen Rohren an den Kesselkondensatoren und Ladungen von Kautschuk, Zinn und Kupfer. Gesunkene deutsche und japanische U-Boote sollen in den letzten verzweifelten Kriegstagen angeblich Quecksilber und Gold mitgeführt haben.

Alle Wracks waren bares Geld wert. Viel Geld. Millionen.

Doch was den jungen Hatcher am meisten reizte, war nicht so sehr das Geld als vielmehr das Abenteuer. Mit einem eigenen Schiff, als Herr seines eigenen Schicksals, sah er in den Gewässern des indonesischen Archipels und Malaysias seine große Chance.

Natürlich verließ er Rabaul nicht gerade leichten Herzens – immerhin hatte er dort das Schatztauchen erst richtig gelernt. Obendrein hatte er eine Menge Freunde gefunden, darunter Pat Roberts, eine der herausragenden Persönlichkeiten des Inselreichs. Doch in erster Linie trieb ihn der Ehrgeiz …, obgleich er auch andere gute Gründe hatte, weiterzuziehen.

Zum Beispiel war da die Sache mit dem Basketball-Team der Mädchen. »In Rabaul gab es einen jungen Missionar, der ab und zu mit mir zum Tauchen ging«, erinnert sich Hatcher. »Eines Tages sagte er zu mir: ›Wir suchen jemanden, der mit den Mädchen trainiert. Du kannst es dir ja mal überlegen, wäre schön.‹«

»Wer? Ich?«, antwortete Hatcher überrascht. »Ich habe keine Ahnung von Basketball.«

»Das macht nichts«, sagte der Missionar. »Die Mädchen sind ganz versessen darauf und brauchen nur ein wenig Ermunterung. Mit der Zeit bekommst du die Grundregeln schon mit. Betrachte es als Dienst für die Allgemeinheit, mit dem du dich revanchierst.«

»Also gut, ich probier's«, sagte Hatcher skeptisch.

Die Sache gestaltete sich interessanter als erwartet. »Nach dem Training behielt der Missionar immer ein paar der attraktivsten Mädchen zum ›Extratraining‹ da. Die Mädchen waren hübsch, Insulanerinnen, mit einem breiten frohen Lachen und blitzend weißen Zähnen im dunkelbraunen Gesicht. Sie waren nicht sonderlich talentiert, sprangen aber voller Begeisterung auf dem Spielfeld herum. Man hätte schon ein Heiliger sein müssen, um nicht zu bemerken, dass einige von ihnen ziemlich üppig ausgestattet waren.« Mit der Zeit fiel Hatcher auf, dass einige der Mädchen aus dem »Extratraining« sich am Morgen noch immer im Missionshaus aufhielten. »Da klingelten bei mir kleine Alarmglocken«, erinnert er sich.

Schließlich stellte er den Missionar zur Rede.

»He«, sagte er, »ich dachte, du bist ein frommer Gottesmann?«

»Bin ich auch, Mike.«

»Und die Mädchen ... das *Extra*training? Dauert das die ganze Nacht?«

Der Missionar zwinkerte ihm zu. »Steht doch schon in der Bibel, Junge. Lies es nach. Gott sagte, seid fruchtbar und mehret euch!« Damals gab es einen bekannten Schlager mit dem Titel *Multiplication* (»Vermehrung«), dessen Hauptliedzeile war »Vermehrung heißt das Spiel!«. Der Missionar hatte wohl seine Freude daran, diese Anweisung in die Tat umzusetzen, und die unvermeidlichen Folgen blieben auch nicht lange aus. »Vermehrung« war in der Tat das Ergebnis seiner Priestertätigkeit.

»Plötzlich war das halbe Basketball-Team schwanger«, erzählt Hatcher. »Da war die Hölle los. Der Missionar wurde seines Amtes enthoben, und alle suchten nach einem Sündenbock. Als ehemaliger Trainer des Basketball-Teams – *ehemalig* wohlgemerkt, und das zu diesem Zeitpunkt schon seit einer geraumen Weile – sah es auch für mich nicht gerade rosig aus. Es wurde Zeit zu gehen.«

Daraufhin machten Mike und sein einziges Crew-Mitglied – eine Krankenschwester namens Ruth – die *Islander III* startklar, verließen Rabaul Harbour und segelten die Küste Neuguineas hinauf. Auf dem Weg nahm Hatcher Beamte der Vereinten Nationen an Bord, die Kokosnussplantagen in Irian Jaya, dem ehemaligen Holländisch-Neuguinea, begutachteten.

»Die Leute kamen an, um uns zu begrüßen. Sie dachten, die Holländer kämen zurück. Doch die europäische Kolonialherrschaft war vorbei. Jetzt waren die Indonesier die neuen Herren, und die einen hatten die anderen ersetzt.«

In Bali verlebte Hatcher eine traumhafte Zeit. »Noch kein Touristenboom. Meine Yacht war die einzige im Hafen. Und das machte mich richtig populär. Wir gehörten zum gesellschaftlichen Leben der Einheimischen bald dazu. Ich weiß noch, wie wir einmal mit der Band *The Prophecy*, in der auch ein paar Kinder des Präsidenten Sukarno mitspielten, zu einer nächtlichen Kreuzfahrt hinausgefahren sind. Nach Mondenschein, sanfter

Musik und ein paar Gläsern ging der Mond unter, und ich konnte den Weg zurück in den Hafen nicht mehr finden ... Wir mussten bis Tagesanbruch umhertreiben.«

Hatcher wurde auf seinem Weg nach Singapur durch einen Umstand aufgehalten, mit dem er künftig noch sehr vertraut werden sollte – den Monsun. Auf dem Weg nach Norden blies ihm in jener Jahreszeit der Nordostmonsun direkt ins Gesicht. Wie den Segelschiffen vergangener Zeiten blieb auch ihm nichts anderes übrig, als darauf zu warten, dass die Passatwinde aus einer anderen Richtung wehten, oder den Südostmonsun abzuwarten, der ihn hinauf nach Singapur und in die Malakkastraße blasen würde. Mit Müh und Not schaffte er es bis Jakarta, doch dort saß er erst einmal fest, zumindest für den Moment.

Zusammen mit Ruth ging er an Land, um mit dem Kapitän des Inspektionsschiffes einer Ölgesellschaft zu Abend zu essen. Währenddessen wurde auf der *Islander III* eingebrochen. Die Diebe ließen alles Geld sowie sämtliche Kleidung mitgehen. Das war ein gewaltiger Rückschlag. Der Kapitän half ihnen großzügig mit Geld und Benzin aus und machte sie mit Don Gillies bekannt, dem Leiter einer Gesellschaft mit Namen Petrosea. Wie der Name schon sagt, war die Firma im Ölbohrgeschäft, im Bauwesen sowie verschiedenen anderen Unternehmungen der Marinebranche tätig. Als Folge dieser zufälligen Begegnung verschlug es Hatcher 1971 für sechs Monate nach Sumatra, wo er über den Bau von Straßen und Brücken die Aufsicht führte und ihm einmal mehr seine Erfahrungen aus dem Snowy-Projekt zugute kamen.

In Sumatra verdiente Hatcher monatlich 5000 US-Dollar – in den Siebzigern ein kleines Vermögen. Doch war er fest entschlossen, als Schatztaucher Erfolg zu haben, und überzeugte Petrosea, für die Bergung des Wracks der *Loch Ranza* die Mittel bereitzustellen. Die *Loch Ranza* war zur Zeit der japanischen Invasion südlich vor Singapur gekreuzt, war aber zwischen den Inseln in der Riou-Straße auf Japaner getroffen und in Flammen aufgegangen, als sie unter Feuer genommen wurde. Sie hatte Flugbenzin geladen, und die Crew tat das in diesem Falle Vernünftigste und sah zu, dass sie auf dem schnellsten Weg von Bord und in Booten an Land kam. Das Schiff trieb im Wasser, bis es auf ein Riff stieß und schließlich nur noch Bug und Decksaufbau aus dem Wasser ragten. Die Japaner trennten alle Decksaufbauten ab und bargen den Stahl, doch gab es keinerlei Aufzeichnungen über die Bergung einer Zinnladung.

Die *Loch Ronza* soll angeblich 200 Tonnen Zinn an Bord gehabt haben im Wert von rund 43 000 Dollar pro Tonne oder 8 600 000 Dollar Gesamtwert. Und da es keinerlei Aufzeichnungen über eine etwaige Bergung dieser Ladung gab, war Hatcher felsenfest überzeugt, dass sie noch da war. Falls er damit Recht hatte, würde er (wie er dachte) zusätzlich zum Lohn einen Anteil von 17,5 Prozent Provision bekommen. Die Gesellschaft kam für die Spesen auf.

»Ich traf also im Suchgebiet ein«, erinnert sich Hatcher, »– nicht gerade in großem Stil. Das zugeteilte ›Ortungsschiff‹ war ein einheimisches Holzboot mit einem 50-PS-Außenbordmotor. Doch irgendwo mussten wir ja anfangen, und das Wrack zu finden, war der erste Schritt. Ich ging in das nächste Dorf und fragte den Ortsvorsteher, ob er von irgendwelchen Schiffswracks in der Gegend wüsste. Er wolle mir zeigen wo, meinte er, und gab mir Zeichen, ihm zu folgen. Im Dorf hing die Schiffsglocke mit dem Namen *Loch Ranza* darauf. Es schien fast ein wenig zu einfach.«

Das Wrack lag in ziemlich flachem Gewässer, der Bug auf dem Riff, das Heck tiefer im Wasser. Die Decksaufbauten waren, so ließ man Hatcher wissen, nicht mehr da, aber die Fronträume schienen noch komplett versiegelt. Auf den ersten Blick sah es nach einem ein leichten Unterfangen aus, doch wie sich die Dinge entwickelten, erwies sich die Bergung der *Loch Ranza* als weit schwieriger.

»Die Gesellschaft schaffte eine Plattform herbei, um das Wrack zu heben«, erinnert sich Hatcher. »Wir hatten einen 50-

Tonnen-Kran und einen Greifer, um das Zinn aus den Frachträumen zu holen. Wir glaubten, dass wir alles mit links machen
würden, und ich brannte darauf, endlich anfangen zu können.
Doch da Petrosea auch viel in Indonesien zu tun hatte, die
Hauptstraße in Sumatra inbegriffen, mussten sie sehr vorsichtig sein, was die Verträge mit der indonesischen Regierung anging. Sie erhielten eine Lizenz zur Bergung des Wracks auf Teil-
haberbasis. Die Regierung schickte einen indonesischen Leutnant vorbei sowie ein paar Soldaten, um sicherzugehen, dass
alles ordnungsgemäß vonstatten ging.«

Loch Ranza war ein Handelsschiff von 7000 Tonnen mit neun
Frachträumen. Ihr Bug ragte aus dem Wasser, die Schiffs-
schraube lag in 27 Meter Tiefe. Hatcher hob sie und stellte ein
Gewicht von rund 27 Tonnen Bronze fest. Die *Loch Ranza* hatte
auch Flugzeugmotoren an Bord, Lötmetalle, Messingbarren,
Whiskey, Bier und allgemeine Versorgungsgüter für Singapur.
Als sie damals ihren Zielort Singapur erreicht hatte, war die
Stadt bereits in Panik – die Japaner hatten sie unter Beschuss genommen, und sie stand nur noch zwei Tage vor dem Fall. Die
Hauptfracht der *Loch Ranza* war tief unten im Schiffsrumpf
verstaut gewesen, doch das Zinn war in einen oberen Stauraum
verladen worden. Die Millionendollarfrage lautete also: In welchem Stauraum befand sich das Zinn?

Probehalber sprengten Hatcher und sein Team ein paar Löcher in die Schiffsseite, doch außer einer Menge Ramsch kam
nichts zu Tage und sie waren hinterher nicht schlauer als vorher.
Der indonesische Leutnant schlug vor, den »Bomo« – den Medizinmann – zu befragen. Es gab ja nichts zu verlieren, sagte sich
Hatcher, und so wurde der Medizinmann des Ortes gerufen. Er
veranstaltete eine beeindruckende Zeremonie mit Zauber- und
Beschwörungsformeln.

»Das Zinn befindet sich im Frachtraum Nummer 3«, ließ er
schließlich durch einen Übersetzer verkünden.

»Ist das der dritte Frachtraum vom Bug aus gesehen? Oder
vom Heck aus?«, fragte Hatcher.

»Oh, meine magischen Fähigkeiten sind nicht so stark!«, erwiderte der Medizinmann.

Sprengsätze wurden angebracht, um die Luken und das Unterdeck zu öffnen, sodass der Greifer in die Frachträume eindringen konnte. Zum selben Zeitpunkt trafen ein paar höhere indonesische Beamte ein, um den Fortgang der Arbeiten zu verfolgen. Der Leutnant wollte die Gesandtschaft natürlich ebenfalls beeindrucken. »Vergewissere dich, dass es auch ja einen großen Knall gibt«, sagte er zu Hatcher.

»Das wird es«, sagte Mike. »Das kann ich dir versprechen. Aber zuerst müssen wir die Bergungsplattform etwas verschieben.«

»Das dauert viel zu lange«, wandte der Leutnant ein und fügte hinzu: »Mutig bist du ja nicht gerade.«

»Mach, was du willst«, murrte Hatcher. »Ich sage dir nur, dass ich nicht an Bord bleiben werde, wenn die Plattform da stehen bleibt, wo sie ist!«

»Ich komme mit!«, sagte der Koch, als Hatcher sich ins Schnellboot absetzte, und sprang hinterher.

Die Explosion brach los mit einem gewaltigen Donner.

»Die Bergungsplattform hob es einen Meter aus dem Wasser«, erzählt Hatcher. »Und der ganze Rost, so ziemlich das Einzige, was das Ding noch zusammenhielt, fiel ab. Der Kran machte einen drei Meter hohen Satz vom Deck, und als er wieder aufkam, schlug der Ausleger auf das Kabinendeck, direkt dorthin, wo sich der hohe Besuch versammelt hatte, und krachte durch das Dach. Das Gegengewicht fiel vom Kran und schlug beinahe durch das Deck.«

Die Besucher waren verständlicherweise bis ins Mark erschüttert und sichtlich blass. Die Entschuldigungen des Leutnants konnten den finsteren Blicken der indonesischen Beamten nichts anhaben, die verlangten, umgehend zurück an Land gebracht zu werden. Oder irgendwohin, wo sie sicherer waren.

»In einem der Stauräume waren Kästen mit Bier und Fässer mit White Horse Whiskey«, weiß Hatcher noch. »Das Zeug war noch gut und wir tranken es an Bord. Der Leutnant bestand darauf, dass wir dafür eine Ausklarierung bekommen, und so kam der örtliche Gesundheitsinspektor vorbei, um zu sehen, ob es überhaupt zum menschlichen Verzehr taugte.«

Hatcher schlug ihm ein Geschäft vor, 70 zu 30, was ihm ganz fair schien. Doch der Inspektor nahm an, dass er 70 und Hatcher 30 bekommen würde, und als er stur blieb, ließ Hatcher eine Ladung in den Stauraum fallen und damit das Geschäft endgültig platzen. Der Inspektor war natürlich entsetzt, er hätte ja mit sich reden lassen, nun sei es aber zu spät und die Chance vertan, meinte er.

Schließlich wurde die wertvolle Zinnladung doch noch gefunden und der Medizinmann behielt Recht – je nachdem, von welchem Schiffsende aus man den dritten Frachtraum abzählte. Auf jeden Fall hatte die Bergung für eine Menge Aufmerksamkeit in der Umgebung gesorgt. Fässer mit Whiskey – einige davon noch unversehrt – und Flaschen voll Bier tanzten auf den Wellen des Gezeitenstroms hierhin und dahin, und schon bald kamen die ersten Boote aus den umliegenden Dörfern, um aufzulesen, was ging. Scharfe Augen bemerkten auch die Zinnblöcke, die sich meterhoch auf dem Deck stapelten. Der Zinnabbau hat in Indonesien eine Jahrhunderte lange Tradition und die Einheimischen kannten den Wert sehr wohl, der sich zur Zeit der Bergung auf 43 000 US-Dollar pro Tonne belief. Das machte umgerechnet 26 US-Dollar für einen Zinnblock, wovon jeder einzelne die Größe eines Backsteins hatte. Von einer solchen Summe könnte eine indonesische Familie monatelang leben – eine große Versuchung …

»Die Soldaten sollten das Zinn während der Nacht bewachen, doch eines Abends stand ich auf, nachdem ich draußen Lärm gehört hatte, und sah zwei malaiische Segelboote, die längsseits lagen und in die das Zinn so schnell es ging verladen wurde. Die Soldaten schliefen. Ich stieß einen lauten Schrei aus, und wir bekamen das nächstgelegene Boot und ein paar der Diebe zu fassen – die anderen tauchten über Bord ab. Doch das zweite Boot segelte stromabwärts auf und davon, voll beladen. Oben an Deck klaffte eine riesige Lücke zwischen den Zinnblöcken. Ich schätzte, dass ungefähr eine Tonne fehlte. Eine gewaltige Summe, die uns da flöten ging, und der Leutnant und ich waren wirklich wütend. Man hatte uns beide zum Narren gehalten und Zinn im Wert von 44 000 Dollar war nun hops! Der Leutnant begann, einen der Kerle, den sie zu fassen bekommen hatten, auszufragen. Er war total hochnäsig, verächtlich geradezu. Er sagte, das Zinn würden sie nie mehr finden, er würde auch nichts sagen und sie hätten keinerlei Recht, ihn festzuhalten.

Sie gaben ihm ein paar Klapse links und rechts, doch ihm schien das fast noch zu gefallen. Machte einen auf harten Humphrey-Bogart-Typ. Ich sah, dass die Fragerei nichts brachte, stellte mich vor ihn hin und sagte, ich wüsste, wie man ihn zum Reden kriegte. Der Leutnant sah mich ungläubig an. Doch ich sagte nur: ›Lass mich mal machen‹, und da er es nicht geschafft hatte, blieb keine andere Wahl.

›Was willst du?‹, sagte er hochmütig.

›Zieht ihm erst mal die Hosen runter.‹

Sie sahen mich entsetzt an. Indonesier sind nämlich sehr genant. Die Taucher duschen sogar in Badekleidung. Sie reißen sich lieber ein Bein aus, um ja nicht nackt gesehen zu werden. Und darauf baute ich.

›Los, zieht ihm die Hosen runter!‹

Das Grinsen war aus seinem Gesicht gewichen, aufgewühlt und unglücklich sah er aus.

›Zwei Soldaten, los, an den Armen festhalten und holt mir das größte Messer aus der Kombüse!‹

Das Messer wurde gebracht und der Täter wurde ganz grün im Gesicht, ob aus Angst oder Verlegenheit – da war ich mir nicht sicher.

›Vielleicht redest du jetzt?‹, forderte ich ihn auf und fuchtelte mit dem Messer vor seinem Allerheiligsten herum. Er schüttelte zwar noch immer den Kopf, aber längst nicht mehr so selbstsicher.

›Okay, weg damit!‹, schrie ich ungestüm. Ich sprang mit dem riesigen Küchenmesser auf ihn zu, und als der Stahl auf seine empfindlichen Regionen traf, vollzog sich plötzlich eine wundersame Wandlung.

›Nein! Nein!‹, schrie er. ›Ich rede ja! Ich rede ja schon!‹

Seine einzige Bedingung war, dass er seine Blöße mit einem Handtuch verhüllen dürfe. Dann sang er wie ein Vogel. Natürlich hätte ich ihn nicht zum Eunuchen gemacht, aber das war Indonesien. Interessanterweise standen der Leutnant und die Soldaten völlig reglos dabei. Ich bin sicher, die dachten, ich mache Ernst. Jedenfalls sprang keiner herbei, um mich abzuhalten oder etwa zu protestieren. Und am Ende strahlte der Leutnant übers ganze Gesicht.«

Am nächsten Morgen fuhren Hatcher, der Leutnant und die mit Maschinenpistolen bewaffneten Soldaten mit dem ersten Schnellboot in das Dorf, das der Informant ihnen genannt hatte. Aber wie nicht anders zu erwarten, stritt jeder ab, irgendetwas zu wissen, doch Hatcher sah einen Stapel Fischernetze und darunter gut versteckt die ganze Tonne des geraubten Zinns. Und siehe da, aus einem nahegelegenen Haus rannte ein Mann und suchte das Weite. Die Soldaten liefen sofort hinterher und feuerten scharf.

»Ich blieb dem Kerl auf den Fersen, die Soldaten waren hinter mir und schossen wie wild umher«, erinnert sich Hatcher. »Ich hielt an und hieß sie, das Feuer einzustellen – die hätten sonst eher mich getroffen! –, und der Kerl rannte bis ans Ende der Mole und tauchte ab. Dumm gelaufen. Es herrschte gerade Ebbe. Als ich am Ende der Mole ankam, sah ich, dass das Wasser um ungefähr vier Meter gefallen war und nur noch knapp einen Meter hoch stand. Ich machte mehr einen Bauchplatscher ins Wasser, und dabei berührte ich etwas.

Die Jungs an der Mole riefen mir zu, dass der Flüchtige ›magische Kräfte‹ hätte und unter Wasser bis zu irgendwelchen Booten, die etwa eine halbe Meile vor der Küste lagen, schwimmen würde. Wenn er derart gut ist, sagte ich, dann ist er frei. Ich habe mich später oft gefragt, ob das, was ich unter Wasser berührt hatte, dieser Kerl war; ob ich ihn vielleicht hätte retten können, wenn ich in jenem Moment überhaupt so weit gedacht hätte.«

Der Mann hat die Boote jedenfalls nicht erreicht, denn drei Tage später trieb seine Leiche an die Küste. Er hatte sich entweder das Genick gebrochen oder war beim Abtauchen bewusstlos geworden.

»Natürlich gaben sie mir als Ausländer die Schuld dafür«, erzählt Hatcher. »Wir bekamen unser Zinn zurück, doch die Stimmung unter den Einheimischen war nun getrübt. Wir waren mit unserer Arbeit beinahe fertig, als mir der Leutnant mitteilte, dass es eine offizielle Untersuchung des Todesfalls geben würde. Der einzige mir wohl gesonnene Zeuge würde ich selber sein, dem Leutnant oder seinen Helfershelfern traute ich nicht recht über den Weg. Wie ich es auch drehte und wendete, am Ende würde ich mit meiner Zeugenaussage ziemlich allein dastehen. In jener Nacht warf ich meine Siebensachen in das Schnellboot und machte mich auf den Weg nach Singapur. Die Gesellschaft buchte mir am nächsten Tag einen Flug nach Australien. Sie sagten, sie wollten das Bestmögliche für mich tun.«

Mittlerweile hatte sich die Bergung für die Gesellschaft als Goldgrube herausgestellt. Das Zinn wurde für sieben Millionen US-Dollar verkauft, ein satter Gewinn in Anbetracht der Tatsache, dass die Kosten der Bergungsaktion sich auf nicht einmal 200 000 Dollar belaufen hatten. Als Hatcher von Australien aus anrief, um seinen Anteil zu fordern, ging er von einem Vorschuss plus 17,5 Prozent Provision aus.

»Nein, nein, Mr. Hatcher«, sagte die Sekretärin der Gesellschaft. »Da müssen Sie sich irren. Ihr Anteil war auf 17 500 Dollar festgesetzt.«

»Ich konnte nichts dagegen machen. Die haben mich eiskalt übers Ohr gehauen. Es gab keinerlei schriftliche Vereinbarung. Seinerzeit waren die Kommunikationswege noch schlecht, und von Australien aus schien Singapur Welten entfernt. Und außerdem konnten sie auch jederzeit mit der Frage kommen, warum ich Indonesien überhaupt ohne Ausklarierung verlassen hätte. Nun ja – ich habe aus dieser Erfahrung gelernt.«

Hatcher kaufte bald wieder ein Boot, und zusammen mit Paul Rand, der schon in Indonesien sein Tauchpartner war, gründete er eine australische Bergungsgesellschaft. Sie erhielten einen Auftrag für Taucharbeiten an einer neuen Hafenmole in Mackay, doch als sie dort eintrafen, teilte man ihnen mit, dass die Gewerkschaften ein Verbot erwirkt hätten, da sie nicht vorhatten, eine Mitgliedschaft abzuschließen. Hatcher war alles andere als begeistert, machte auf dem Absatz kehrt und sich erneut auf den Weg nach Singapur.

Er nahm die Route über Darwin, vier Wochen bevor der Zyklon *Tracy* an Heiligabend 1974 dort wütete. Der Wirbelsturm fegte mit 262 Stundenkilometern über die Stadt, für den australischen Kontinent die bis dahin höchste aufgezeichnete Geschwindigkeit. Die Stadt wurde völlig verwüstet, 80 Prozent der Häuser wurden weggerissen, zerstört oder waren danach nicht mehr reparabel. Im Hafen von Darwin riss der Zyklon die HMAS *Arrow* mit sich, einen 33 Meter langen Marinetanker, sowie Fährschiffe, Stahl-Trawler, Fischerboote und andere kleinere Schiffe. Mehr als einhundert Menschen fanden den Tod, die Stadt musste evakuiert und später von Grund auf wieder errichtet werden. Hätte Mike Hatcher sich zu jenem Zeitpunkt noch irgendwo im Umkreis befunden, wäre er mit Sicherheit mit seinem Schiff untergegangen. Doch Hatcher hatte wie immer Glück und war weit genug weg, bevor der verheerende Sturm losbrach.

An der malaysischen Küste schlug er sich als Yachtclub-Taucher durch, reparierte Muringe, stöberte verloren gegangene Außenbordmotoren wieder auf und führte allgemeine Tauchaufträge aus. Was er nicht wusste – sein erster größerer Taucheinsatz wartete gleich um die Ecke.

Eines Nachts wurde er wach, weil irgendjemand wie wild auf sein Kajütendach klopfte. Er stand auf und sah einen indischen Chauffeur, der ihn drängte, schnell mitzukommen. Verwirrt griff er nach seiner Taucherausrüstung und wurde in einem Mercedes weit aus der Stadt gefahren, zu einem ausgedehnten Gewässer, wo ein riesiger Zinnförderbagger arbeitete.

»Ich sah sofort, was das Problem war. Die Zinnbagger sind riesig, so groß wie ein zehnstöckiges Hotel – schwimmende Fabriken mit haufenweise Maschinen und Anlagen auf großen Pontons. Und dieser hier hing seltsam abgekippt im Wasser, sah aus, als würde er jeden Moment ganz umkippen. Einer der Pontons war offensichtlich leckgeschlagen, und deshalb hatte man mich gerufen. Mit Pumpen hatte man bereits versucht, den Wasserspiegel zu senken, doch das Wasser strömte von irgendwoher schneller herein, als sie es abpumpen konnten.« Hatcher überlegte, was zu tun sei. »Ich hatte ernste Zweifel. Er war so riesig, und es sah verdammt gefährlich aus. Doch es war mein erster großer Job.«

Also willigte er ein, wollte es probieren und tauchte im Inneren des Pontons ab. Es war rabenschwarz, er hatte kein Licht und um ihn herum nichts als das Quietschen und Knarren von bewegtem Metall, das jeden Moment bersten konnte. Tastend machte er den Riss im Ponton schließlich aus und schweißte das Hauptleck zu. Er verlangte ein paar Beutel mit Lehm aus der Gegend, verstopfte damit den Riss, pumpte den Ponton aus, richtete ihn gerade auf, legte einen Caisson um das Leck und verschweißte die schadhafte Stelle schließlich – eine ausgezeichnete Lösung.

Dass das Unternehmen mit dem Ergebnis hoch zufrieden war, versteht sich von selbst, und Hatcher wurde für diese Nacht in einem Luxushotel untergebracht. Am nächsten Tag bekam er Besuch vom Direktor des Unternehmens.

»Wie viel verlangen Sie?«, fragte dieser nach ein paar ersten belanglosen Nettigkeiten.

»Was halten Sie denn für einen fairen Preis?«, fragte Hatcher zurück und hatte keinerlei Vorstellung, was seine Mühen wert waren.

»Wie wäre es mit 30 000 Dollar? Schließlich haben sie ihn ja gerettet.«

Hatcher konnte seine freudige Erregung kaum verbergen. Mit einer solch hohen Summe hatte er nie und nimmer gerechnet. »Klingt ganz gut«, antwortete er und hatte Mühe, dass sich seine Stimme nicht überschlug.

»Sie können noch eine Nacht im Hotel bleiben«, bot ihm der dankbare Geschäftsführer spontan an, und Hatcher wurde klar, dass er wahrscheinlich noch mehr hätte herausschlagen können. In Zukunft würde er seine Karten besser ausspielen. »Nie auf das erste Angebot eingehen« – diese Philosophie hat er von diesem Moment an verinnerlicht. Aber Bedauern empfand er nicht. Immerhin hatte er sich mit dieser Operation einen Namen gemacht mit der Folge, dass ihm die Leute bald mit allen möglichen Aufträgen die Türen einrannten.

Mike Hatcher hatte schon immer eine Vorliebe für »technische Innovationen« in der Tauch- und Schiffsbergungsbranche. Ein in Europa entwickelter Zement, der unter Wasser verwendet werden kann, erwies sich in tropischen Gefilden als eher unbrauchbar, da er zu schnell härtete. Hatcher berechnete, dass die Aushärtung des Zements sich verzögert, wenn man ihn eisverpackt transportiert, und er somit effektiv verwendet werden kann. Diese scheinbar unkomplizierte Technik brachte ihm während der siebziger Jahre Auftragsarbeiten auf malaiischen Kautschukplantagen ein, wo Reparaturarbeiten an Schleusentoren ausgeführt werden mussten. Die Plantagenbesitzer führten noch immer ein feudales Leben, wie die »Pukks Sahibs« zu Vorkriegszeiten, mit großzügigen Bungalows und einer Menge an Personal, das ihnen allzeit zu Diensten stand. Einer von ihnen machte Hatcher mit einer anderen Art von Innovation bekannt.

»Wir saßen am Abend im Garten in einiger Entfernung vom Haus«, erinnert er sich, »und der Plantagenbesitzer trank am

Feierabend immer einen Gin Tonic.« Was er trinken wolle, wurde Hatcher gefragt. Ein Bier hätte er gerne, war die Antwort. Kaum ausgesprochen, erschien wie von Zauberhand ein indischer Diener in weißer Uniform mit funkelndem Turban auf dem Kopf und einem Bier auf dem Silbertablett.

Hatcher blinzelte. »Das nenne ich Service«, bemerkte er.

Der Plantagenbesitzer lächelte wissend unter seinem Schnurrbart. Eine Weile später gesellte sich seine Frau hinzu. Was sie denn trinken wolle, fragte ihr Gatte. Und wieder das gleiche Spiel. Kaum gesagt, erschien der turbangeschmückte Diener mit dem gewünschten Drink auf dem Tablett, ohne dass er zuvor eine vernehmbare Anweisung bekommen hätte.

»Wie geht das?«, fragte Hatcher, unfähig sich länger zurückzuhalten. »Wie weiß er, welche Drinks man will und wann man sie will?«

»Mein Lieber!«, lachte der Plantagenbesitzer. »Mit Zauberei hat das nichts zu tun, es ist ganz einfach.« Er zeigte Hatcher einen Knopf auf der Unterseite seines Stuhles und ein Kabel, das zu einer Glocke in der Küche führte. »Einmal klingeln heißt Gin Tonic«, erklärte er, »zweimal klingeln heißt Scotch, dreimal Bier und so weiter. Funktioniert fabelhaft.«

Wenn ich einmal so reich bin, dass ich mir Diener leisten kann, dann werde ich mich an diesen Trick erinnern – dachte Hatcher damals.

Hatcher wurde reich, doch das sollte noch eine Weile dauern und bedurfte noch einiger Fehlstarts. Auch wenn er mittlerweile über die notwendigen Fähigkeiten und Ideen zum Schatztauchen in den Ozeanen verfügte, so befand er, hatte er doch noch ein paar bittere Lektionen zu lernen. Die Tatsache, dass Landhaie schärfere Zähne haben, war eine davon.

Ende der siebziger Jahre beschloss Hatcher, sein eigenes Unternehmen zu gründen. Dabei wollte er seinerseits die Taucharbeiten sowie die Vergabe der Unteraufträge übernehmen, seine Partner sollten die finanziellen Mittel zur Verfügung stellen, und die Gewinne sollten geteilt werden. Ein vernünftiger Vorschlag, dachte Hatcher, zumal die gemeinsamen Gewinne unter allen Beteiligten aufgeteilt werden sollten. Den Plantagenbesitzern und Unternehmern, die er in Malaya kennen gelernt hatte, trug er an, als Geschäftsführer und Investoren für ihn tätig zu werden. Sie willigten ein und machten Hatcher im Gegenzug mit einem malaysischen Gentleman bekannt, dem Bruder des Prinzen von Selangor.

»Er kann bei der Regierung intervenieren, falls es je irgendwelche Probleme geben sollte«, ließen sie ihn wissen. »Möglicherweise können wir die Lizenz für alle malaysischen Gewässer bekommen.«

»Gute Idee«, sagte Hatcher. »So wird es was.«

Als Operationsschiff kaufte er *Seeker I*, einen alten Ex-Betonfrachter aus Vietnam, der später »Das Rattenschiff« getauft wurde. Sein Anteil wurde auf 32 Prozent – und dieses Mal schriftlich – festgelegt. Er hatte vier Taucher beschäftigt, und *Seeker I* fuhr mit der Ortung von Messing und Kupfer aus Wracks und Charterungen durch Ölgesellschaften bald Gewinne ein. Ein Auftrag einer Ölgesellschaft brachte allein 350 000 Dollar ein.

Als Hatcher nach sechs Monaten auf See zurück an Land kam, musste er feststellen, dass das Unternehmen sich in hellen neuen Büroräumen niedergelassen hatte. Der Bruder des Prinzen fuhr eine nagelneue Mercedes-Stretchlimousine und auch ein paar der anderen Geschäftsführer hatten plötzlich neue Autos.

»Wo ist mein Gewinnanteil und die Heuer für die Crew?«, fragte Hatcher.

»Nun, im Moment ist ein Barvorschuss nicht drin«, kam die Antwort. »Aber keine Sorge, das wird mit dem nächsten Job erledigt.«

»Heißt das, es gibt kein Geld? Überhaupt keines? Ihr habt alles ausgegeben?« Hatcher war fassungslos.

»Nun, so darfst du es auch nicht sehen, alter Junge«, und der Ton wurde schärfer. »Wir mussten die Sache auf eine anständige

Basis stellen. Lass die Finanzen mal unsere Sorge sein, wir werden uns schon noch um deinen Anteil kümmern.«

Pause – und Hatchers braune Augen blickten eiskalt.

»Übrigens, was ist dein nächster Job?«

»Gibt keinen«, sagte Hatcher und wagte selbst kaum, es auszusprechen. »Es gibt keinen. Ich höre auf.« Er machte auf dem Absatz kehrt und ging. Dann nahm er Schiff und Crew und sprengte die 27-Tonnen-Schiffsschraube von einem unlängst gesunkenen Wrack in der Malakka-Straße. Zurück am Hafen, verkaufte er die Bronzestücke, zahlte seine Taucher aus und wartete enttäuscht und verärgert, was ihm die Zukunft bringen würde.

Selbst nachdem er sich von seiner Firma getrennt hatte, waren die Schwierigkeiten alles andere als vorbei. Das Unternehmen bestand rein faktisch noch und war Eigentümer der *Seeker I* sowie des Bergungsgeräts. Hatcher besaß nichts. Er kochte vor Wut und fragte sich, ob es überhaupt noch irgendeinen ehrlichen Menschen auf dieser Welt geben würde – bis sich eines Tages ein weltgewandter chinesischer Geschäftsmann namens Soo Hin Ong mit ihm in Verbindung setzte.

»Wir besitzen euch jetzt«, sagte Ong, als er sich vorstellte.

»Wie meinen Sie das?«

»Meine Auftraggeber haben die Firma aufgekauft, bei der Sie nun angestellt sind und die das Schiff besitzt. Ihre Geschäftsführer stimmten durch Mehrheitsbeschluss dem Verkauf der Firma zu. Und wir haben sie gekauft.«

«Den Teufel haben sie getan!«

»Doch. Es ist ganz einfach. Die Frage, die ich Ihnen stellen muss, ist die – da ich verstehe, dass Sie einige Unannehmlichkeiten hinnehmen mussten –, ob Sie bereit wären, unter neuer und vielleicht zufriedenstellenderer Leitung weiterzuarbeiten?«

»Was ist die Alternative?«

Ong zog die Schultern hoch. »Wir verkaufen euch komplett weiter.«

»Angenommen, ich bin einverstanden«, sagte Hatcher langsam. »Was sind die Bedingungen?«

»Sagen Sie mir, was Sie möchten«, sagte Ong überlegt, »und ich werde sehen, ob ich Ihnen ein besseres Geschäft anbieten kann.« Er lächelte. »Und Ihnen gleichzeitig auch bessere finanzielle Beratung geben kann.«

Ong war ein in London ausgebildeter Geschäftsmann, und der Mann, den er repräsentierte – eine schattenhafte Figur im Hintergrund –, besaß ein großes Vermögen und spekulierte mit einer so unsicheren Branche wie der Wracksucherei wohl auf einen möglichen Steuervorteil. Ong nannte Hatcher zwar einen »Yacht-Club-Lakai«, doch hatte man die Firma verkauft mit dem Köder, dass »Hatcher weiß, wo das Gold liegt« – und so legte es Hatcher darauf an, im Sinne seiner Investoren zu pokern.

»Das machte ich ihm unverblümt klar«, sagt Hatcher. »Ich sagte, dass es nichts bringt, mit zweitklassiger Ausrüstung, wie wir sie hatten, herumzumurksen. Um Gewinn anzuhäufen, mussten wir spekulieren.«

»Was brauchen Sie?«, fragte Ong.

»Eines der neuen Side-Scan-Sonargeräte«, antwortete Hatcher. »Und ein anständiges Magnetometer.«

»Wozu braucht man so etwas?«

»Das Sonargerät zeichnet ein Bild des Meeresbodens und was sich darauf befindet, einschließlich der Wracks. Das Magnetometer registriert das Vorkommen von Eisen, selbst wenn dieses unter Sand oder Korallen vergraben liegt. Die meisten modernen Wracks sind aus Stahl. Selbst die älteren hatten Kanonen und Anker aus Eisen, das Signale aussendet. Damit und mit den nötigen Nachforschungen findet man ein Wrack.«

»Und was kostet so etwas?«

Hatcher nannte ihm eine Summe, die Ong sorgfältig in ein Notizbuch schrieb.

»Abgesehen davon«, fuhr Hatcher fort, »braucht man eine Menge an Sachkenntnis, um so ein Sonargerät auch richtig bedienen zu können. Ich müsste nach Norwegen, um einen Kurs zu machen. Und ich bräuchte etwas Geld, um mich und das Boot in der Zwischenzeit durchzubringen.«

Ong überlegte einen Moment. »Ich denke, das lässt sich einrichten. Sie hören wieder von mir. Hier haben Sie einstweilen tausend Dollar, um sich über Wasser zu halten.«

Auf diesen wenig sicheren Grundlagen begann eine Partnerschaft, die sich für alle Beteiligten erfolgreich auszahlen sollte.

»Wir machten zuerst alle möglichen Jobs«, erinnert sich Hatcher, »und eine Menge davon nach dem Motto: ›Kein Erfolg, kein Lohn‹, insbesondere bei Versicherungsgesellschaften. Schaffte man es, ein gesunkenes Schiff erfolgreich zu heben, verlorenen Schmuck zu finden oder sonst dergleichen, rollte der Rubel. Ansonsten sah man keinen roten Heller, egal, wie lange man sich abgerackert hatte oder was es dich sonst gekostet hat. Die Versicherungsgesellschaften waren knallhart. Einmal bekam ich den Auftrag, nach einem Frachter in der Malakka-Straße zu suchen. Der Versicherungsanspruch belief sich auf mehrere Millionen Dollar. Ich fand heraus, dass er absichtlich versenkt worden war, und der Besitzer musste also seinen Anspruch zurückziehen oder er wanderte wegen Versicherungsbetrugs in den Knast. Für die Versicherungsgesellschaft war das ein großer Gewinn, und sie waren hoch erfreut. Doch dann stellten sie sich an, meine Hotelrechnung zu bezahlen.«

Schiffswracks erzählen unzählige tragische Geschichten. So etwa hatten japanische Flugzeuge vor der Ostküste Malayas ein Schiff versenkt, das Überlebende der Schlachtschiffe *Prince of Wales* und *Repulse* an Bord hatte. An der Seite wies das Schiff ein riesiges Loch von einem Torpedogeschoss auf, im Inneren ein heilloses Durcheinander von in die Ecke geschleuderten Pritschen und ein Gewirr von menschlichen Gebeinen. Die Passagiere waren nicht nur einmal, sondern zweimal untergegangen.

Im Laufe der Zeit lernte Hatcher einige bemerkenswerte Charaktere kennen. Darunter einen groß gewachsenen Schweizer

Vermessungsingenieur, Max de Rham, der trotz einer nicht gerade viel versprechenden ersten Begegnung noch eine, im wörtlichen Sinne, weit tragende Rolle in Hatchers Leben spielen würde.

»*Seeker I* war damals keine Augenweide«, sagt Hatcher. »Allein die schnöde Beschreibung ›14 Meter langer Vietnamesischer Ex-Betonfrachter‹ sagt schon alles. Doch an jenem besonderen Tag sah sie wirklich schlimm aus. Wir überholten sie gerade, und überall an Bord lagen Müll, Pappschachteln und Plastik herum. Sie war wirklich nicht seetauglich, als ein Auftrag für eine Ortungsfahrt hereinkam, den wir annehmen mussten. Ich war gerade dabei, das Boot sauber zu machen, als dieser große Typ und sein Kumpel oben an der Pier auftauchten und in mehr als einer Hinsicht auf uns herabsahen.«

»›Ist das aber ein Dreckboot – ein richtiger Saustall!‹, sagte der Große angewidert in einem Englisch mit starkem schweizerischen Akzent.

Nun, das war nicht schön zu hören. Jedenfalls hat er seine Vermessungsausrüstung an Bord gebracht und sah sich weiter um, als ob er erwartete, Schlangen und Spinnen oder Pferdeäpfel oder so etwas zu entdecken. Als Nächstes wollte er aus dem Hafen, um seine Ausrüstung zu testen.

›Und übrigens‹, meinte er, ›das ist nicht im Charterpreis drin!‹«

Da brannten Hatcher die Sicherungen durch.

»Na prima. Hör mal! Ich bin nicht daran interessiert, unter diesen Bedingungen, die Charterung durchzuführen. Sieh zu, dass du dich samt Ausrüstung und Handlanger von meinem Boot scherst. Wird's bald!«

Nichts, was er lieber täte, antwortete de Rham. Er wolle lieber ein anderes Boot suchen, irgendeines, bloß nicht die *Seeker I*. Allerdings bat er, die Ausrüstung so lange an Bord lassen zu dürfen, bis er ein anderes Deck gefunden hatte.

»Okay!«, knurrte Hatcher. »Vierundzwanzig Stunden, dann verlange ich was fürs Unterstellen!« De Rham fand ein preiswertes, russisches Boot, und Hatcher dachte nicht mehr weiter über den Vorfall nach.

Ein paar Tage später, um Mitternacht, schlief Hatcher in seiner Kajüte, als sein malaiischer Bootswächter ihn weckte.

»Captain«, flüsterte er drängend, »der groß gewachsene Typ ist wieder da.«

»Ach ja?«, sagte Hatcher, »dann kann er sich gleich wieder verpissen«, drehte sich um und wollte weiterschlafen.

»Tuan (Herr), er hat Bier dabei.«

»Hat er tatsächlich?« Hatcher stand auf, rieb sich den Schlaf aus den Augen und schlüpfte in seine Shorts. »Ich sehe mal besser nach, was er will.«

An Deck bot Max de Rham ihm eine Dose Tiger-Bier an. »Ich bin gekommen, um mich zu entschuldigen«, sagte er, »für das kleine Missverständnis neulich.«

»Aha!«, antwortete Hatcher. »Missverständnis? Ich dachte, wir hätten uns ganz gut verstanden.« Doch jemandem zuzuprosten und sauer auf ihn zu sein, geht schlecht, und de Rham versuchte sein Bestes: »Bitte lass uns die harten Worte vergessen.«

Beim nächsten Bier wunderte sich Hatcher langsam, was um alles in der Welt dieser Kerl nur von ihm wollte. Schließlich kam Max etwas verlegen mit der Sprache heraus. Das russische Boot war anscheinend defekt und lief nirgendwohin aus. Und in ganz Singapur war kein anderes Schiff mehr aufzutreiben. *Seeker I* war die letzte Karte in der Hand. Buchstäblich. Würde Hatcher es sich überlegen?

»Was würdest du verlangen?«, fragte Max, wohl wissend, dass Hatcher ihn nun in der Hand hatte.

»Gleicher Preis wie vorher«, sagte Hatcher ohne zu zögern. »Außer, dass wir die letzten zwei Tage auf die Charterung berechnen.«

Später fragte ihn de Rham einmal, warum er ihm zum eigenen Vorteil nicht mehr berechnet hätte.

»Das ist nicht meine Art, Geschäfte zu machen«, sagte Hatcher. »Wir hatten anfangs einen fairen Preis vereinbart und es war auch jetzt noch ein fairer Preis. Ich wollte dich nicht ausnehmen, nur wegen einer persönlichen Missstimmigkeit.«

Sie tranken das Bier leer, vergaßen über die folgenden Monate den schlechten Start ihrer Beziehung und wurden die dicksten Freunde. Die Freundschaft erwies sich auch als fruchtbare Geschäftsbeziehung. De Rham war ein erfahrener Vermesser und hatte eine Menge Aufträge von Ölbohrgesellschaften, während Hatcher dafür die unschöne, aber leistungsfähige *Seeker I* beisteuern konnte. Späterhin sollten sie mit einer der größten Bergungen der Neuzeit beauftragt werden – der Bergung des holländischen Ostindienfahrers *Geldermalsen*.

Doch bis dahin musste noch einige Zeit vergehen.

Besonders ein Vorfall veranschaulicht, welche Art von Arbeit in den siebziger Jahren für Wracksucher in Singapur verfügbar war.

»Wir waren in Sumatra unten für eine Ölbohrgesellschaft mit einer Ortung beauftragt«, erinnert sich Hatcher lächelnd. »In der weiten, seichten Bucht musste Max für die Vermessung einige Kompassstationen an Land einrichten. Dazu musste er auch in den Mangrovenhainen einige mit 12-Volt-Batterien angetriebene Transmitter (Messumformer) anbringen, damit er auch triangulieren konnte oder was auch immer Vermesser zu tun haben. Alle beide waren wir damals auf unserem jeweiligen Arbeitsgebiet noch im Lernstadium. Doch ich war schon etwas länger dabei als Max, und da ich durch eine harte Schule gegangen war, hatte ich auch etwas mehr ›Schimmer‹ – wie es die Einheimischen nennen – als er.

Es war Ebbe, und ich konnte ein breites Band von Untiefen erkennen, die sich vor der Küste hinzogen. Max war ganz versessen darauf, ins Wasser zu gehen, doch ich sah die Probleme voraus.

›Warte, bis Flut ist und ich helfe dir‹, sagte ich, ›aber wenn du jetzt reingehst, bist du verloren.‹

›Warum?‹

›Das wirst du dann sehen.‹

›Jetzt!‹, beharrte Max. ›Wir machen JETZT damit weiter.‹

›Also gut, das ist dann dein Problem.‹

Das Beiboot mit Max, den Transmittern und den Batterien wurde in den Untiefen abgelassen.

Max sprang über die Seite von Bord. ›Gib mir eine Batterie‹, sagte er und fragte dann, ›Warum lachst du?‹

Max begann, an Land zu marschieren, doch je weiter er ging, desto tiefer versank er im blauen Mangrovensumpf, der wie in vielen dieser tropischen Buchten unter der dünnen Sandoberfläche lag. Dieser riesengroße Mann wurde immer kleiner und kleiner, bis ihm das Wasser bis über die Hüften reichte. Ich glaubte schon, wir würden ihn nun ganz verlieren, als er keuchte und die Batterie schließlich losließ. Nachdem er sich mit Müh und Not zurück zum Boot gekämpft hatte, tropfte ihm der schwarze Schlamm am ganzen Körper hinunter. Und die Batterie war für immer verloren.

Als die Flut kam, fuhren wir mit dem Boot in die Mangroven und brachten die Batterien und den Transmitter vom Dinghi aus an. Ohne Probleme. Die Messstationen piepten in jener Nacht alle fröhlich vor sich hin. Doch am Morgen gaben sie keine Signale mehr. Das System war tot. Die Untersuchung ergab, dass alle Batterien vermutlich von Einheimischen gestohlen worden waren.

›Das elende Diebespack!‹, schrie Max wutentbrannt. ›Los, gehen wir an Land und kriegen sie!‹

›Lass das besser mich machen‹, sagte ich, ›es sei denn, du willst zurück nach Singapur und neue Batterien holen.‹«

Sie gingen an Land, fanden den Dorfvorsteher, und Hatcher machte ihm deutlich, dass ein übler Halunke ihnen all ihre Batterien geklaut hatte. Der Dorfvorsteher schüttelte bekümmert den Kopf und stimmte zu, dass es wohl wirklich ein übler Halunke gewesen sein müsse … ein Dieb allerunterster Sorte. Dann fragte Hatcher, sehr zum Entsetzen von Max, was es denn kosten würde, die Batterien zurückzubekommen. Während Max noch immer kochte vor Wut, handelte Hatcher einen Preis von

100 US-Dollar pro Batterie aus – teurer als eine neue Batterie zwar, aber immer noch billiger, als nach Singapur zurückzukehren, was die einzige Alternative gewesen wäre.

Während es de Rham vor Zorn die Sprache verschlagen hatte, führte Hatcher sein Gespräch mit dem Dorfvorsteher fort. »Und wie viel würde es uns kosten, wenn du aufpasst, dass der Dieb nicht wieder zuschlägt, hmm?«

De Rham fand seine Sprache wieder. »Das ist Erpressung!«, zischte er. »Und du unterstützt das auch noch!«

»So macht man das hier seit Jahrtausenden«, sagte Hatcher. »Bekommen wir neue Batterien, werden sie wieder geklaut. So ist es die billigste Lösung. Wir erledigen unsere Arbeit und jeder ist gut Freund mit jedem.«

Und Max strich endgültig seine stolzen Segel gegen Hatcher, als dieser den Preis für die Bewachung aushandelte. Der Dorfvorsteher betrachtete eine Weile ungerührt seine Zehennägel, sah dann auf und sagte: »Okay, unter einer Bedingung. Wenn ihr geht. Batterien bleiben hier.«

»Abgemacht«, sagte Hatcher.

»Mein Gott! Was für ein Land!,« schrie de Rham.

Kurz darauf tauchten die Batterien in den Mangrovenstationen wie von Zauberhand wieder auf, die Vermessungsarbeiten wurden zu jedermanns Zufriedenheit beendet und die örtliche Wirtschaft erlebte durch die Provisionsgelder plus die zusätzlichen 12-Volt-Hochleistungsbatterien einen regelrechten Aufschwung. Dem Dorfvorsteher stand ein leichtes Siegerlächeln im Gesicht. Die jahrtausendealten Geschäftsgepflogenheiten Südostasiens hatten sich einmal mehr ehrenvoll behauptet.

5
Versunkene U-Boote

Mike Hatcher erfuhr von der *U IT 23* und den schattengleichen Geistererscheinungen der gesunkenen Monsun-Flotte von U-Booten während einer zufälligen Unterhaltung auf einer Dinner-Party. Es war im Jahr 1978, als er eines Abends bei John Hill, dem Geschäftsführer von Qantas in Singapur, und dessen Frau Evelyn zum Essen eingeladen war. »Wirklich nette Leute«, erzählt Hatcher, »schade nur, dass alle Gäste an jenem Abend eine Lebensmittelvergiftung bekamen.«

Beim Aperitif vor dem Essen unterhielten sich John Hill und Mike Hatcher ganz allgemein über Schiffswracks, als Hill plötzlich ein Buch einfiel, das Hatcher unbedingt lesen müsse. Er ging in sein Arbeitszimmer, nahm einen Band aus dem Regal und drückte ihn Hatcher in die Hand. Hill hielt es nicht nur für eine spannende Lektüre, er war auch überzeugt, dass die darin enthaltenen unzähligen Informationen über Havarien zu Kriegszeiten vor der malaiischen Küste nirgendwo sonst zu finden seien.

Hatcher war an dieser Lektüre natürlich mehr als interessiert, und nachdem er ein paar Seiten überflogen hatte, bat er Hill, den Band ausleihen zu dürfen. Papperlapapp, meinte Hill, schenkte ihm das Buch kurzerhand und wünschte ihm bei seiner Schatzsuche viel Glück.

Das Buch mit dem Titel *The Hunting Submarine Tally-Ho – The Fighting Life of HMS Tally-Ho* von Ian Trenowden, erschienen 1974 im Londoner Verlag William Kimber & Co, handelte von den Heldentaten eines U-Bootes der Königlichen Marine in der Malakka-Straße in den Jahren 1943 und 1944.

Unter einem sehr erfahrenen Offizier, Kapitänleutnant Leslie William Able Bennington, versenkte die *Tally-Ho* 12 623 Tonnen feindliche Schiffe. Das war mehr als 20 Prozent des gesamten Schiffsbestandes, der von sämtlichen östlich von Suez operierenden britischen U-Booten versenkt wurde. Eines ihrer Opfer war die *U IT 23*, die Anfang 1944 in der Malakka-Straße auf Grund lief. Hatcher wusste, dass einige der deutschen U-Boote wertvolle Ladung mit sich führten, einschließlich Gold, Quecksilber, Zinn, Opium, Kautschuk und Wolfram, und er fragte sich erstens, ob die *U IT* möglicherweise in unerreichbarer Tiefe lag, und zweitens, ob vielleicht schon irgendjemand vor ihm dort gewesen war.

Er setzte sie ganz oben auf seine Liste.

Dann begann er mit der Erforschung ihrer Geschichte, und mit zunehmender Information wuchs seine Begeisterung. Seinen diskreten Nachforschungen zufolge – denn er wollte auf gar keinen Fall, dass seine Konkurrenten von dieser wahrscheinlichen Goldgrube Wind bekamen – schien sie noch niemand vor ihm in den dunklen Tiefen der Malakka-Straße gefunden zu haben, wo die Strömungen stiegen und sanken.

Die Geschichte, die er rekonstruierte und die für Hatcher mit Trenowdens Buch begann, reicht zurück zum 15. Februar 1944. Als durch den feinen Nebel über der Malakka-Straße die Morgendämmerung anbrach, war das U-Boot *U IT 23* aufgetaucht und fuhr volle Kraft den Hauptschiffskanal hinauf. Vor ihm lag die 10 000 Meilen lange Fahrt zum westlich gelegenen französischen Hafen von Lorient. Es waren die letzten Kriegstage in Europa. Der D-Day sollte in wenigen Monaten anbrechen.

Die *U IT 23* war ein riesiges Unterseeboot von 1140 Tonnen, war urspünglich in Taranto in Italien gebaut worden und trug anfänglich den Namen *Reginaldo Giuliano*. Im Mittelmeer hatte sie einst Mussolini und Italien gute Dienste geleistet, ehe dann die Alliierten in Sizilien und Italien an Land kamen und das Meer dort für Kriegsschiffe der Achsenmächte unsicher machten. Während des Krieges herrschte in Deutschland ein chronischer Mangel an Zinn, Morphin, Kautschuk und Wolfram. Japan hingegen verfügte über diese nützlichen Waren im Überfluss, doch mangelte es dort an Quecksilber und Technologie – an Instrumenten, Maschinen und Fachkräften.

Der Austausch dieser Produkte zwischen Deutschland und Japan über die eingenommenen Gebiete Frankreich, Malaya und Singapur schuf eine einmalige Handelsachse. Der Gütertransport erfolgte zunächst mit Handelsschiffen, doch als die Alliierten die Kontrolle über den Atlantik errungen hatten, konnten nur noch U-Boote durch die Blockade (oder besser darunter hindurch).

Die *Reginaldo Giuliano* sowie vier weitere große italienische U-Boote, *Capellini*, *Torelli*, *Tuzzoli* und *Barbarigo*, wurden von Brest aus auf Frachtreise ohne Zwischenstopp nach Singapur geschickt. Es sollte eine unheilvolle Reise werden. Die *Tuzzoli* und die *Barbarigo* sollten ihr Ziel nie erreichen. Sie wurden vermutlich von den Alliierten versenkt. Die *Reginaldo Giuliani*, *Capellini* und *Torelli* kamen zwar in Singapur an, mussten dann aber erfahren, dass Italien sich ergeben hatte. »Unser Krieg war vorbei«, lamentierte Auconi, der Kommandant der *Capellini*, und sagte zu Hatcher: »Sie nahmen uns als Gefangene und sie nahmen uns unsere Schiffe.«

Die meisten Italiener waren zusammen mit australischen und britischen Gefangenen im legendären Changi-Gefangenenlager auf Singapur Island inhaftiert. Ihre Schiffe wurden requiriert unter heftigen Protesten der japanischen Marineoffiziere. Die Japaner waren von den für gewöhnlich sehr großen italienischen Marine-U-Booten nicht gerade begeistert, da sie ihrer Ansicht nach für die flachen Gewässer Südostasiens zu groß und schwerfällig waren. Die Deutschen jedoch hatten ihre eigene U-Boot-Basis in Penang und waren froh, die *Reginaldo Giuliano* zu bekommen. Die Größe des Schiffes sahen sie eher als einen Vorteil an, da die meisten U-Boote nur sehr begrenzt Platz boten für Frachtgüter. Zinn zum Beispiel, ein Metall, das in Deutschland dringend benötigt wurde, wurde normalerweise außen am Schiff

transportiert und ersetzte den Eisenballast, der in den Balken-
kielen der U-Boote eingebaut war. Die Eisenballastblocks im
Kiel hielten das U-Boot in einer stabilen Lage, wenn es auf dem
Meersboden aufsaß, und sie waren im Notfall auch abtrennbar,
falls alle anderen Versuche aufzutauchen scheiterten.

Die Japaner brachten die deutschen U-Boote ins Trockendock,
schnitten die Zinnblöcke auf die übliche Größe des Eisenballasts
zurecht und »verstauten« die Ladung auf diese ungewöhnliche,
aber sehr praktische Weise.

Und so begann die *Reginaldo Giuliano* 1944 unter dem neuen
Namen *U IT 23* mit einer deutschen Kriegsmarine-Besatzung an
Bord die Heimreise über die Malakka-Straße. Die Crew bestand
aus 70 Mann, die besorgt waren über den Verlauf des Krieges
daheim in Deutschland und sie waren sich der damit verbunde-
nen Gefahren besonders auf den letzten paar hundert Meilen
vor der Küste des besetzten Frankreichs durchaus bewusst. Aber
sie freuten sich auch auf ein Wiedersehen mit Frau und Kindern, mit der Herzallerliebsten, mit Familie und Freunden. »Daheim ist es am schönsten« – gilt wohl über alle kulturellen oder
geografischen Grenzen hinaus.

An jenem Morgen war das Wasser der Malakka-Straße 32
Meilen vor der Küste spiegelglatt. Das nächste Land war die Insel Pulan Jarak. Die *U IT 23*, die am Port Swettenham in Malaya
überholt worden war, kam gut voran, mit 14 Knoten Fahrtge-
schwindigkeit an der Oberfläche hielt sie einen schnurgeraden
Kurs von 360 Grad. Die Tatsache, dass die Kielwasserspur keine
Zickzacklinie war, zeigte, dass keinerlei gefahrvollen Hindernisse im Weg waren.

Doch plötzlich tauchte der undeutliche Umriss eines weiteren
Schiffes auf, das die Malakka-Straße auf einem Kurs von 89
Grad, beinahe im rechten Winkel zum Fahrtweg der *U IT 23*,
kreuzte. Es war das britische Jagd-U-Boot *Tally-Ho*, das von
Winston Churchill persönlich getauft worden war und nun in
Tricomalee auf Sri Lanka stationiert war. Die *Tally-Ho* war zur
gezielten U-Boot-Bekämpfung im Seegebiet des japanischen

Feindes (der Malakka-Straße zwischen Malaya und der riesigen Insel Sumatra) eingesetzt.

Sie hatte sich die Nacht zuvor auf die Mitte der Straße zurückgezogen, um in Ruhe ihre Batterien aufladen zu können, und war nun, im ersten Morgenlicht, in Richtung malaiischer Küste unterwegs, um nach möglichen Zielen unter dem örtlichen Küstenverkehr Ausschau zu halten. Und plötzlich kam vor ihr etwas ganz Unerwartetes in Sicht.

»U-Boot!«, schrie der junge Wachoffizier Michael Clark. Von der Spitze des Kommandoturmes aus hatte er die tief liegende, schwarze Silhouette des Feindes fast unmittelbar vor sich gesichtet. »U-Boot!«, schrie er abermals und konnte kaum glauben, was er da sah. »Dicht an Steuerbord. Ungefähr 14 Knoten schnell, Sir!«

»Kurs auf 090 Grad ändern!«, erwiderte der vorgesetzte Offizier, Kapitänleutnant Leslie William Able Bennington, sofort. Er war erst 32 Jahre alt, was für heutige Verhältnisse für einen solch verantwortungsvollen Posten unglaublich jung scheint. Doch im Krieg wurden an Jahren junge Männer sehr schnell »alt«: An Bord der *Tally-Ho* war Bennington der »Alte«, im doppelten Sinne des Wortes – zum einen war er den Jahren nach der Älteste und zum anderen war »der Alte« in der Königlichen Marine die traditionelle Bezeichnung für den Kommandanten. Die meisten seiner Offiziere waren unter 24, und die Besatzungsmitglieder waren alle erst knapp zwanzig Jahre alt – und das nicht rein zufällig. Ältere Männer, so befand der Submarine Service, neigten dazu, mehr zu denken und mehr zu reflektieren. Unter klaustrophobischen Bedingungen wie sie in einem U-Boot herrschen, zwischen langen Perioden der Langeweile und entscheidenden Momenten extremer Gefahr, wäre Nachdenklichkeit einem guten Kampfgeist nicht förderlich. Die Jungen hielten sich für unsterblich. Ältere Männer hingegen wussten, dass sie das nicht waren.

Scharfsichtig erkannte Bennington die schmale Silhouette voraus als ein Zielobjekt – und als U-Boot obendrein, eines der

vorrangigsten Zielobjekte überhaupt. Als er sich über die Torpe-
dosteuerung beugte und das U-Boot ins Fadenkreuz nahm, verspürte er den Schauer eines Jägers im Angesicht der Beute. Doch
der Schuss selbst war dann ein eher leidenschaftsloser und
kühler Akt. Kein Gefühl von Hass oder Reue. Kein Gedanke an
die Männer im Bauch des anderen U-Bootes, Männer wie jene
direkt unter ihm im potentiellen Stahlsarg der *Tally-Ho*. Und
hätte umgekehrt zuerst die *U IT 23* die schmale Silhouette der
Tally-Ho in *ihr* Visier bekommen, hätte sie keinen Deut anders
gehandelt.

»Feuer drei auf 120 Grad«, befahl Bennington. Unten im Tor-
pedoraum arbeitete die Zündungsmannschaft mit flinker Hand,
und es gab ein lautes Zischen von Druckluft, als der mit einem
Sprengkopf versehene, eineinhalb Tonnen schwere und sechs
Meter lange »Aal« abgeschossen wurde. Auf eine Entfernung
von rund drei bis dreieinhalb Kilometern zu feuern, war für die
Zielgenauigkeit eines Torpedos die äußerste Grenze. Und gerade
als Bennington fertig zum Beschuss war, verschwand das U-
Boot in einer einzelnen Nebelschwade. Sein Blick heftete sich
auf die Stelle, an der das U-Boot entschwunden war. Er musste
nun zielen, ohne dass er das Objekt sehen konnte, und dazu
noch auf größte Schussweite feuern. Natürlich hoffte er auf einen Treffer, war aber realistisch genug, sich keine Chancen aus-
zurechnen.

Sobald die Torpedos abgefeuert waren, verrieten deren Bah-
nen die Existenz der *Tally-Ho*; sie war enttarnt und damit vor
einem Gegenschlag nicht mehr sicher. Wer sich jetzt noch auf
dem Kommandoturm befand, sah zu, dass er über die stählernen
Sprossen der Leiter flugs nach unten kam. Die Geschützluken
wurden dichtgemacht und verriegelt.

»Tauchen!«, befahl Bennington. »Auf 90 Grad gehen! Auf 80
Fuß runter!«

Totenstille. Alle an Bord lauschten gespannt auf die Signale
eines Treffers – auf das ferne Geräusch einer dumpfen Explosion
sowie das abrupte Ausbleiben des Maschinenlärms des Ziel-

objekts (das auf den Unterwasserschallempfängern der *Tally-Ho* zu hören war). Überhaupt kein Geräusch würde auf einen Fehlschuss deuten. In diesem Fall würde sich das andere U-Boot auf die Suche nach der *Tally-Ho* machen oder, schlimmer noch, per Funk Unterstützung aus der Luft und von Zerstörern anfordern.

Benningtons Blick klebte an seiner Uhr. Die Torpedos schienen eine Ewigkeit unterwegs zu sein.

Doch dann vernahm man den dumpfen Schlag einer Explosion.

Bennington schrieb in sein Logbuch: »Torpedoeinschlag zwei Minuten und zwanzig Sekunden nach Abschuss des dritten Torpedos. HE (Hydrophoneffekt) hörte schlagartig auf. Wenige Minuten später zeigte die Periskopbeobachtung nichts in Sicht. Es ist davon auszugehen, dass das U-Boot getroffen und versenkt wurde.«

Und in dieser Annahme ging er richtig.

Die *U IT 23* erhielt einen Volltreffer unter dem Kommandoturm. Als sie über das Heck zu sinken begann, krochen ein paar der Männer über die Vorderluke hinaus, und während es vierzig schafften zu entkommen, saßen die dreißig im unteren Heck und in der vorderen Torpedoabteilung in der Falle. Tödlich getroffen, hob sich der Bug der früheren *Reginaldo Giuliani* aus dem Wasser, und das Schiff glitt in einer Spur von Öl und Blasen mit dem Heck voran hinab in die finsteren Tiefen der Malakka-Straße, wo es mit einem heftigen Ruck in einer Tiefe von 52 Metern liegen blieb.

Allem Anschein nach hat einer der in der Falle sitzenden Männer noch eine Zeit lang in einer kleinen Luftblase überlebt. Der erste Maschinist wurde mit der Bibel auf seiner Brust gefunden. Es schien, als habe er noch ein wenig darin gelesen, bevor er sich dann mit seiner Pistole die Kugel gab. Andere verharrten in ihren Kojen oder oben auf den Maschinen über dem Wasser, das das U-Boot teilweise überflutet hatte. Fünfundzwanzig Jahre später, als Mike Hatcher in das Wrack eintauchte, fand er sie alle in der Position, die sie zuletzt eingenommen hatten.

In der vorderen Abteilung starben als Erstes diejenigen Besatzungsmitglieder, die oben auf der Ladung der Kautschukballen schliefen. Der Kautschuk trieb nach oben, als das Wasser einbrach, und drückte die Schlafenden an die Decke. Währenddessen wurde an Bord der *Tally-Ho* gefeiert und der erfolgreiche Treffer traditionell mit einem Glas Rum begossen.

An der Oberfläche ereignete sich indes ein weiteres Drama. Die Überlebenden der *U IT 23* – zumindest diejenigen, die schwimmen oder sich beim Ausstieg noch schnell eine Rettungsweste schnappen konnten – trieben vom plötzlichen Angriff verwirrt und verzweifelt ziellos umher. Das nächste Ufer lag etwa 50 Kilometer weit entfernt, zu weit, um es schwimmend zu erreichen, und so blieben sie in der Gruppe beisammen. Einige beteten. Einige weinten. Andere harrten stoisch ihres Schicksals. Schließlich waren sie U-Bootmänner. Und im Dienst eines U-Bootmannes lauerte der Tod immer hinter der nächsten Ecke, stets unerwünscht zwar, doch nie gänzlich unerwartet.

Dann ein Geräusch von oben – ein Flugzeugmotor. Die Schiffbrüchigen winkten und jubelten, sahen ein Wasserflugzeug kreisen und zur Landung ansetzen. Es war ein deutsches Flugzeug, das sich von der U-Boot-Basis in Penang aus auf den Weg gemacht hatte, um die *U IT 23* aufzuspüren, nachdem man keine Nachrichten mehr von ihr empfangen hatte. Doch trieben viel zu viele im Wasser, um sie alle auf einmal an Bord zu nehmen. Der Pilot nahm daher zunächst nur die Verwundeten auf und so viele in die Kabine passten. Andere hängten sich an das Schwimmgestell. Dann flog er so lange an Land und wieder zurück, bis alle vierzig Mann gerettet waren. Eine Rettung war eine wahre Seltenheit in der grausamen Unterwasserwelt der U-Boot-Kriege, wo die Besatzungen normalerweise mit dem Boot untergingen.

Doch für die Überlebenden bedeutete diese Rettung nur eine kurze Gnadenfrist. Sie wurden an ein anderes U-Boot übergeben, das mit allen Mann an Bord durch eine vom britischen Unterseeboot *Porpoise* in der Sunda-Straße gelegte Mine versenkt wurde. In einem Gegenzug wurde dann das britische U-Boot selbst zur Zielscheibe und mitsamt seiner Crew durch einen Flugzeugangriff in der Malakka-Straße versenkt.

Der Volltreffer der *Tally-Ho* war ein Glücksfall. Schon zweimal zuvor hatte sie auf U-Boote in einer Entfernung von zwölf Kilometern und weniger gezielt – vergleichsweise viel leichtere Schüsse also – und beide Male nicht getroffen. Nach dem Krieg begegnete ein Teil der einstigen Besatzung der *Tally-Ho* in Galloway in Schottland, wo erbeutete U-Boote zusammengezogen wurden, ehemaligen deutschen Gegnern aus den »verfehlten« U-Booten. Und so erfuhren die deutschen Seefahrer, welch großes Glück sie damals gehabt hatten.

Unterdessen wurde die *U IT 23* auf dem Grund der Malakka-Straße von Wasserpflanzen und Muscheln überwuchert, zerrissene Fischernetze hüllten sie ein und sie wurde allmählich Teil des Meeres, die Toten in ihrem Bauch begraben. Mike Hatcher stellte fest, dass die Aufzeichnungen in Trenowdens Buch peinlich genau recherchiert waren, und es Interviews mit allen wichtigen Personen enthielt, einschließlich Bennington. Es lieferte überdies umfassende Detailinformationen, für ein populärwissenschaftliches Werk eher ungewöhnlich, wie etwa über Benningtons persönlichen Angriffsplan vom 15. Februar 1944 auf die *U IT 23*.

»Ich suchte Bennington in seinem Haus außerhalb von Southampton auf«, erzählt Hatcher, »um ihn über die *U IT* auszufragen. Er war damals schon im Ruhestand. Doch er war gleich fertig mit mir. Ich kam nicht einmal über die Schwelle seiner Haustür. Er war schon gut in den Sechzigern und ein echter Ex-Seesoldat; ein bärbeißiger alter Kerl und offensichtlich nicht willens, sich mit Schatztauchern wie mir zu unterhalten.

Vielleicht hatte er ja etwas gegen das Aufstöbern von Kriegsgräbern oder gegen Zivilisten, die ihre Nase in Dinge steckten, die sie seiner Meinung nach nichts angingen. Jedenfalls wollte er nicht mit mir über Dinge reden, die mich, wie er meinte, nicht zu kümmern brauchten. Und endgültig vermasselt habe ich mir das Gespräch, als ich fragte, ob die von ihm angegebenen Koordinaten der Position der Versenkung auch korrekt waren.

›Natürlich waren sie das, exakt genau!‹, schrie er mich an, als ob ich ihn beschuldigt hätte, heilige Regeln verletzt zu haben oder ähnliches. Die Tür schlug zu, und das war das Ende unseres Gesprächs!

Wie sich herausstellte, war die *U IT 23* in Wahrheit zehn Meilen von der Position entfernt gesunken, die im Logbuch der *Tally-Ho* verzeichnet war – eine Ungenauigkeit in der Ortung, die sich vielleicht mit der angespannten und dramatischen Situation an Bord zum Zeitpunkt der Torpedoabfeuerung erklären lässt oder im Jubel und Trubel über den Treffer zustande kam. Das war ganz natürlich, wenn auch enttäuschend.

»Ich konnte das verstehen«, sagte Hatcher. »Es half mir nur nicht viel. Wir verbrachten acht Monate auf der Malakka-Straße, fuhren rauf und runter und suchten nach dem Wrack. Einem der einheimischen Fischer versprach ich sogar ein neues Boot, wenn er es finden würde, denn sie kennen oft die Positionen von Wracks, da dort reiche Fischgründe sind. Aber sie fanden es auch nicht. Wir stießen auf alles Mögliche – Frachtschiffe, wertlose Dschunken, Fischkutter, Flugzeuge, Kanalschiffe und so fort. In der Straße wimmelte es von wertlosen Schiffen. Dann installierten wir auf der *Seeker I* ein neues Simrad-Sonar und … Bingo! In Nullkommanichts hatten wir es aufgespürt. Mein Sonar-Schulungskurs in Norwegen hatte sich voll gelohnt!«

Beim ersten Tauchgang zusammen mit seinem damals neuen Tauchpartner Abdul W. Rahim dachte Hatcher, er hätte ein weiteres Frachtschiff gefunden.

»Ich ging an der Abstiegsleine runter und sah etwas, das ich zunächst für einen Mast hielt, der ganz in Fischernetze gehüllt war. Wegen der Netze und weil das Wasser tief (52 Meter) und dunkel war, konnte man nur schwer eine Form ausmachen. Dann erkannte ich, dass es ein Periskop war.

Mike Hatcher mit einer Schale aus dem Schatz der Tek Sing, die nach 170 Jahren auf dem Meeresgrund aussieht, als käme sie gerade frisch aus dem Brennofen. Im Hintergrund das Suchschiff *Restless M*

Hans Besançon mit dem Steuerruder der *KXVII*. Sein Vater war der Kapitän des U-Boots und kam ums Leben, als es 1941 versenkt wurde

Schiffbrüchige vietnamesische *boat people* finden Zuflucht auf einem Felsen vor der malaiischen Küste

Hatcher bringt ein entkräftetes Kind zum rettenden Schlauchboot

Der Anker eines Wracks aus dem 17. Jahrhundert wird in der Malakka-Straße geborgen

Die hier geborgene Kanone stammt aus einer Seeschlacht in der Malakka-Straße zwischen den im Gewürzhandel konkurrierenden Holländern und Portugiesen

Mike Hatcher mit zwei
Bronzegeschützen im
ursprünglichen Zustand.
Eine Freude für jeden
Taucher und Historiker

Kanone mit lateinischer
Inschrift und der
Jahreszahl 1589

Oben:
Vermessungsturm bei
der *Geldermalsen*-Suche.
Später machte das GPS,
das satellitengestützte
Positionierungssystem,
solche Vermessungsfix-
punkte überflüssig

Oben rechts:
In Transportkörben wird
das Bergungsgut der
Geldermalsen an die
Oberfläche gebracht

Blau-weiße Keramik-
scherben markieren das
Seegrab eines Schiffes
südlich von Singapur

Vase mit ländlichem Motiv aus der
Geldermalsen

Die Vogelfigur erzielte auf der Auktion in Amsterdam einen hohen Preis

Die Schiffsglocke, die eine zweifelsfreie
Identifikation des Wracks der
Geldermalsen ermöglichte.

Gold und weiß-blaues Porzellan, die
Schätze der *Geldermalsen*

Die Dschunke *Song Saigon* unter vollen Segeln. Ein eindrucksvolles Bild, das die technischen Mängel des Schiffes allerdings verschweigt

Der mächtige Anker eines Schiffes, das im 18. oder 19. Jahrhundert ein Opfer des Condor-Riffs wurde

Die *Restless M* auf spiegelglatter
See. Der Name des 26 Meter
langen Fiberglasschiffes könnte
für seinen Kapitän Mike Hatcher
nicht treffender sein

»Wir haben sie!‹, schrie ich. ›Wir haben das Miststück endlich!‹«

Er tauchte tiefer und sah, dass die vordere Kanone des U-
Boots entfernt worden war und die Bettungen mit Zinnblöcken
vollgeschichtet waren. Wie sich herausstellte, handelte es sich
um viereinhalb Tonnen im Wert von 43 000 Dollar pro Tonne.
Darüber hinaus war die ganze Unterseite der äußeren Verklei-
dung voll mit Kautschukballen, was 25 Prozent des Neupreises
einbringen würde, da der Kautschuk vom Meerwasser und der
Versenkung unbeschädigt geblieben war. Es war November 1979,
als die *U IT 23* entdeckt wurde. Die Bergung wurde im Januar
1980 begonnen und dauerte drei Monate – ein Unternehmen,
das 7 Millionen US-Dollar kostete.

Die Bergung erfolgte mit Hilfe modernster Technik. Hatcher
ließ eine Bergungsplattform herbeischleppen, mit Dekompressionskammer, Hebemaschinerien und allem, was für das Leben
einer 30-köpfigen Crew an Bord erforderlich war. Mit vier Ankern zur Stabilisierung wurde sie über dem Wrack positioniert.
Die *Seeker I* war Beiboot und Versorgungsboot. Aufgabe der
Taucher war es, einen Graben entlang des Schiffes auszuheben,
um an den Kiel und die Zinnblöcke unter dem Rumpf heranzukommen.

Mit leichten Schlägen auf den Rumpf konnte man feststellen,
dass einige Stellen noch »trocken« waren. Eine überflutete Abteilung hört sich im Gegensatz zum klingenden Widerhall eines
trockenen Abschnitts eher dumpf an. Ein halb voller Kessel hingegen gibt oberhalb und unterhalb des Wasserspiegels den gleichen Ton.

»Wir mussten herausfinden, was sich im Inneren des U-Bootes befand«, sagt Hatcher. »Die Taucher waren beim Einstieg in
das Wrack natürlich alle nervös. Die ganzen Apparate und Kon-
trollvorrichtungen ließen sehr wenig Bewegungsfreiheit. Und
immer die Angst, dass deine Lampe ausgehen oder sich die Abstiegsleine irgendwo verfangen könnte. Oder dass die Abstiegsleine von Scherben oder scharfkantigen Objekten durchgeschnit-

ten wird. Wir wussten auch, dass sich im Inneren sehr wahrscheinlich auch Leichen befanden. Crew und Taucher waren ein buntes Völkchen – aus Malaya, Singapur, Indonesien und China. Gute Taucher zwar, aber erfüllt von Aberglauben und Furcht vor Geistern. Sie hatten eine Heidenangst vor Geistern. Um ehrlich zu sein, war niemand von uns sehr glücklich über das, was wir im Wrack so alles finden könnten, aber die Arbeit musste getan werden. Wir hatten auch ein paar Australier dabei. Mickey Heuston aus Perth war einer von ihnen! Vielleicht waren wir ja ein wenig abgebrühter. Oder wir ließen es uns einfach nicht so anmerken.«

Um sich einen Zugang zum U-Boot zu verschaffen, sprengte Hatcher mit Plastiksprengstoff eine »Tür« am Bug und eine weitere am Heck. In der vorderen Torpedokammer befanden sich die Kautschukballen und obenauf menschliche Gebeine und Körper – eine traurige Entdeckung, die Rahim da machte. Weiter innen im U-Boot fand sich ein riesiger trockener Bereich im Kommandoturm, von wo eine Menge Zinn geborgen wurde. Das Wrack war völlig unbewaffnet – die Torpedorohre waren entfernt und die wasserdichten Abteilungen mit Zinn und anderer Fracht ausgestopft worden.

Hatcher erinnert sich auch an einige angstvolle Augenblicke. »Wir arbeiteten nach einem bestimmten System – einer tauchte hinein, während der andere an der ›Tür‹ Wache stand und Leine gab oder zog. Ein schlaffes Durchhängen der Leine und sie hätte sich um Maschinenräder und Hebel geschlungen, und der Taucher hätte sich darin verheddern können. Der Taucher im Inneren war mit einer Lampe am Taucherhelm ausgestattet und stand in Funkkontakt zur Brücke an der Oberfläche sowie zu seinem Tauchpartner. Doch selbst damit konnte noch einiges schief gehen. Einmal passierte es mir, dass die Lampe plötzlich ausging, als ich tief im Inneren des U-Bootes war.

Ich war der Panik nahe. Du bist dreißig Faden (55 Meter) tief unten, in einer natürlichen Grabstatt, und es ist schwärzer als alles, was du je erlebt hast. Verlierst du die Orientierung, bist du tot. Also ruhig bleiben und einfach nur an der Leine entlang tauchen, langsam, ganz langsam. Ja nicht nachlassen. Einfach tastend an der Leine weiterhangeln, und du musst irgendwann zur Tür kommen. Und ich kam zur Tür, und nie zuvor war ich so gottfroh, diesen viereckigen Lichtschein zu sehen. Selbst heute noch läuft es mir eiskalt den Rücken hinunter, wenn ich daran denke.«

Doch sollte er noch Schlimmeres erleben.

»Die *U IT* lag nach Steuerbord geneigt auf dem Meeresgrund, was ganz praktisch war, da wir ja direkt unter sie tauchen mussten, um den Kielballast zu erreichen. Mit einem Air-Lift hoben wir einen Graben aus, und als wir sie untertunnelt hatten, stießen wir wie erwartet auf die Zinnblöcke. Glänzend und schön waren sie. Eine kleine Goldgrube.

Um die Zinnblöcke frei zu bekommen, mussten wir Sprengstoff einsetzen. Der Boden war nachgiebig und weich. Daher hatten wir stets Sorge, dass die Seitenwände des Grabens einstürzen könnten, während sich einer von uns unter dem U-Boot befand. Und eines schönen Tages geschah das auch – und der Taucher, der bei lebendigem Leib begraben wurde, war ich. Das war das schrecklichste Gefühl überhaupt. Ein gedämpftes Rumpeln und plötzlich kein Licht mehr. Ich wusste sofort, was passiert war. Ich verlor die Orientierung, wusste nicht, wo oben und wo unten war.

Ich musste laut mit mir selber reden, um nicht in Panik zu verfallen. Denn das wäre fatal gewesen. Wenigstens steckte ich in einer Kirby-Ausrüstung, wo Luft durch den Tauchhelm zirkulierte. Und auch meine Kommunikationsverbindung stand noch. Mit einem Scuba-Atemgerät wäre ich ein verlorener Mann gewesen. Über das Rückrufgerät meldete ich den anderen, was passiert war. Das Hauptproblem war, dass ich 52 Meter tief war. Bei zu langer Tauchzeit in einer solchen Tiefe bestand die Möglichkeit, ›narkotisiert‹ zu werden (eine Stickstoffnarkose zu bekommen), was zu einem gestörten Urteils- und Koordinationsvermögen führen kann. Mit Sicherheit aber würde es früher oder später zur Dekompressionskrankheit kommen. Weiter atmen konnte ich also, so lange noch Luft da war – und Gott bewahre, dass sie ausging. Das Hauptproblem jedoch war die Zeit.

›Was können wir tun?‹, fragten sie von oben.

›Nichts. Ich versuche mich frei zu schaufeln‹, antwortete ich. Genügend Platz, meine Arme zu bewegen, hatte ich noch.

Also grub ich und grub und grub wie verrückt – wie ein blinder Maulwurf. Schließlich und endlich sah ich Licht, und ich tauchte neben dem U-Boot auf. Freudige Erleichterung!«

Doch der Schrecken folgte auf dem Fuße. Hatcher stellte fest, dass er auf der falschen Seite des U-Bootes herausgekommen war. Orientierungslos wie er war, hatte er in die falsche Richtung gegraben und gebuddelt. Nun befand er sich zwar im Freien, doch die Verbindungskabel für Luft und Kommunikation führten unter dem U-Boot hindurch zurück, hielten ihn angebunden wie einen Hund an der Leine. Die einzige Möglichkeit war, den Weg zurück zu gehen, den er hergekommen war.

Also wieder zurück. Er grub und wühlte sich vorwärts und betete, dass er sich nicht verirren möge. Völlig blind im Schlamm. Schließlich war er erschöpft, seine Arme schmerzten und er war unfähig weiterzugehen, hatte keine Ahnung, wie weit es überhaupt noch sein würde.

»Zieht an den Leinen«, keuchte er. »Ich kann nicht mehr.«

»Aber wenn wir dann die Armaturen aus den Tauchgeräten ziehen, säufst du ab«, antworteten sie von oben.

»Aber das ist die einzige Chance«, wiederholte er. »Ich muss es wagen.«

Kein Laut von oben.

»Zieht doch, verdammt! Zieht!«

Der Zug an den Leinen wurde stärker. Zuerst passierte nichts, und Hatcher raffte sich noch einmal auf, fürchtete den Gedanken, die Abstiegsleine könnte reißen oder die Armaturen könnten aus dem Helm herausgerissen werden. Mit zunehmender Spannung wurden die Leinen straff. Dann ging es vorwärts. Zuerst langsam, dann immer schneller. Und endlich schoss er in einer

Wolke aus Sand, Schlick und Schutt aus dem zähen Schlamm hervor, diesmal auf der richtigen Seite des U-Bootes.

»Ich kam herausgeschossen wie der Korken aus einer Champagnerflasche«, erinnert er sich. »Nie war das Tageslicht so verdammt schön!«

Später lernte Hatcher einige der Männer kennen, die in den U-Booten im Zweiten Weltkrieg Dienst geleistet hatten. Noch heute hegt er unverhohlene Bewunderung für sie.

»Die führten wirklich einen höllischen Krieg«, sagt er. »Mag sein, dass es vielen Handelsschiffen deshalb mulmig wurde. Aber es war totaler Krieg und Hinterlist war auf beiden Seiten gang und gäbe. Diese Männer, die dem Tod in einer seiner scheußlichsten Erscheinungsformen Tag für Tag ins Auge sahen, verdienen einfach Respekt. Eine Kugel in den Bauch zu bekommen, ist eine Sache, aber unterzugehen wie eine gefangene Ratte in einem Stahlkäfig, ohne Aussicht, je wieder das Tageslicht zu sehen, ist etwas, das wohl kaum jemand erleben will.

Wir beließen die Toten der *U IT 23* an ihren Schlafstätten, genau dort wo sie lagen, und behandelten sie mit Respekt.« Am Ende der Bergungsaktion hielt die Mannschaft eine Andacht für die Toten und warf eine Blumengirlande ins Wasser im Gedenken aller Religionen, der christlichen, hinduistischen und moslemischen, und aller Nationalitäten. Die Taucher brachten ein paar Flaggen und Erinnerungsstücke aus dem U-Boot an die Oberfläche, die Hatcher irgendwann nach Europa zurück an ihren Ursprungsort brachte. »Gus Britain vom Grosport Naval Museum organisierte für mich die Fahrt nach Deutschland, wo ich das ganze Zeug hinbrachte«, erinnert er sich. »Wir wohnten im Hotel Altona in Hamburg, das einem Ex-U-Bootmann gehörte. Hamburg war der ursprüngliche Heimathafen der meisten U-Boote. Im Erdgeschoss des Hotels befand sich der Konferenzraum, voll mit Flaggen und Erinnerungsstücken aus den U-Boot-Tagen. Ich traf dort alle Kapitäne. Einige hatten über 200 000 Tonnen an Schiffsbestand der Alliierten versenkt. Zuerst ging alles ziemlich formell zu – sehr steif, könnte man fast sagen. Unter den U-Boot-Kommandanten, die ich kennen lernte, waren Kapitän Dommes, Kapitän Schulz und Kapitänleutnant Schnee. Dann traf der Präsident des Verbandes ein, ein Großadmiral, und alle Mann nahmen Haltung an. Steif eben. ›Wo ist der Engländer?‹, fragte er. Sie deuteten auf mich, er kam auf mich zu, gab mir die Hand, dankte mir fürs Kommen, und von da ab wurde die Atmosphäre lockerer. Wir präsentierten das Erinnerungsgut und versicherten, dass wir die *U IT 23* samt ihrer Besatzung mit Respekt behandelt haben. Das rechneten sie uns hoch an, und ich musste danach eine Menge Hände schütteln. Dann wurde viel getrunken.

Am nächsten Tag waren wir auf den Landsitz des Admirals eingeladen. Hirsche und Rehe grasten da, und es gab auch ein Schwimmbad im Haus. Daran erinnere ich mich noch. Und ich weiß noch, dass ich dachte, dass so ein Leben doch allemal besser ist, als auf dem Grund des Nordatlantiks oder der Malakka-Straße zu liegen.«

Das Kompassgehäuse mit der Aufschrift *Reginaldo Giuliano* wurde an den italienischen Verband der Unterwasserkriegsmarine übergeben. Hatcher hatte mit dem Kommandanten eines der italienischen U-Boote gesprochen, die damals nach Singapur beordert worden waren. Und obwohl die Erinnerung den Seeoffizier sichtlich bewegte, war er doch freudig erregt, das Andenken entgegenzunehmen. Wie die meisten hatte auch er im Krieg viele Verluste zu beklagen, und einige seiner Männer waren später in japanischen Lagern gestorben.

In südostasiatischen Gewässern ebenso wie im Atlantik erwiesen sich U-Boote als tödliche Waffe. Verluste gab es auf jeder Seite zu beklagen. Im aufschlussreichen Buch *The Underwater War 1939-1945* des Kommandanten Richard Compton ist verzeichnet, dass drei britische und vier holländische U-Boote bei Operationen verloren gingen. Allerdings versenkten die Alliierten zwei japanische Kreuzer, zwei Zerstörer, fünf U-Boote, 12 kleine

Schiffe, 47 große Handelsschiffe und zahlreiche kleine Seefahrzeuge. Sieben weitere große Handelsschiffe wurden durch Minen versenkt, die U-Boote ausgelegt hatten.

Ein besonders wirkungsvoller Schlag gelang später den amerikanischen U-Booten. Sie zerstörten im Grunde genommen die gesamte japanische Handelsflotte und schnitten damit die eingeschlossenen Truppen auf Guadalcanal, Saipan und Okinawa von der Versorgung ab. Im März 1945 operierten sie sogar in den japanischen Binnenmeeren in der Operation *Starvation*. Compton zufolge waren die U-Boote ein ebenso wichtiger Faktor beim Versuch, Japan in die Knie zu zwingen, wie die beiden Atombomben auf Hiroshima und Nagasaki im August 1945.

Belegt ist, dass Deutschland im Zweiten Weltkrieg 1162 U-Boote gebaut hat, 758 davon wurden versenkt. Zwar versenkten die Deutschen mehr als 14 Millionen Tonnen an Schiffsbestand der Alliierten mit 50 000 Todesopfern, doch zahlten sie ihrerseits ebenfalls einen hohen Preis. Von den ca. 41 000 Mann, die in U-Booten zur See fuhren, starben 25 870. Das ist eine der höchsten Todesraten von allen Militäraktionen aller kriegsbeteiligten Länder. Keines der deutschen U-Boote, die von Penang aus operierten, kehrte je nach Deutschland zurück, und auch keines der italienischen »Merkator«-Schiffe. Die meisten von ihnen liegen im schattigen Halbdunkel auf dem Grund des Meeres … zusammen mit der geisterhaften Gestalt der *U IT 23* und ihrer Besatzung. In Frieden und in Ruhe. Für alle Zeit.

6

Gevatter Tod zu Besuch

Mike Hatcher verlor bei der Bergung der *U IT 23* zwei Taucher, Todesfälle, die in seinen Augen sowohl dumm wie auch unnötig waren. Auch zwanzig Jahre danach macht ihn die Erinnerung daran noch traurig und wütend. Von diesem Verlust sowie vom Tod eines weiteren Tauchers, eines jungen und allseits beliebten Mannes namens Kamal, auf einem weiteren U-Boot in der Java-See hat er sich nie ganz erholt.

Brachten U-Boote einfach Unglück?

Hatcher zuckt mit den Schultern. »Tauchunfälle können überall passieren, zu jeder Zeit. Zumeist ist es menschliches Versagen und Glück kommt in dieser Gleichung nicht vor. Es gibt immer ein potentielles Risiko. Durch regelmäßiges Training und ständige Praxis bemühen wir uns, den Gefahrenpegel so niedrig wie möglich zu halten. Aber das Risiko kann man nie ganz ausschließen. Tauchen, seien wir ehrlich, ist ein gefährliches Spiel, und je tiefer man kommt, desto gefährlicher wird es.«

Die beiden Taucher, die bei der Bergung der *U IT 23* ums Leben kamen, führten nach professionellen Maßstäben eine vergleichsweise einfache Aufgabe aus. Zwei Wochen nach Beginn der Bergungsaktion löste sich eine Abstiegsleine an einem der vier Anker, die der Stabilisierung der Plattform dienten, und so musste eine neue Leine befestigt werden. Der Anker lag 52 Meter tief, zu tief für eine Sauerstoffzufuhr von der Oberfläche. Doch der Arbeitsablauf an sich war einfach. Die Abstiegsleine wurde mit einem beweglichen Ankerschäkel an dem Drahtseil angebracht, das hinunter zum Anker führte.

»Alles was der Taucher zu tun hatte war, den Ankerschäkel

am Drahtseil entlang hinunterzuschieben, bis er den Anker erreicht hatte, und ihn dann festzumachen«, sagt Hatcher. »Dann konnte er wieder am Drahtseil entlang nach oben zur Bergungsplattform zurückkehren oder neben dem Floß auftauchen.« Er räuspert sich. »Und sollte der Taucher irgendwann doch Probleme bekommen, musste er nur an der Abstiegsleine empor an die Oberfläche steigen. Ich schickte also einen Taucher runter, um die Aufgabe durchzuführen, und einen zweiten als Tauchpartner hinterher. Ein dritter Taucher stieg mit einem Reserve-Scuba-Tank die halbe Strecke am Drahtseil hinab, falls es Probleme geben würde.

Sie tauchten alle zusammen ab, und die Boje begann sich in Richtung dorthin zu bewegen, wo der Anker lag. Dann blieb sie ohne ersichtlichen Grund kurz vor der Markierung stehen. Wir warteten, dachten uns nicht das Geringste dabei, da die Aufgabe so einfach schien. Doch dann kam der Taucher mit dem Reservetank zurück, rollte mit den Augen und sagte, die anderen beiden seien verschwunden und er wüsste nicht, wo sie wären. Ich schrie ihn an, weil er mit Luft in seiner Flasche zurückgekommen war und – weit wichtiger – mit dem Reservetank, ohne einen Sicherheitsstopp gemacht zu haben.

Doch was immer da unten schief lief, es war vermutlich schon passiert. Die beiden Taucher kehrten nie wieder. Wir suchten mit dem Sonar der *Seeker I* den Meeresgrund nach ihnen ab. Einmal dachten wir, wir hätten sie auf dem Sonar. Zwei einzelne Leuchtflecken, die sich nicht bewegten, die einfach nur mit der Strömung in die Tiefen der Malakka-Straße drifteten. Wegen der Wassertiefe konnten wir keinen Sichttauchgang zu weit weg vom Orientierungspunkt des Ankers machen. Die anderen Taucher waren tief deprimiert. Schlimm genug, zwei von ihnen zu verlieren. Auf keinen Fall wollte ich bei dieser Arbeit noch mehr Leben aufs Spiel setzen.

Schließlich war klar, dass die beiden nie mehr wiederkommen würden. Ihre Luft hätte unmöglich so lange gereicht. Sie waren tot. Aus. Ein schlimmer Moment. Ein wirklich schlimmer Moment. Einer der schlimmsten, die ich je erlebt habe. Es gab nur eines, das ich tun konnte, wenn ich die anderen wieder zum Tauchen kriegen wollte. Ich musste mir ein Atemgerät nehmen, allein am Drahtseil nach unten gehen, die lose Tauchleine nehmen und sie bis zum Anker hinunterschieben.

Ich tat es, a) weil der Job erledigt werden musste; b) für die Mannschaftsmoral und c) zu meiner eigenen Befriedigung, um sicher zu sein, dass ich von meinen Tauchern nichts Unvernünftiges verlangt hatte. Seither habe ich nie von irgendjemandem etwas verlangt, das ich nicht selbst auch getan hätte.«

Was genau schief lief, ist bis zum heutigen Tag ein Rätsel. Möglicherweise war einem der Taucher die Luft ausgegangen, und er hatte versucht, sich das Mundstück seines Tauchpartners zur Wechselatmung zu teilen. Vielleicht bekam auch einer eine Panikattacke und beide ertranken; oder beide tauchten von vornherein mit einer unzureichenden Menge Luft ab, obwohl dies unvorstellbar scheint. Das Erste, was ein Profitaucher, ja eigentlich jeder Taucher tut, bevor er abtaucht, ist, die Luftmenge in den Tanks zu kontrollieren. Selbst wenn einer das mal vergisst, ist es kaum denkbar, dass es beiden gleichzeitig passiert.

Es war auch unwahrscheinlich, dass Haie oder andere Meeresungeheuer über sie hergefallen waren. Haie scheuen vor den Luftblasen aus den Scuba-Tanks normalerweise zurück und bleiben im Allgemeinen auch den Arbeitsbereichen fern. Obwohl es nicht gänzlich von der Hand zu weisen ist. Sollte wirklich ein Hai aufgetaucht sein, hat er die Taucher möglicherweise in Panik versetzt, auch wenn sie Profis und für solche Vorkommnisse geschult waren.

Sicherlich gibt es in der Malakka-Straße Strömungen, die mitunter auch sehr stark sind, aber an jenem speziellen Tag waren sie nicht sonderlich stark. Die Taucher stiegen an einem Drahtseil ab, an dem sie sich festhalten konnten, und zudem machte Hatcher den gleichen Tauchgang ohne jede Schwierigkeit.

Wie es zu dem Unglück kommen konnte, bleibt also ein Rätsel.

Es gab noch einen weiteren Todesfall zu beklagen. Der Tod Kamals, der an der Bergung der *U IT 23* als Taucher beteiligt und trotz seiner Jugend ein altbewährter Wracktaucher war, ging Hatcher noch näher. Das tödliche Unglück ereignete sich in der Java-See bei Arbeiten an einem der deutschen U-Boote der unglückseligen Monsun-Flotte.

Als sich der Krieg in Europa seinem traurigen und blutigen Ende zuneigte, befahl Admiral Dönitz, Oberbefehlshaber der Deutschen Marine, den Deutschen in Penang die Heimkehr. Vier U-Boote blieben zurück. Sie sollten von einem Tanker vor dem Kap der Guten Hoffnung aufgetankt werden. Was die Deutschen nicht wussten – die Alliierten hatten den Enigma-Code bereits geknackt und waren somit in der Lage, die Funkmeldungen zu dechiffrieren und den U-Boot-Versorgungsschiffen und Tankern den Weg abzuschneiden. Im kritischen Moment des Auftankens tauchte plötzlich ein britisches Kriegsschiff auf und versenkte den Tanker, als die Tankschläuche noch über die Seitenwand hingen.

Die U-Boote tauchten ab und entflohen. Das britische Schiff machte sich, wegen der U-Boote ringsum, mit voller Kraft voraus aus dem Staub. Drei der wieder aufgetankten U-Boote setzten ihren Weg fort, doch keines von ihnen hat Deutschland je erreicht. Das vierte U-Boot, die *U-168*, nahm die Schiffbrüchigen des versenkten Tankers auf und kehrte, da es nur ungenügend Treibstoff hatte, nach Indonesien zurück. Es erreichte Batavia (Jakarta) mit dem letzten Tropfen Diesel im Tank. Bevor es die lange Reise nach Europa noch einmal wagen konnte, mussten erst neue Batterien installiert und Reparaturarbeiten an den Generatoren vorgenommen werden.

Auf dem Weg nach Surabaya ins Trockendock wurde die *U 168* in der Java-See vom niederländischen U-Boot *Zwaardvisch* (Schwertfisch), das von Fremantle aus operierte, aus einem Hinterhalt angegriffen. Auch dieses Mal wurde der Enigma-Code geknackt und die Position dadurch verraten.

»Wir warteten auf sie hinter einer Landzunge«, erzählte der holländische Kapitän Hans Goossens Hatcher, als sie sich in

Holland trafen. »In der Ferne sahen wir diese große schwarze Rauchspur, und ihre Maschinen machten einen Mordsradau. Zuerst dachten wir, es sei ein Handelsschiff. Doch dann kam sie näher, wir erkannten sie und hörten, dass ihre Dieselmotoren seltsam verstimmt klangen – ein ulkiges Gefährt. Mit dem ersten Torpedo trafen wir sie am Bug. Sie sank mit dem Bug voraus, hielt sich eine Weile, das Heck ragte aus dem Wasser und ihre Schiffsschrauben drehten sich noch.«

Die Crew kletterte durch eine hintere Luke heraus, und in einem seltenen Akt von Ritterlichkeit (denn U-Boote tauchten nach einem Versenken normalerweise gleich wieder in tiefe Gewässer ab, für den Fall, dass eine Funkwarnung abgegeben wurde) nahm der holländische Kommandant die Überlebenden an Bord, wo sie natürlich an Deck zu bleiben hatten.

»Falls ich angegriffen werde, muss ich abtauchen«, warnte er sie mit einem lauten Zuruf vom Kommandoturm aus. »Als U-Boot-Männer werdet ihr das verstehen.«

Die Deutschen hatten Glück. »Schwertfisch« setzte sie auf dem Deck eines vorbeifahrenden Fischkutters ab – ihr Krieg war somit effektiv vorbei. Später traf Hatcher den deutschen U-Boot-Kommandanten in Deutschland. »Ich habe mein Schiff in der Java-See verloren«, lamentierte er.

»Ich weiß«, sagte Hatcher mit einem Grinsen. »Ich habe es geborgen.«

Diese Bergung verlief etwas anders als die der *U IT 23*. Wieder ging es um Zinn. Mit einem Wert von 43 000 Dollar pro Tonne wurde es im Metallwert nur noch von Gold und Silber übertroffen. Hatcher verbrachte sechs Monate mit »Grasmähen«, ehe er das Wrack fand, und zwar in einer größeren Tiefe (60 Meter), als ihm eigentlich lieb war. Er beschloss, Schlingen anzulegen und es damit an der Plattform hochzuwinden, es vom Grund zu heben und in niedrigere Gewässer zu bringen, wo man leichter arbeiten konnte. Der Plan war zum Teil erfolgreich. Das Wrack wurde zwar angehoben, doch durch das ungeheure Gewicht wurde das Hebegerät blockiert und es kam nicht frei.

»Wir mussten es in den Grund hineinrammen, um es los zu bekommen«, erinnert sich Hatcher. »Das war nicht schön. Aber es funktionierte. Wir gingen davon aus, eine Menge Zinn und Quecksilber zu finden, doch das U-Boot hatte einen massiven Eisenkiel und mir war klar, was das hieß – es war nicht viel zu holen. Manchmal scheint man vom Pech verfolgt zu sein. Während der Aktion in der Java-See humpelte ich mit einem Gipsbein durch die Gegend. Das ist auf einer Bergungsplattform alles andere als lustig, wo man ständig über steile Stahltreppen rauf und runter muss. Das war aber nur eine von einer Reihe von Misslichkeiten. Wir suchten nach einem japanischen Frachter namens *Disan Maru*, der von den Yankees im Südchinesischen Meer versenkt worden war. Die *Disan Maru* konnte leicht an der Eisenbahnausrüstung an Deck identifiziert werden. Sie trug außerdem vermutlich 1200 Tonnen Zinn. Multipliziere das mit 43 000 Dollar und du weißt, was du bekommst!«

Eines schönen Nachmittags fing das Simrad-Sonar der *Seeker I* die Silhouette des gesunkenen Schiffes ein.

»Als wir ankerten, war es sechs Uhr abends. Zu spät zum Tauchen. Auf jeden Fall aber waren wir in Feierstimmung – wir sahen uns alle als Millionäre! Junge, war das eine Party!«

Doch die schlechte Nachricht am nächsten Morgen ließ den Kater nicht gerade verfliegen. Abdul Rahim ging als erster Taucher hinunter.

»Nichts«, meldete er über das Rückrufgerät in seinem Helm.

»Nichts? Was meinst du – *nichts*?«

»So wie ich es sage. Der Frachtraum ist leer. Kein Zinn. Nur ein paar Eisenbahnmotoren und Waggons an Deck und ein großes Loch in der Seite.«

»Na wenigstens haben wir das richtige Schiff. Sieh dich noch mal um!«

Doch das Wrack war »leer wie Mutter Hubbards Küchenschrank«, erzählt Hatcher wehmütig. Wie sich herausstellte, war sie vor Brunei auf eine Mine gelaufen und musste zum Ausgangshafen zurück. Dort wurde die Zinnfracht entladen und das

Schiff so getrimmt, dass der Bug hoch stand und die Stelle des Minenschadens frei von Wasser blieb. Danach schleppte sie sich mühsam hinüber nach Palembang, um die Eisenbahnmotoren und sonstiges Gerät zu entladen, und weiter nach Singapur zur Reparatur: Doch unterwegs wurde sie von einem amerikanischen U-Boot versenkt.

Nach dieser Enttäuschung war das nächste Zielobjekt auf Hatchers Liste das Opfer des »Schwertfisch«-U-Bootes in der Java-See. Doch bevor sich die *Seeker I* in das neue Operationsgebiet begeben konnte, musste Hatcher bei den indonesischen Behörden in Jakarta zuerst eine Genehmigung einholen.

»Von Sumatra nach Jakarta fuhr ein Militärschnellboot. Man bot mir eine Mitfahrgelegenheit an, was keine schlechte Idee schien. Eine schnelle Beförderung war damals in jenem Teil der Welt, wo man sich größtenteils noch mit Ochsenkarren fortbewegte, nicht so leicht zu bekommen. Doch auf der rasanten Fahrt über den Fluss, als wir irre viele Knoten fuhren, schlief der Idiot von Fahrer einfach ein, und das Schnellboot schoss mitten hinein in die Mangroven. Mit einer Mordswucht schlugen wir auf. Ein Ast krachte durch die Windschutzscheibe, und ein Baumstamm stieß durch den Schiffsboden und traf mich am Bein. Als ich an mir heruntersah, stand mein Fuß rechtwinklig ab. Man hätte ihn gut als Putter benutzen können.«

Dass er ausgerenkt war, sah jeder Laie. Aber wie war er wieder in eine Nord-Süd-Linie zu bringen, wo er doch genau in entgegengesetzter Richtung abstand?

In Jambi, einem Ort mitten in Sumatra, tat man einen *bombo* auf, einen einheimischen Medizinmann. Er gab mir Opiumpillen und Bintang-Bier. Als er der Meinung war, ich hätte genug davon intus, stopfte er mir ein zusammengerolltes Handtuch zwischen die Zähne und riet mir, mich am eisernen Bettrahmen hinter meinem Kopf festzuhalten. Dann drehte und zerrte er mit einem heftigen Ruck an meinem Fuß. Ich biss die Zähne zusammen, die in der Mitte des Handtuches aufeinander trafen, riss den Eisenrahmen aus dem Bettgestell, schwang ihn über den Kopf des Medizinmannes und schlug ihn so k.o. Ende der Behandlung. Der Fuß stand nun zwar in einem besseren Winkel als vorher, aber er war blau und dick geschwollen und schmerzte noch immer höllisch.

›Nie wieder pfuscht ein Medizinmann an mir herum‹, sagte ich mir. ›Schafft mich in das verdammte Singapur, bevor man ihn amputieren muss.‹«

Dort angekommen, waren Hatchers Knöchel und Fuß auf Basketballgröße angeschwollen und glänzten und leuchteten in allen Regenbogenfarben. Nach dem ersten prüfenden Blick erwog der Arzt ernstlich eine Amputation, um das Leben des Patienten zu retten. Doch das wollte Hatcher auf gar keinen Fall, flehte dann aber den Arzt an, zu tun, was er tun müsse, und zwar rasch. Die Röntgenaufnahme zeigte drei Brüche plus Luxation, und so machte der Arzt den Vorschlag, eine Metallplatte einzusetzen.

»Das können Sie nicht machen!«, schrie Hatcher.

»Warum nicht?«

»Ich reise viel. Jedes Mal, wenn ich am Flughafen das Sicherheitssystem passiere, wird es Alarm geben.«

Der Arzt lachte. »Keine Sorge. Wir nehmen Edelstahl.«

Es dauerte eine ganze Zeit, bis Hatcher mit seinem Bein im Gipsverband wieder zurück in der Java-See war. Unterdessen war die Crew auf sich allein gestellt und die Disziplin entsprechend lax.

»Die waren an Land und schleppten Haustiere an. Um Himmels willen! Einen Bären, ein schauderhaftes Krokodil und einen eben flügge gewordenen Seeadler namens ›Rod, die Rakete‹. Rod lernte gerade fliegen. Er konnte sich in den Wind lehnen, mit den Flügeln schlagen und sich einigermaßen aufschwingen. Eine Weile flog er auch umher, doch wenn er landen wollte, verfehlte er ab und zu völlig das Boot und landete im Wasser. Er musste dann mit dem Schnellboot wieder geholt werden. Ein wirklich kläglicher Anblick, so ein pitschpatschnasser Seeadler! Das mit dem Landen hatte er irgendwann heraus, und wir gaben ihn schließlich an den Vogelpark in Singapur.

Der Bär hieß Jo Jo und war wirklich drollig. Die Taucher nahmen ihn an der Tatze zum Duschen mit und liefen mit ihm wie mit einem Baby spazieren. Alle waren vernarrt in ihn. Besonders Kamal. Das Problem ist nur, dass Haustiere vom Arbeiten ablenken. Und Bergungsplattformen sind nun mal kein geeigneter Aufenthaltsort für Bären. Wenn einem Tier irgendetwas passiert, leidet jeder, auch die Arbeit – und passiert ist schnell etwas. Jo Jo kaute gerne auf irgendwelchen Sachen herum. Eines Tages kaute er an einer Rettungsboje, schluckte ein Stück Styrolschaum und erstickte daran. Die Crew war untröstlich. Besonders Kamal.

Ich will nicht sagen, dass der Bär etwas mit dem zu tun hatte, was sich später ereignete. Obwohl die Crew dazu neigte, alle unglücklichen Fügungen im Zusammenhang zu sehen. Meinen Fuß mit eingeschlossen.«

Kamals Tod kam am Ende eines schönen Sonnentages, und die Umstände versetzten Hatcher und seiner Bergungsmannschaft verständlicherweise einen totalen Schock. Die Taucher hatten ihre Arbeit beendet und waren auch in der Dekompressionskammer gewesen. Erst in zwölf Stunden würden sie wieder ins Wasser gehen können, das eine Tiefe von 52 Metern hatte. Kamal war in Bereitschaft, hatte seinen Taucheranzug und Bleigurt an, aber keine Maske oder Flossen.

Der Airlift arbeitete noch. Er war ziemlich groß, und die Luftblasen, die aus 52 Metern Tiefe heraufsprudelten, verwandelten die Oberfläche in einen zischenden Pool von etwa fünf Metern Ausmaß voller Blasen.

»Kamal lachte, tollte herum«, erinnert sich Hatcher. »Plötzlich sagte er: ›Ich nehme mal ein Blubberbad‹, und bevor ihn irgendjemand zurückhalten konnte, sprang er mitten hinein in die Blasen des Pools.«

Er verschwand. Eine Minute verging. Zwei Minuten. Die Taucher suchten mit zunehmender Sorge nach einem Kopf im Wasser hinter der Plattform.

Doch es erschien kein Kopf.

Nach drei Minuten herrschte allgemeine Bestürzung. Immer

noch kein Kopf. Die Taucher begannen, die Ausrüstung wieder hervorzukramen, die für diesen Tag schon verstaut gewesen war. Der Kompressor, der von oben die Kirby-Ausrüstung versorgte, war schon abgeschaltet. Niemand war auf einen solch unerwarteten Notfall vorbereitet.

Bis man Hatcher herbeirief, war Kamal bereits zehn Minuten verschwunden. Jeder der Taucher wollte zurück ins Wasser, ungeachtet der Tatsache, dass sie mit einem Wiederholungstauchgang so gut wie sicher die *bends*, die Dekompressionskrankheit, bekommen würden. Hatcher musste sie mit aller Gewalt daran hindern, sie gar anschreien. Kamal war tot.

Sie beruhigten sich schließlich etwas und sahen ein, dass sie mit der Suche nach Kamal weitere Leben riskieren würden. Dieser Tod, aus Übermut, erschütterte jeden zutiefst.

»Kamal machte gerne Blödsinn«, sagt Hatcher. »Doch er war ein solch lieber und netter Kerl, dass ihm das keiner übel nehmen konnte. Und dass ihn genau das nun das Leben kostete, machte seinen Tod umso tragischer.«

Beim ersten Tageslicht gingen zwei Taucher runter, um den Leichnam zu suchen. Einer von ihnen war Hashim, Hatchers erster Taucher. Hatcher machte ihm unmissverständlich klar, dass seine totale Grundzeit fünfzehn Minuten betrage und keine Sekunde länger. Hashim erzählte, er habe geträumt, dass Kamal zu ihm gekommen sei und ihm gesagt habe, wo er läge. »Ich will, dass du kommst und mich holst«, hätte er gesagt.

»Sie fanden ihn sofort und brachten ihn stufenweise mit den nötigen Sicherheitsstopps nach oben«, sagte Hatcher. »Als sie mit ihm auftauchten, bot sich ein schreckliches Bild. Die Taucher weinten. Mickey Heuston, der Australier, wollte zu ihm und den toten Körper umarmen. Ich schrie ihn an, zurückzubleiben, denn Kamal war Moslem. ›Du bist unrein. Du kannst ihn nicht berühren!‹«

Sie deckten die Leiche mit einem Tuch zu, und alle Taucher defilierten vorbei, um ihm die letzte Ehre zu erweisen. Dann brachten sie Hashim schleunigst in die Dekompressionskammer. Die Muslime wuschen Kamals Körper, wie es Tradition war. Seine Religion bestimmte, dass die Trauerfeier noch am selben Tag stattfinden müsse. Er wurde nach Samarung gebracht, eine Stadt in Zentral-Java, und Mike Hatcher, Hashim und zwei weitere Männer gingen an Land, um der Trauerfeier in der Moschee beizuwohnen.

»Nur vier von uns waren in der Lage, an Land zu gehen«, erinnert sich Hatcher. »Mir war nicht wohl, da ich mir eine sehr einsame Bestattung vorstellte. Doch von überall her kamen Einheimische. Wie sie von dem Unglück erfahren hatten, war mir ein Rätsel, aber es müssen um die dreihundert bis vierhundert Leute gewesen sein, Frauen und Kinder in weißen Trauerschleiern. Es war eines der bewegendsten und schönsten Erlebnisse, die ich je hatte. Nach der Trauerfeier wurde Kamal mit all den üblichen Salben, Ölen und Gewürzen einbalsamiert. Anschließend brachte man seine Leiche nach Singapur, damit ihn seine Familie bestatten konnte. Hashim und ich gingen der Form halber zu seinem Vater, um den Tod seines Sohnes zu entschuldigen – falls man sich überhaupt bei einem Vater für eine Tragödie diesen Ausmaßes ausreichend entschuldigen kann.

Der Vater war sehr würdevoll, sehr ernst, sehr korrekt.

›Ihr braucht euch nicht die Schuld zu geben‹, sagte er und hob wie zu unserer Lossprechung die Hände. ›Mein Sohn ist jetzt im Paradies. Was ihm zugestoßen ist, war der Wille Allahs.‹«

Kurze Zeit später erfuhr Hatcher, dass Kamal vor dem Ramadan-Fest seine Eltern von Java aus angerufen hatte, um ihnen zu sagen, dass ihm »sein früherer Ungehorsam« leid täte. Kamal hatte erzählt, dass er mit sich ins Reine kommen wolle. Vielleicht hatte er seinen Tod ja vorausgeahnt.

Kamals Tod hinterließ bei Mike Hatcher eine tiefe, emotionale Narbe. Er ging ihm viel näher als den anderen, da der Bursche zu seiner persönlichen »Taucherfamilie« gehörte und er seine glänzende Karriere von Anfang an mitverfolgt hatte. Und obwohl er nichts hätte tun können, um Kamals Tod zu verhindern, spürte er eine quälende Verantwortung für die Umstände, die dazu führten.

»Nachts fragte ich mich Hunderte von Malen, was ich hätte tun können, um es zu verhindern, und jedes Mal kam ich zur selben Antwort. Nichts. Aber das nahm mir nicht die Frage. Ich schätze, die wird immer bleiben.«

Was aber war Kamal passiert?

Das weiß keiner zu sagen. Doch jeder, der schon einmal in einem Brecher in der Brandung baden ging, weiß, dass man in Luftblasen nicht schwimmen kann. Mit Luft durchsetztes Wasser hat kein Tragvermögen. Das »Blubberbad«, in das Kamal sprang, war womöglich gleichbedeutend mit einem Sprung in ein tiefes Loch im Meer, und er »fiel« wahrscheinlich weit tiefer und weit schneller nach unten, als er das hätte vorhersehen können. Der Airlift, die Quelle der Luftblasen, befand sich 52 Meter unter ihm. Er hatte in seinem Leichtsinn eine ganze Reihe von Grundregeln missachtet – hatte keine Flossen und trug einen Bleigurt.

Vielleicht zog der Bleigurt ihn hinunter bis zu einem Punkt, wo er merkte, was los war, und er ihn noch abwarf. Zu spät, vielleicht. Ohne Flossen war er viel zu tief unten, um zurück an die Oberfläche zu gelangen. Möglicherweise hat er auch verzweifelt versucht, nach oben zu kommen, war unter die Leiter oder die Plattform geraten, mit dem Kopf dagegen geschlagen und bewusstlos geworden. Auf der Stirn hatte er jedenfalls eine Strieme, als man ihn fand.

Die Tragödie macht deutlich, wie leicht ein Tauchunfall passieren kann, selbst einem guten Schwimmer und Profitaucher wie Kamal.

»Der Wille Allahs« – sagte seine Vater.

7

Das Rattenschiff und die Flüchtlinge

Mike Hatchers weltweiter Ruhm rührt weniger vom Heben der Wracks aus der Neuzeit als vielmehr von der Bergung jahrhundertealter Ladungen. Er barg die Fracht einer chinesischen Dschunke aus dem Jahre 1680 sowie die des 1752 gesunkenen holländischen Ostindienfahrers *Geldermalsen* … und er erregte Aufsehen mit einem Kanonenboot-Zwischenfall im Golf von Thailand.

Die Welt liebt Schatzsuchergeschichten, vorzugsweise wenn dabei Gold und Waffen im Spiel sind. Die chinesische Dschunke wie auch der Ostindienfahrer hatten feines Porzellan geladen, Letzterer sogar Gold. Bei der Bergung des alten Wracks im Golf von Thailand waren es die Waffen der Königliche Thai-Marine, die Hatcher um die gesamte Ladung brachten.

Hatcher erwarb seine Reichtümer nicht über Nacht. Er fing klein an mit eher bescheidenen Bergungsaktionen, und erst ganz allmählich ging es bergauf. Lohn und Ansehen erwarb er sich mit dem Heben von U-Booten und Zinnladungen, allgemeinen Bergungsarbeiten auf modernen Schiffen und Auftragsarbeiten für Ölgesellschaften. Hatcher machte für sich und sein Team Reklame mit seinem Schiff *Seeker I*, das für jeden Einsatz zur Verfügung stünde, der ausführbar und legal war. Und er hob hervor, auch Arbeiten anzunehmen, für die andere sich nicht die Finger schmutzig machen würden, da sie ihnen zu schwierig oder zu unbequem waren. Hatcher aber liebte diese Herausforderung geradezu.

Mit der Zeit wurde die *Seeker I* – die auch zu ihren besten Zeiten nie eine Schönheit war und den eher anspruchsvollen Max de Rham so manches Mal zur Verzweiflung brachte – als das »Rattenschiff« bekannt. Dieser wenig schmeichelhafte Name wurde dem Schiff von Fergus Hinds verliehen, einem Ex-Offizier der Königlichen Marine, der im Fernen Osten für das bekannte britische Unternehmen Risdon Beasley arbeitete. Der Name schien zu dem Schiff zu passen und wurde einmal mehr bestätigt, als ein Crew-Mitglied während des Steuerns von einem dieser Nager in den Zeh gebissen wurde!

Zwischen Fergus und Hatcher lagen Welten, und unter normalen Umständen wären sie höchstwahrscheinlich nie Geschäftspartner geworden. Was sie letztendlich zusammenbrachte, war die Aussicht auf Gewinn, und Hatcher konnte sein tief sitzendes Misstrauen gegenüber altgedienten Armeeangehörigen damit etwas überwinden. (Dass er damals mit Kapitänleutnant Bennington über Kreuz gekommen war, wurmte ihn immer noch.) Auf jeden Fall beschloss er, den weisen Ratschlag alter Yachtfahrer zu ignorieren: »Es gibt drei Dinge, die man nie mit an Bord des eigenen Schiffes nehmen sollte – Schubkarre, Regenschirm und einen Offizier der Königlichen Marine.«

Risdon Beasley hatte den Betrieb im Fernen Osten eingestellt. Doch Fergus blieb weiter im Geschäft. Er kannte die Positionen einiger zinnbeladener Wracks, an denen das Unternehmen bereits gearbeitet hatte, die aber nicht »vollständig ausgeschlachtet« worden waren – wie er es ausdrückte. Und dieses Wissen, so dachte er, war doch bestimmt ein paar Heller wert. In seinem Buch *Riches from Wrecks* berichtet er unverhohlen, dass er zuerst fast sämtliche etablierten Unternehmen abklapperte, bevor er sich schließlich an Mike Hatcher wandte. Diejenigen, die über das nötige Kapital und die Mittel für eine solches Unterfangen verfügten, waren oft nicht sonderlich geneigt, sich auf ein in ihren Augen riskantes Abenteuer einzulassen. Und diejenigen, die Interesse daran hatten, waren nicht entsprechend ausgerüstet oder verfügten nicht über ausreichende Mittel. Am Ende blieb also nur Mike Hatcher. Eine glückliche Wahl, wie sich herausstellte.

»Fest steht, dass von allen, die sich im Fernen Osten in diesem Gewerbe ,dem Bergungsgeschäft, zu etablieren versuchten, einzig Hatcher etwas erreicht hat«, schreibt Fergus Hinds. »Er hat sich gegen alle Konkurrenz behauptet, angefangen bei einer Schar von Freunden, die mit ein paar Groschen anfingen, bis hin zu den weltweit führenden Bergungsunternehmen. Keiner außer ihm hat irgendetwas vorzuweisen. Seinen Erfolg verdankt er weder ererbtem Kapital noch seiner Erziehung oder Beziehungen und Privilegien. Er hatte im Leben wohl mehr zu kämpfen als die meisten von uns und das mag seine beharrliche Ausdauer im Kampf um seine eigenen Interessen erklären.

Mike hat eine Art zu reden, bei der man nie so richtig weiß, wie man dran ist. Er drückt sich sehr unpräzise aus, und so kann man ihn nie ganz festnageln, ein großer Vorzug in einem Geschäft, wo Vertraulichkeit alles ist. Wer schon einmal ein Geschäftsessen ausgerichtet hat, Gesellschaften gegeben oder mit Kunden bis drei Uhr morgens einen getrunken hat, weiß, dass ohne zu reden gar nichts geht und dass es unmöglich ist zu reden, ohne etwas zu sagen. Doch Mikes Worte scheinen so wirr, so unlogisch und ungenau, dass man sich kaum etwas zusammenreimen kann und sich mitunter sogar fragt, ob er überhaupt noch selber weiß, wovon er da spricht. Und er weiß es.«

Finanziell gesehen entwickelte sich zwischen Fergus Hinds und Michael Hatcher eine mehr als befriedigende Geschäftsbeziehung. Ein erstes Zielobjekt war ein japanischer Frachter namens *Taigyo Maru*. Er war einer von vielen, die in den späten Phasen des Zweiten Weltkrieges im Südchinesischen Meer von den Alliierten torpediert worden waren. Risdon Beasley hatte bereits Einzelheiten ihres Verlustes erforscht und mit ihrem eigenen Schiff *Ashford* eine erste Bergung der Fracht unternommen. Aus der Frachtliste ging hervor, dass das Schiff mit 217 Tonnen Zinn beladen war. Risdon Beasley barg jedoch die doppelte Menge aus den Laderäumen und zog hochzufrieden ab.

Nachdem nun Risdon Beasley den Betrieb in Fernost eingestellt hatte, gab Hinds die Informationen und die Position des

Wracks gegen Gewinnbeteiligung an Hatcher weiter und blieb eigens bei den Operationen dabei, um seine Interessen gewahrt zu wissen. Fergus glaubte, dass sich noch um die 50 bis 70 Tonnen Zinn im Wrack befunden haben müssten, als der Monsun damals der Bergungssaison ein Ende setzte. Bei 43 000 US-Dollar je Tonne waren 50 Tonnen allemal eine Bergung wert.

Doch dann erlebten die Schatztaucher eine freudige Überraschung. Sie fanden in dem gesunkenen Schiff einen noch unberührten Laderaum, den Beasleys Leute offenbar übersehen hatten, und entdeckten nicht 50 oder 70 Tonnen Zinn, sondern ganze 600 Tonnen in Barren im Wert von 10 Millionen US-Dollar. Am Ende der Bergungsaktion ging ein strahlendes Lächeln über Fergus' Gesicht. Diese Operation öffnete ihm die Augen. Risdon Beasley hatte für gewöhnlich viel größere und aufwändigere Unternehmungen mit ozeantauglichen Schiffen durchgeführt und vermeintlich professioneller gearbeitet. Doch größer ist nicht unbedingt besser – auch mit einer primitiven Ausrüstung kann man bisweilen Erfolg haben, besonders wenn sie von einem ausgepichten Unternehmer wie Hatcher eingesetzt wird, der sein Unternehmen mit ein paar Groschen betrieb.

In einem Brief an seine Kinder beschreibt Fergus Hinds seine ersten Eindrücke bei der Bergungsaktion der *Taigyo Maru* folgendermaßen:

»Das technische Gerät auf dem Schiff (*Seeker I*) ist gerade noch angemessen, manche Dinge können wir überhaupt nicht machen, andere so halbwegs, aber nichts geht mühelos, alles ist eine einzige Schinderei. Überall auf dem Schiff gibt es Kakerlaken, manche so groß wie junge Katzen. Tags laufen an der Decke über meiner Koje Ratten umher, nachts nagen sie unter meiner Koje an den Vorräten. Zwei haben wir schon erwischt, aber längst nicht alle. Wenn es regnet, wird meine Koje nass. Das frische Gemüse, das für eine zwanzigtägige Fahrt reichen sollte, war schon am fünften Tag weg. Danach gab es Karotten aus der Dose, Blumenkohl aus der Dose (schreckliches Zeug) und danach angegammelten, gefrorenen Rosenkohl. Die Orangen waren nach etwa zehn Tagen faulig. Vitamintabletten haben wir dabei, damit wir allen möglichen Mangelerscheinungen vorbeugen können.

Das Trinkwasser ist sehr knapp. Zum Waschen nehmen wir das Salzwasser des Maschinenkühlsystems, das in einem dreckigen Schlauch über Deck in Plastikeimer läuft. Oder kaltes Meerwasser, das wir über die Schiffsseite in einem Eimer heraufholen, wenn wir gerade nicht fahren. Nach so einer Körperpflege hat man massenweise Seife an sich, die im Salzwasser nur so schäumt, und nur etwa einen Liter Süßwasser aus der Dusche, um es abzuspülen. Der Gang auf den Lokus ist eine Strafe. Aus der Dusche tröpfelt es dir von oben auf den Kopf, während du sitzt, und du musst gleichzeitig die Tür zuhalten. Sobald sich das Boot nur geringfügig bewegt, drückt es Luft aus dem Abfluss hoch und bespritzt dich so alle fünf Sekunden mit Meerwasser oder dem, was vor deiner Sitzung gerade runter ging. Gespült wird mit Wasser (aber nur, wenn der Motor gerade nicht läuft), das man zuvor in Eimern über die Seite hochgezogen hat. Dafür nimmt man den Badeeimer, der auch als dhobi-(Wäsche-)Eimer benutzt wird und als Behälter, in dem rohes Fleisch und Gemüse aus der Tiefkühltruhe zum Auftauen ins Meerwasser gehängt wird – wie man sieht, ein ziemlich wichtiger Eimer (in einem scheußlichen Korsett-Rosa). Und deshalb wird er, wenn er einen Riss hat, von innen und außen mit festem Klebeband geflickt – was alles andere als hygienisch ist.«

Das Leben auf dem »Rattenschiff«.

Wegen der ungewöhnlichen Bauart der *Seeker I* war Fergus an Bord immer besonders nervös – ein Skelett aus Stahl verstärkte das Gestänge und das feinmaschige Drahtgeflecht, das auf beiden Seiten mit Beton verkleistert war. Fuhr man beim Anlegen gegen die Mole oder stieß an ein anderes Boot an, kam es vor, dass der Betonmantel aufsprang. Während sich die Risse im Beton mit einem weiteren Sack Zement schnell wieder beheben ließen, zog das eindringende Meerwasser, das bis in das innere Stützmaterial lief, weit schlimmere Folgen nach sich. Rost griff Gestänge und Draht an, was von außen kaum sichtbar war, da die äußere Betonkruste das Ausmaß des Schadens verbarg. Würde der Rumpf eines Tages in einer Wolke aus Betonstaub und Rostflocken einstürzen? Ganz sicher konnte man sich da nicht sein.

»Einmal steuerte ich das Boot selbst, das bis auf ein Fuß unter Freibord mit Zinnbarren im Wert von 600 000 Dollar beladen war, 300 Meilen durch das Südchinesische Meer«, erinnerte sich Fergus Hinds. »Mit jedem Meter hielt ich ganz bewusst Ausschau nach der nächstgelegenen Zuflucht, für den Fall, dass der leichteste Windstoß die spiegelglatte Wasseroberfläche, in die wir ausgelaufen waren, aufwühlen würde. Vernünftig war das nicht gerade. Doch die Fracht brachte das erste Einkommen nach einer langen Saison, und die finanzielle Lage drückte!«

Und die Ratten?

Einmal lag die *Seeker I* für fast drei Wochen vertäut hinter einem anderen Schiff. Kein Mensch und keine Nahrungsmittel an Bord. Und so hoffte die Crew, dass die letzte Ratte den Hungertod sterben oder verdursten würde. Ach woher! … sie fraß Fergus' Waschlappen, ein paar seiner Schuhe und sogar die Sonnencreme. Die Ratte war wahrscheinlich noch an Bord (»als lebendes Inventar«, wie Fergus sagte), als die *Seeker I* schließlich verkauft wurde.

Das nagende Äquivalent zum Fliegenden Holländer.

Es gab noch andere Seiten der Hatcherschen Arbeitsweise, die Hinds mit einem leisen Lachen beschreibt. Neben der üblichen Bergungsplattform, die über dem Wrack als Ankerplatz und Operationsbasis der Taucher positioniert war, gab es ein weiteres Schiff namens *Sea Runner*, dessen einzige Aufgabe es war, die Plattform ins Schlepptau zu nehmen, wenn sie bewegt werden musste. Auf den Philippinen gebaut, hätte es eine Inspektion in einem anderen Hafen nie und nimmer bestanden.

»Dieses Schiff hatte eine einzige Ankerkette mit nur ungefähr zehn Gliedern, der Rest bestand aus einer sieben Faden langen Lotleine«, erinnert sich Fergus. »Der Anker fand selbst in den Straßen vor Singapur keinen Halt! Wenn sie gerade nicht gebraucht wurde, lag die *Sea Runner* fest vertäut an einer Boje. Um die Crew am Ausbüxsen zu hindern, wurde sie nie mit mehr Treibstoff als für fünfzig Meilen betankt. Von ihrer Position im Südchinesischen Meer aus konnte sie so nie und nimmer in Gewässer gelangen, wo ihr Anker auch nur annähernd den Boden berühren, geschweige denn das Schiff hätte halten können!«

Die Bergung der *Taigyo Maru* war am Ende ein Erfolg, sowohl für Hatcher als auch für Fergus Hinds. Auch ein Quäntchen Glück war dabei, aber sie hatten die ganze Saison über auch eifrig gesucht. Hatchers unerhörtes Glück hatte ihn schon so manches Mal gerettet, oftmals fünf vor zwölf, als Unternehmungen, die zu scheitern schienen, sich doch noch im letzten Moment in wahre Goldgruben verwandelten. Doch trotz des Glücks, das mal mit ihm und mal gegen ihn war, letztlich spielten seine Beharrlichkeit und sein Selbstvertrauen die entscheidende Rolle.

Auf den Gewässern vor der vietnamesischen und der malaiischen Küste, die beide vom Südchinesischen Meer umspült werden, spielten sich in den späten siebziger und achtziger Jahren nach dem Fall Saigons wahre Tragödien ab. Rund eine Million Menschen versuchten vor dem neuen Regime aus dem Land zu fliehen, erkauften sich die Überfahrt in klapprigen Fischerbooten, die kaum seetauglich waren. Da es in Vietnam keine Seekarten gab, navigierten viele in ihrer Verzweiflung anhand von Schulatlanten über das Meer und erreichten Australien. Schätzungen zufolge sind dabei die Hälfte aller *boat people* umgekommen. Eine genaue Zahl wird es nie geben, da die Fahrten heimlich und (was das vietnamesische Regime anbelangt) auch illegal waren.

Nach Angaben des australischen Außenministeriums flohen in den zwei Jahren vor 1987 insgesamt 46 000 *boat people* vorwiegend chinesischer Abstammung, die in einem chinafeindlichen Vietnam diskriminiert wurden. Für 1987 wurden weitere 23 000 Flüchtlinge erwartet. Seit 1975 hat Australien mehr als 100 000 Flüchtlinge aufgenommen. 7000 Menschen, so die Statistik, kamen alljährlich in Pulau Bidong in Malaysia an. Sie alle hatten Glück.

Man geht davon aus, dass trotz des unglaublichen Exodus ganze 500.000 Menschen in dieser Katastrophe, die eine der größten war, die sich je auf dem Meer abgespielt haben, den Tod fanden. Das lag ursächlich vor allem am seeuntüchtigen Zustand der Boote, in denen die Flüchtlinge aufs Meer hinausfuhren. Zudem mangelte es an entsprechenden Nahrungs- und Wasservorräten. Doch nicht wenige der *boat people* fielen den Thai-Piraten zum Opfer, die auf der Flüchtlingsroute südlich der malaiischen Gewässer auf Beutezug gingen. Die Thai-Piraten wären unter normalen Umständen eigentlich ganz gewöhnliche Fischer gewesen, doch in der ungewöhnlichen Situation des Massenexodus wurden sie zu raubgierigen Ungeheuern, die in den Wasserstraßen mit ihren hochmotorisierten Booten wie hungrige Haie auf Beute lauerten.

Viele der Flüchtlinge hatten Wertsachen bei sich, Gold, Silber und Schmuck, um damit irgendwo ein neues Leben anzufangen. Doch die Piraten klauten, was sie in die Finger bekamen, folterten ihre Opfer auch oder drohten gar, deren Kinder zu töten, damit die Flüchtlinge ihre versteckten Wertsachen preisgaben. Den Frauen zogen sie die Ringe von den Fingern, und ging das nicht auf Anhieb, schnitten sie kurzerhand den Finger ab.

Viele der Frauen und Mädchen, darunter auch erst zehn- oder elfjährige, wurden vergewaltigt. Die attraktiveren jungen Frauen verschleppten die Piraten auf Inseln, damit sie ihnen als Sexsklavinnen dienten oder um sie als Prostituierte an vorbeifahrende Fischer weiterzuverschachern. Stießen die Piraten beim Entern der Flüchtlingsboote auf den geringsten Widerstand, töteten sie die Männer oder warfen sie über Bord. Zuweilen versenkten sie die Boote einfach, nach dem Motto: »Tote reden nicht mehr.«

Die Gräueltaten gingen durch die Weltpresse, doch die meisten der benachbarten Länder weigerten sich, sich mit der Situation auseinander zu setzen oder etwas dagegen zu tun. Für die Vietnamesen waren die Flüchtlinge bestenfalls Drückeberger, die sich der Verantwortung des Wiederaufbaus eines kriegszerstörten Landes entzogen, schlimmstenfalls Verräter. Die Thai-Regierung ließ die *boat people* gar nicht erst an Land, und die Piraten waren ihnen als praktisches, selbstregulierendes Abschreckungsmittel gerade recht. Die malaysische Regierung gestattete einigen Verzweifelten zwar, an Land zu gehen, doch verwehrte sie ihnen jegliche Unterstützung, hielt sie vielmehr in Flüchtlingslagern gefangen, während man für sie um Aufnahme in reichere Drittländer wie die Vereinigten Staaten, Großbritannien, Kanada und Australien nachsuchte.

Praktische Hilfe für die *boat people* kam größtenteils von privater Seite – von Ölgesellschaften, Ortungsbooten und Bergungsunternehmen, die damals zufällig vor Ort tätig waren. Für sie war es eine ganz natürliche, humanitäre Sache, den Flüchtlingen in ihren oft klapprigen oder sinkenden Booten zu helfen. Nicht selten aber handelten sich die barmherzigen Samariter mit ihrer großzügigen Nächstenliebe ganz schöne Probleme ein.

Die *boat people* wussten, dass sie mit ihren jämmerlichen Booten wohl kaum die Flussmündung erreichen würden, geschweige denn sich damit auf das offene Meer wagen konnten. Kamen sie also an einer Ölbohrplattform oder einem anderen Schiff vorbei, sprangen sie spontan auf die Plattform oder das seetüchtigere Schiff auf und übergaben sich somit in die Verantwortung des Kapitäns und der Besatzung. Manchmal versenkten sie ihre Kähne auch absichtlich, damit das herannahende Schiff verpflichtet war, sie zu retten und aufzunehmen. Da die Behörden der meisten Nachbarländer sich weigerten, *boat people* aufzunehmen, blieben die unfreiwilligen Gastgeber oft für unbestimmte Zeit auf ihrer ungewollten Fracht sitzen.

Die Betreiber dieser Arbeitsschiffe in jenem Seegebiet zeigten tiefes Mitgefühl für die *boat people*, doch die meisten hatten auch einen Arbeitsvertrag zu erfüllen. Sie konnten sich nicht einfach frei nehmen, um ungewollte Passagiere über lange Strecken nach Singapur oder in andere Hafenstädte überzusetzen. Nicht selten war ein Flüchtlingsboot mit 30 bis zu 300 Menschen besetzt, und Arbeitsschiffe waren für diese Massen an Bord einfach nicht ausgestattet. Sie konnten es sich auch nicht leisten, tage- oder wochenlang in einem Hafen festzumachen, während sich die Behörden um das weitere Schicksal der erbärmlichen menschlichen Fracht stritten.

Alles in allem eine recht unglückselige Situation.

Auch Risdon Beasley, die ehemalige Firma von Fergus Hinds, machten diesbezüglich leidvolle Erfahrungen. »In der Region wimmelte es nur so von Thai-Piraten, die gnadenlos Jagd machten auf sämtliche Flüchtlinge, die sie kriegen konnten«, berichtet Fergus in *Riches from Wrecks*. »Unzählige Male fuhren Flüchtlingsboote Bord an Bord mit dem Bergungsschiff *Ashford* und suchten Schutz vor den Piraten in der Nacht, der ihnen kaum verweigert werden konnte. Einmal nahmen wir 39 Menschen auf, vorübergehend, wie wir eigentlich dachten. Wir nahmen ihr Boot ins Schlepptau, doch da das Wetter schlecht und das Boot in einem miserablen Zustand war, fand sich am nächsten Morgen nur noch eine Schiffsplanke, die hinter der *Ashford* hertreidelte. Aus den Besuchern waren Bewohner geworden.«

Die *Ashford* war verpflichtet, die *boat people* nach Singapur mitzunehmen. Dort aber ließ man sie nicht an Land, bevor das britische Hochkommissariat garantiert hatte, dass das Vereinigte Königreich sie aufnehmen würde. Die *Ashford* lag drei Wochen im Hafen fest und musste die zusätzlichen Passagiere verköstigen und versorgen.

Insbesondere die Ölgesellschaften mit Bohrplattformen und Bohrtürmen an der Ostküste Malayas waren vor den Flüchtlingen nicht sicher, denn die Flammen aus den Bohrtürmen waren noch in 50 Meilen Entfernung zu sehen und daher eine gute Navigationshilfe. »Sobald man die Flamme eines Bohrturms sieht, ist man so gut wie sicher«, sagten sie sich. Die Versuchung, aus dem eigenen unsicheren Boot auf eine Ölbohrinsel oder ein anderes Boot aufzuspringen, war demnach ungeheuer groß. Doch mit Unmassen von Menschen an Bord ließ es sich auf einer Bohranlage natürlich unmöglich arbeiten.

Also betrieben manche der Ölgesellschaften eine Kompromisspolitik. Die Bohranlagen wurden verpflichtet, Rettungsboote in Bereitschaft zu halten. Auch Mike Hatchers *Seeker I* und später die *Restless M* wurden zusätzlich zur eigentlichen Bergungsarbeit für diese Zwecke gechartert. Sobald ein Flüchtlingsboot gesichtet war, wurde ein Rettungsboot mit Nahrung und Wasser nach ihm ausgeschickt, um es dann zu einer der Bohranlage benachbarten Bojen zu dirigieren. Dort wurde es vertäut und war vor Piraten erst einmal sicher.

»Wir warteten, bis wir eine ganze Reihe von Booten beisammen hatten und banden sie wieder los«, erinnert sich Hatcher. »Dann schleppten wir oder die malaysische Marine sie in Schutzgewässer, von wo aus es weiter ging zu einem zuvor abgesprochenen Sammelpunkt.«

Hatcher erlebte in dieser Zeit eine ganze Reihe von Zwischenfällen, mitunter sehr dramatische. »Einmal führten wir für eine Wracksuche Vermessungen durch und lagen in einiger Entfernung von der Küste nahe einem Felsen vor Anker. Ich hatte vor, dort am nächsten Morgen nach Wracks zu suchen. Der Fels hieß Ko Hosin und befand sich rund sechzig Kilometer vor der Küste Malaysias. Er hatte zwar einen Leuchtturm, aber kein Licht. Als ich am Morgen aufstand und hinüber zum Fels sah, traute ich meinen Augen nicht. Auf dem Felsen wimmelte es nur so von Menschen, die uns alle zuwinkten.«

Während der Nacht hatte ein Boot, das mit Dutzenden von Flüchtlingen an Bord von Vietnam aus in Richtung Süden steuerte, die Lichter der vor Anker treibenden *Restless M* gesichtet. Doch als es geradewegs darauf zusteuerte, übersah es den unbeleuchteten Felsen, fuhr dagegen, zerschellte und sank.

Phil Vidal, ein Crew-Mitglied Hatchers, beschreibt die anschließende Rettungsaktion sehr anschaulich: »Der Fels war knapp acht Meter breit, ragte nur rund zwei Meter aus dem Wasser und Wellen klatschten dagegen. Zuerst schipperten wir Brot und Kondensmilch zu den Schiffbrüchigen. Mike Hatcher schwamm hinüber und nahm im Tauchanzug Nahrungsmittel mit. Männer, Frauen und Kinder froren entsetzlich und waren in einem wahrlich bemitleidenswerten Zustand. Wir versicherten ihnen, sie würden bestimmt gerettet werden, und kehrten zur *Restless M* zurück, um die Lage zu besprechen.

Wir brauchten einen Rat, wie wir ihnen am besten helfen konnten. Die politischen Aspekte einer Wiederansiedlung der Flüchtlinge waren sehr kompliziert. Eine falsche Entscheidung konnte die Chancen auf eine Wiederansiedlung zunichte machen oder verzögern. Wir selbst konnten unter Quarantäne gestellt oder gar des Hafens verwiesen werden. Und außerdem hatten wir Geschichten gehört, wonach die *boat people* einfach wieder zurück hinaus aufs Meer geschickt wurden. Aber wohin sollten wir sie mitnehmen? Nach Thailand, Singapur oder Malaysia?

Jeden Morgen konnten wir per Funk ›Rowdy's Net‹ empfangen, einen Rundfunksender für ganz Südostasien. Als die Notlage auf See vermeldet wurde, meldete sich Mike. Er sprach mit Rowdy persönlich sowie mit Chuck in Hongkong, welcher wiederum bei den Botschaften der Vereinigten Staaten und Großbritanniens um Rat fragte, wie die Situation legal zu lösen sei. Da die *Restless M* als britisches Schiff eingetragen war, mussten wir zuerst die Bestätigung eines Hochkommissariats einholen, dass die Flüchtlinge übernommen wurden. An Bord gab es ein Satellitenkommunikationssystem und Mike drückte den ›Seenotfallknopf‹, der uns mit dem Rettungskontrollzentrum in Norwegen verband. Binnen kurzer Zeit hatten wir die Bestätigung, dass wir die von uns aufgenommenen Flüchtlinge in Singapur übergeben könnten.

Mehr brauchten wir gar nicht. Mit Schwimmweste und Seil machten wir uns wieder auf zum Felsen. Mike schwamm hinüber. Um die kleinsten Kinder kümmerten wir uns zuerst. Der

Reihe nach legte Mike ihnen die Weste an. Sie waren kreidebleich im Gesicht, als Mike mit ihnen über die scharfkantigen Muscheln in die schäumende Brandung sprang. Unterdessen manövrierte Hashim das Dinghi, so nahe es ging an den Fels heran, sorgsam darauf bedacht, den rasiermesserscharfen Muscheln auszuweichen, da eine noch so leichte Berührung das Schlauchboot aufschlitzen und es zum Sinken bringen konnte.

Selbst die jüngsten Kinder packten mit eisernem Griff zu, als wir sie in das Dinghi, zogen, und als die zehn Frauen und Kinder an Bord waren, ging es mit Vollgas zurück zur *Restless M.* Dort hatte die Crew mittlerweile einen Platz am Bug eingerichtet, wo sie sich waschen konnten. Mit einer zweiten Fuhre brachten wir die Männer an Bord. Außer ein paar der jungen Burschen konnte keiner von ihnen schwimmen. Für alle war es die erste Körperwäsche seit zehn Tagen, und in der nächsten Stunde floss Seifenwasser und Shampoo in Strömen. Ihre Kleidung flog über Bord und wurde durch T-Shirts, Shorts und Unterwäsche ersetzt, die ihnen die Crew vermachte.

Man konnte förmlich zusehen, wie allmählich wieder Farbe in ihre Gesichter stieg, als sie den heißen Kaffee tranken und ihnen klar wurde, dass sie so gut wie frei und in Sicherheit waren. Hände und Füße waren von den scharfkantigen Felsmuscheln voller Schnittwunden, die versorgt werden mussten. Es war erstaunlich, dass niemand ernsthafte Verletzungen hatte. Zwei der Mädchen jedoch blieben leichenblass, waren offensichtlich sehr krank und dehydriert. Wir legten unsere Matratzen auf den Boden des Gemeinschaftsraumes und machten es ihnen so gut es ging bequem, maßen Fieber, Blutdruck und Puls. Da erst merkten wir, wie nah sie dem Tod waren, und griffen zu medizinischen Notfallmaßnahmen. Es war eine Mordsprozedur, sie zum Trinken zu bewegen, doch zwangen wir sie regelrecht, Glukose und Vitamine aufzunehmen. Achtzehn Stunden lang blieben sie bewusstlos liegen. Der Ehemann der einen saß Tag und Nacht an der Tür und weinte leise vor sich hin, da er sie schon aufgegeben hatte. Das andere Mädchen warf und wälzte sich im Schlaf weinend hin und her. Wir taten, was wir konnten, um das Fieber zu senken.

Anh Kim, ein Mädchen, das etwas Englisch konnte, erzählte uns die ganze Geschichte. Die letzten acht Tage waren sie in einem fort nur gerudert. Vor zehn Tagen waren sie am südlichsten Zipfel Vietnams aufgebrochen und zwei Tage später ging der Motor am Boot kaputt. Das Boot war winzig und am siebten Tag ging die Nahrung aus. Gegen Mitternacht hatten sie dann die Lichter unseres Schiffes gesehen und waren direkt darauf zu gefahren, bis sie auf den Felsen liefen. Wasser drang ein, und das gab dem klapprigen Kahn den Rest. Doch sie hatten extremes Glück, da das Meer relativ ruhig war und Ebbe herrschte, so dass sie ohne große Schwierigkeit auf den Felsen klettern konnten, ehe das Boot vollends unterging.

Wir lichteten den Anker und machten uns auf nach Singapur. Wenig später erhielten wir ein Fernschreiben des Flüchtlingskomitees der Vereinten Nationen, das uns empfahl, Pulau Bidong anzusteuern. Pulau Bidong lag zweihundert Meilen südlich von Ko Losin auf der Malaiischen Halbinsel, und wir gaben Bescheid, dass wir am nächsten Morgen dort eintreffen würden. Es war eine lange Nacht und wir beteten für die Mädchen, während das Schiff vorwärts dampfte. Im Morgengrauen erreichten wir Bidong. Und wie uns das Flüchtlingskomitee der Vereinten Nationen zugesichert hatte, stand auch gleich ein Ärzteteam bereit. Ein malaiisches Fischerboot brachte die Flüchtlinge an Land, wo die Ärzte die beiden Mädchen sofort in ein Krankenhaus einlieferten, um sie umgehend an den Tropf zu hängen. Sie hätten Glück, noch am Leben zu sein, meinten die Ärzte.

Den Beamten der Vereinten Nationen, die die Flüchtlinge in Empfang nahmen, erzählten wir unsere Geschichte und sie versicherten uns, alles in ihrer Macht Stehende zu tun, um ihnen ein menschenwürdiges Dasein in der Gesellschaft zu ermöglichen.«

Wenn die Flüchtlingsboote die Küste Malaysias erreichten, waren sie oft schon zwei bis drei Wochen lang auf dem Meer unterwegs. Nicht selten litten die Insassen Hunger und Durst. Manchmal waren auch Leichen mit an Bord. Auf die Frage, warum sie die Leichen nicht einfach über Bord warfen, kam die immer gleiche Antwort, dass die Toten Verwandte wären und man hoffte, sie an Land begraben zu können. Ohne Waschmöglichkeit und in aller Regel auch ohne Toiletten wurden die überfüllten Boote, die früher als Fischerboote mit fünf bis zehn Mann die Existenz der Fischer sicherten, zum schwimmenden Albtraum für die Flüchtlinge.

»Für gewöhnlich konnte man sie riechen, noch bevor man sie sehen konnte«, erinnert sich Hatcher. »Besonders wenn Leichen an Bord waren.«

Sobald sie die Bojen der Bohranlagen erreicht hatten, wurden die Flüchtlinge nacheinander an Bord der *Seeker I* gebracht, wo man ihnen eine Waschgelegenheit und ein erstes Essen seit Tagen bot. Die Piraten waren so dreist, sie manchmal direkt bis zu den Bohranlagen zu verfolgen, wohl wissend, dass die *Seeker I* und die anderen Boote kaum etwas dagegen tun konnten.

»Einmal hatten wir eine Reihe von Flüchtlingsbooten an der Boje, und in der Ferne erschien schon das Nächste«, erinnert sich Hatcher. »*Seeker I* und andere Rettungsboote fuhren raus, um es aufzulesen, und stellten fest, dass es kurz zuvor von zwei Piratenbooten überfallen worden war. Es bot sich das übliche Bild des Jammers. Die Piraten waren total unverfroren. Eines der Boote fuhr davon, das andere blieb samt Crew, die höhnte und spottete, obszöne Gesten machte und mit ihren Revolvern wild in die Luft schoss. Als wir längsseits an das Flüchtlingsboot herangingen, um den Verletzten zu Hilfe zu kommen, umkreisten uns die Piraten absichtlich so, dass die Boote vom heftigen Wellenschlag aneinandergestoßen wurden.

Das war zu viel für die Crews auf den Rettungsbooten. Die Flüchtlinge trugen oft einfache Waffen, Pistolen, AK 47 und Raketenwerfer bei sich, die aus dem Vietnamkrieg stammten. Normalerweise hießen wir sie, die Waffen über Bord zu werfen, doch es gab immer einige, die sich welche zurückbehielten für den Fall, dass sie sich der Piraten erwehren mussten. An diesem Tag gingen die Piraten eindeutig zu weit. Ein paar Kugeln zischten gefährlich nahe an unseren Jungs vorbei, die den Flüchtlingen zu helfen versuchten. Eines unserer Crew-Mitglieder auf den Rettungsbooten verlor die Geduld. Er schnappte sich einen Raketenwerfer – und wir fragten uns alle, wie effektiv die wohl seien – und zielte damit auf das Piratenboot. Die lachten sich scheckig, glaubten nie und nimmer, dass er tatsächlich den Mumm haben würde, ihn abzuschießen. Irrtum!

BANG!

Die Rakete schoss quer über das Wasser. Dann eine doppelte Explosion, als sie irgendwo hinter dem Heck des Piratenschiffes aufschlug. Eine riesige schwarze Staubwolke voll Schutt stieg in die Luft. Als all die kleinen Fetzen zurück ins Wasser platschten und sich der Rauch verzogen hatte, war nichts mehr zu sehen. Kein Boot, keine Menschen, nur ein dreckiger Fleck auf dem Wasser. Offenbar hatte die Rakete einen Treibstofftank getroffen. Die Flüchtlinge jubelten wie verrückt. Wenigstens einmal war der Sieg auf ihrer Seite. Ich habe seither oft über diesen Zwischenfall nachgedacht. Ich würde ja gerne sagen, dass es mir für die Piraten leid tat und dass ich ein wenig Bedauern für sie empfand. Kann ich aber nicht. Diese Menschen haben verdient, was sie bekamen. Und wenn überhaupt, war so ein Tod immer noch gnädiger als all die Gräueltaten, die sie den armen Flüchtlingen zugedacht hatten.«

Hatcher sinnierte weiter über diesen Vorfall und sagt eine Weile später: »Piraten lassen dir manchmal keine andere Wahl. Reagiert man nicht schnell und effektiv genug, ist man bald selber mausetot. Eine wirklich brenzlige Situation erfordert Mut und schnelles Denken und Handeln. Vielen Europäern widerstrebte es damals, als Erste zu handeln, und einige von ihnen bezahlten dafür einen hohen Preis. Vor Penang wurde einmal eine Yacht geentert. Der Kapitän besaß einen Revolver, die Piraten hingegen waren nur mit Messern und Macheten bewaffnet. Aber er zögerte zu schießen. Sie enterten das Schiff, hackten ihm mit einem Machetenhieb den halben Arm ab, vergewaltigten seine schwangere Frau und stahlen ihm alles, was er hatte. Der Kapitän und seine Frau blieben zwar am Leben, haben sich aber von diesem Erlebnis nie mehr erholt. Es hat ihr Leben zerstört.«

Nicht alle Begegnungen endeten so brutal, viele hatten auch eine komische Seite. Oft fuhren die Piraten in schnellen Außenbord-Motorbooten längsseits an die Tanker oder Handelsschiffe (auch an die *Seeker I*) heran, wobei ein Mann auf dem Vorderdeck einen Enterhaken schwang, den er erst einhängen musste, damit der Rest der Mannschaft aufentern konnte.

Während sie in der Malakka-Straße für eine Ölbohranlage Alarmbereitschaft fuhren, tauchten plötzlich aus dem Nichts Boote auf mit Enterhaken schwingenden Piraten, die sich von achtern her der *Seeker I* immer weiter näherten. Mike Hatchers Schiff war mit einer großen Feuerlöschpumpe ausgestattet, die auch als Bilgenpumpe diente, und als der Wachtposten ihn alarmierte, dass Piraten mit Volldampf herannahten, befahl er, die Pumpe startklar zu machen. Als die Piraten nahe genug waren, attackierte Hatcher sie mit einem Hochdruckstrahl von ein paar tausend Gallonen fettigem Bilgenwasser. Der gewaltige Wasserstrahl blies den Mann samt Enterhaken geradewegs vom Vorderdeck und versenkte beinahe das ganze Boot!

Ein anderes Mal, so erinnert sich Hatcher, hatte die *Seeker I* eine Reihe von Flüchtlingsbooten im Schlepptau, die sie an Land zog. Da die Boote in einem derart miserablen Zustand waren, gestattete Hatcher ein paar Frauen und Kindern, bis kurz vor der Küste auf der *Seeker I* mitzufahren. Da kam ein Mädchen zu Hatcher und erzählte in ganz gutem Englisch (meist sprachen die Flüchtlinge nur Französisch oder Vietnamesisch), dass sich auf seinem Boot ein alter Mann befände, der ihnen alles Geld gestohlen hätte. Er wäre der Organisator der Reise und sie hätten ihm eine vereinbarte Summe bezahlt, doch als es so weit war und sie an Bord gehen wollten, verlangte er einfach noch mehr. Ihr habe er den Verlobungsring geraubt, den anderen Passagieren Geld und Schmuck. Erpressung – schlicht und einfach.

Offiziell konnte Hatcher nicht einschreiten, doch da er an Bord nur Frauen und Kinder duldete, machte er sich auf die Suche und fand den Mann unten im Achterdeck, wo er sich unter einer Plane versteckt hatte und den Beutel mit seinem Diebesgut fest umklammert hielt. Hatcher befahl ihm, sich sofort wieder auf das Flüchtlingsboot zu begeben.

»Ich kann nicht«, antwortete der Mann. »Die werden mich töten.«

»Wenn du hier an Bord bleibst, dann musst du die Ringe und das ganze Zeug, das du dir unter den Nagel gerissen hast, den Leuten wieder zurückgeben«, sagte Hatcher.

»Das war aber so Vertrag«, beharrte er.

»Nein, denn *du* hast deinen Vertrag nicht erfüllt. *Ich* bin es, der diese Leute an Land bringt. Nicht du.«

Er schüttelte eisern den Kopf.

»Also gut!«, sagte Hatcher zu der Crew. »Fahrt drosseln und macht euch bereit, dieses Stück Dreck dorthin zurückzubefördern, wo es hingehört!« Da merkte er, dass es Hatcher ernst war und gab schließlich klein bei, übergab ihm den Beutel, und alles wanderte wieder zurück in die Hände der Besitzer.

Am Ende der Schleppfahrt suchte Hatcher nach dem alten Mann, konnte ihn aber nirgendwo entdecken. Vermutlich hatte er das Ende der Reise nicht mehr erlebt und war das Opfer seiner eigenen Habgier geworden.

Während Mike Hatcher an der Ostküste Malaysias unterwegs war, bat ihn vor Mersing ein Fischer um Hilfe, dessen Schleppnetz sich an irgendeinem Hindernis auf dem Grund verheddert hatte. Die Kosten für einen Taucher konnte er sich aber nicht leisten. In diesem Seegebiet allerdings war es am wahrscheinlichsten, dass es sich bei dem Hindernis, an dem sich das Schleppnetz verfangen hatte, um ein Kriegswrack handelte.

Und so tauchte Hatcher ab und stieß auf ein sehr großes (73 Meter langes) holländisches U-Boot mit einem Loch an der Vorderseite, das so groß war, dass ein Laster durchgepasst hätte. Höchstwahrscheinlich war es bei der Fahrt an der Oberfläche auf eine Mine gestoßen. Auf einer Kiste stand das Wort *DICHT*, und so dachte er zuerst, es handele sich um ein deutsches Unterseeboot.

Wie Forschungen ergaben, waren im Dezember 1941 fünf holländische U-Boote von Surabaya aus in der holländischen Kolonie Indonesien in See gestochen, um sich nach Pearl Harbor britischen Einheiten in Singapur anzuschließen. Ihr Auftrag war es, an der Ostküste von Malaya und im Golf von Siam zu patrouillieren. Nachdem sie vier japanische Frachtschiffe versenkt hatte, währte die Glanzzeit der *O-XV1* nicht mehr lange. Denn als sie am 13. Dezember auf dem Rückweg war, um weitere Torpedos aufzunehmen, wurde sie vermutlich von einer britischen Mine versenkt, wie auch ein weiteres U-Boot, die *K XVII*, die einfach verschwand, ohne dass man je wieder von ihr hörte.

Mike Hatcher erzählte von seinem Fund. Erster Gedanke war, dass es sich um die *O-XV1* handele, deren einziger Überlebender, Steuermannsmaat Cor de Wolf, den Untergang beschrieben hatte. Doch für die *O-XV1* war es die falsche Stelle. Einige Zeit später nahm Hans Besançon, ein früherer Marineoffizier, der heute in Holland im Ruhestand lebt, Kontakt mit Hatcher auf. Der Vater Besançons war Kapitän auf der *K XVII* gewesen, und so interessierte es ihn, ob es sich bei dem gefundenen U-Boot vielleicht um das Schiff seines Vaters handeln könnte. In Holland hatte er alle Aufzeichnungen durchforscht, um herauszufinden, was damals, im Jahr 1941, passiert war. Die beiden unterhielten sich eine Weile, und Hans erwähnte, dass er die finanzielle Unterstützung eines holländischen Magazins, *Panorama*, bekommen könne, um nach Singapur zu reisen und Hatchers Schiff zu chartern. Er wollte wissen, ob sie zusammen eine Forschungsfahrt unternehmen könnten, um die Grabstätte seines Vaters zu untersuchen und genau zu erkunden, was damals tatsächlich geschehen war.

Das Wrack lag nördlich der Tioman-Insel in 45 Metern Tiefe. Die *Seeker I* von Singapur dorthin zu bringen, war kein Problem, doch würden sie ein paar Tage brauchen, dort anzukommen und den Tauchgang abzuschließen. *Panorama* schickte den Reporter Reiner Hopmans und den Fotografen Martin Paternotte zusammen mit Hans Besançon nach Singapur, um sich das gesunkene U-Boot anzusehen.

»Erst seit ein paar Jahren beschäftige ich mich mit dem Tod meines Vaters«, erzählte Besançon dem Reporter Hopmans. »Ich war elf, als es passiert ist. Mein Vater war Offizier bei der Marine, und in meinen Augen war er eine Art Held. Doch wir sprachen in der Familie nie viel darüber. Ich ging später ebenfalls zur Marine und lernte dort ein paar alte Kollegen meines Vaters kennen. Doch keiner sprach je über das Schicksal der *K XVII*. Die alten Männer redeten nicht gerne vom Krieg. Es schmerzte sie, da sie den Krieg überlebt hatten und mein Vater nicht …«

1981 nahm die *Seeker I* Besançon und das *Panorama*-Team an Bord und nahm zunächst Kurs auf die Insel Palau Aur, an deren Ufer Cor de Wolf als einziger Überlebender der *O-XV1* nach 35 Stunden schwimmend erreicht hatte. Seine Geschichte war erstaunlich. De Wolf hatte großes Glück, dass er sich auf der Brücke des Kommandoturmes aufgehalten hatte, als sich die *O-XV1* auf dem Rückweg befand, um Torpedo-Nachschub zu laden. Die Mannschaft war gut gelaunt, nachdem sie gerade vier japanische Frachtschiffe versenkt hatte. Der Pazifik-Krieg war erst fünf Tage alt. De Wolf berichtet:

»Gegen halb zwei in der Nacht gab es eine gewaltige Explosion, einen heftigen Schlag. Vor meinen Augen teilte sich das Boot in zwei Hälften, eine riesige Wassermenge spülte über die Brücke, gefolgt vom Geruch von warmem Dieselöl. Der Kommandant und der Erste Offizier versuchten noch, das Turmluk zuzuschlagen, aber vergebens. Ich hing mittlerweile mit meiner Ölkleidung an der Minenvorrichtung fest, konnte mich aber befreien. Das Boot sank binnen einer Minute, und im nächsten Moment fand ich mich im Wasser wieder. Ich sah mich um, konnte aber in der Dunkelheit nichts erkennen. Ich rief laut, bekam aber keine Antwort. Nach einer Weile sah ich noch andere im Wasser und schwamm auf sie zu. Wir riefen dem Kapitän zu und hörten auch, wie er antwortete, doch konnte er nicht bis zu uns durchkommen; er muss ein ganz schönes Stück von uns entfernt gewesen sein. Danach sah ich ihn nicht wieder.

Wir blieben dicht beisammen und schwammen. Van Tol, ein Matrose, wurde immer schwächer. Alle hatten wir uns unserer Kleidung entledigt, außer van Tol, der einen kurzen Mantel trug und es einfach nicht schaffte, ihn abzustreifen. Ich konnte nicht zusehen und schwamm zurück, um ihm zu helfen, und schaffte es auch. Dann wurde es hell, der Tag brach an und van Tol ging unter. In der Ferne sahen wir ein paar Inseln und das gab uns Hoffnung. Ich ermutigte die anderen weiterzuschwimmen. So gegen acht Uhr morgens ertrank der Nächste, Jeekle. Ich fragte Box und Kruidenhof, ob sie denn durchhalten würden, und sie antworteten nur ›Durst‹. Mittlerweile konnten wir die Bergspitzen schon deutlich erkennen, vielleicht kam ja bald Hilfe. Ein Flugzeug flog über uns hinweg, bemerkte uns aber nicht.

Um neun Uhr ertrank Kruidenhof. Die Zeit weiß ich deshalb, weil meine Uhr erst um zehn stehen blieb. Nun waren nur noch Box und ich da. Wir schwammen weiter und weiter, doch ich merkte, dass uns die Strömung östlich an der Insel vorbei treiben würde, und so schwammen wir gegen die Strömung an, bis wir die Insel direkt vor uns hatten. Wieder näherte sich ein Flugzeug, eine holländische Maschine, aber man sah uns auch diesmal nicht. Wir schwammen und schwammen, den ganzen Tag, und nachdem die Sonne nach siebzehn Stunden unterging, spürten wir einen schrecklichen Durst. Box sagte: ›Ich kann nicht mehr, falls du am Leben bleibst, grüße meine Frau und meine beiden Kinder in aller Liebe von mir.‹ Dann verschwand er in der Tiefe des Meeres.

Am Dienstag um 12 Uhr nach 35 Stunden im Wasser erreichte ich schließlich die Insel. Die Brandung warf mich auf die Felsen, wo ich erst einmal liegen blieb. Ich blutete an den Beinen und am Rücken. Die Sonne brannte mir auf den Leib. Ich musste unbedingt an Trinkwasser kommen – aber wo? Ich fiel immer wieder hin, fünf Stunden lang konnte ich mich nicht auf den Beinen halten, dann erst gelang es mir, hinunter zu einem Felsspalt zu klettern, aus dem Wasser rann. Ich legte mich nieder, trank und schlief ein. Als die Sonne aufging, versuchte ich, um die Insel herum zu gehen, aber sie war voller Felsen und es war nicht einfach. Schließlich und endlich erreichte ich die andere Seite und sah einen Einheimischen in einem kleinen Boot. Ich rief laut. Und er hörte mich.«

Diese Insel, an der de Wolf nach seiner unglaublichen Leistung im Ausdauerschwimmen strandete, ist bis heute unbewohnt. Doch Hatcher gelang es, den Bruder des Mannes ausfindig zu machen, der sich seinerzeit des erschöpften U-Bootmannes angenommen hatte, und machte die Holländer mit ihm bekannt. Die Hütte, in der de Wolf sich mehrere Tage lang erholte, stand noch.

Die *Seeker I* fuhr weiter zu der Wrackfundstelle der *K XVII*. Vielleicht konnte Hans Besançon ja selbst am Wrack tauchen, auch wenn er zuvor noch nie eine Unterwasserausrüstung verwendet hatte. Doch wegen der großen Tiefe von 45 Metern und einer unruhigen Wasseroberfläche traute sich Besançon den Tauchgang nicht zu und lehnte mit großem Bedauern ab. Hatchers Taucher Hash und Zac brachten einen Isolator aus Porzellan von der Funkantenne mit nach oben. Sie erzählten, dass alte Fischernetze, die sich am U-Boot verfangen hatten, das Tauchen am Wrack sehr gefährlich machten. Mike Hatcher tauchte ab und versuchte, den Kompass freizubekommen, was ihm aber nicht gelang. Die Taucher berichteten weiter, dass noch immer der Mündungsverschluss im Kanonenrohr der Bordkanone steckte, was darauf deutet, dass man keine Kampfhandlung erwartet hatte. An Deck des U-Bootes waren alle Lukendeckel offen, was heißt, dass es an der Oberfläche gefahren und sehr schnell gesunken sein muss. Der Bugschaden war so gut wie sicher von einer Mine verursacht worden. Unter ähnlichen Umständen war auch die *O-XV1* in weniger als einer Minute gesunken.

Hatcher gelang es, den so genannten Helm, das bronzene Steuerrad, freizubekommen und überreichte es Besançon. Anhand einer Nummer auf dem Rad wurde das U-Boot später als die *K XVII* identifiziert.

»Ich bin froh«, sagte Hans. »Es ist das Schiff meines Vaters und es ist die Stelle, an der er starb. Für diesen Moment hat sich die lange Reise von Holland bis hierher gelohnt.«

Einige andere Umstände waren weniger zufriedenstellend.

Hans Besançon bedauerte es, keine Unterstützung von Seiten der Regierung zu erhalten, denn für einen relativ geringen finanziellen Mehraufwand hätte man vielleicht auch die Grabstätte der *O-XV1* gefunden sowie noch mehr Informationen über die *K XVII* erhalten. Zudem kam das *Panorama*-Magazin auch nicht, wie ursprünglich vereinbart, für die Kosten auf, obwohl die Expedition Titelgeschichte der November-Ausgabe von 1982 war.

»Abgesehen von diesem etwas bitteren Beigeschmack war ich doch froh, dass ich wenigstens Hans Besançon helfen konnte«, sagt Mike Hatcher. »Das Steuerrad war ein schönes Erinnerungsstück für seine Familie.«

Und wie sich zeigte, fuhr die Expedition an das Meeresgrab der *K XVII* schon bald eigene Gewinne ein.

8

Eine Ladung Porzellan

Michael Hatchers freundliche Bereitschaft, für Hans Besançon das Steuerrad aus dem gesunkenen holländischen U-Boot *K XVII* zu bergen, sollte noch reich belohnt werden, im wörtlichen Sinne vergoldet. Die Bergung des 1752 gesunkenen holländischen Ostindienfahrers *Geldermalsen*, der riesige Mengen kostbaren chinesischen Porzellans und Goldbarren geladen hatte, machte Hatcher bald weltweit berühmt.

Der Grundstein für diesen Erfolg wurde an Bord der *Seeker I* gelegt. Auf dem Rückweg nach Singapur unterhielt sich Hatcher mit Besançon darüber, dass es zu wenig moderne Wracks gäbe, deren Bergung sich lohne. Der Großteil der leicht zu hebenden Wracks war bereits durchstöbert worden, und mit den schwerer zugänglichen wurde es auch problematisch, zumal der Preisverfall des Zinns sie noch unattraktiver gemacht hatte.

Warum er nicht nach alten Schiffen suchen wolle, fragte Hans, nach wirklich alten, aus dem 17. und 18. Jahrhundert, die mit wahren Schätzen beladen waren.

»Ich weiß nicht recht, wie ich das angehen soll«, antwortete Hatcher skeptisch. »Es ist so lange her, dass sie gesunken sind, wie will man sie finden?«

»Das ist kein Problem, ich kann dabei helfen«, sagte Hans. »In den Niederlanden habe ich Zugang zu allen alten Verzeichnissen der *Vereenigde Oost-Indische Compagnie (VOC)*.«

»*Vereenigde was?*«, fragte Hatcher und verzog das Gesicht.

»Die Vereinigte Ost-Indische Gesellschaft«, erklärte Hans. »Die holländische Ostindiengesellschaft operierte in diesen Gewässern von 1600 bis ins 19. Jahrhundert. Mehr als zweihundert

Jahre lang durchkreuzten Hunderte ihrer Schiffe diese Gewässer hier, beladen mit reicher Fracht. Und nicht alle kehrten heim. Sie waren unzähligen Gefahren ausgesetzt wie Riffen, Zyklonen, Piraten, kriegerischen Auseinandersetzungen mit den Engländern und Portugiesen.« Sein Blick schweifte hinaus über die Wellen. »Nicht wenige zerschellten und sanken in südostasiatischen Gewässern. Einige nicht weit von hier.«

»Welche Art Ladung hatten sie an Bord?«, fragte Hatcher. Seine Neugier war geweckt.

»Silber, manchmal auch Gold«, sagte Hans. »Seide und Gewürze, Tee und Zinn. Gemischte Fracht. Alles, von Pfauenfedern bis zu feiner Keramik.«

»Klingt interessant«, sinnierte Hatcher. »Kannst du was darüber herausfinden? Ist es möglich, Informationen über die mutmaßlichen Positionen, Tiefen und Frachtbeschreibungen zu bekommen?«

»Kann ich sicherlich versuchen«, antwortete Hans. »Die Gesellschaft hat peinlich genau Buch geführt. Alles wurde schriftlich niedergelegt, in zweifacher, oft auch dreifacher Ausfertigung. Eine ganze Menge dieser Protokolle ist noch erhalten. Wenn ich zurück in Holland bin, sehe ich gleich in den Archiven nach.«

Einige Wochen später kam ein Anruf von Hans. »Ich habe etwas, von dem ich glaube, dass es dich interessieren wird«, begann er, um gleich eine ewig lange Liste von Schiffsnamen und Daten herunterzurattern. Ausdrücklich erwähnte er ein Schiff namens *Risdam*, das in der Malakka-Straße untergegangen war, sowie ein weiteres – die *Geldermalsen*.

1983 nahmen sie zunächst die *Risdam* aus dem 17. Jahrhundert in Angriff. Sie hatten dieses Wrack gewählt, da es am leichtesten zu erreichen war. Die Suche nach dem Wrack verlief erfolgreich, und man kam auf die Idee, ein archäologisches Programm zu starten. Hans und die holländische Regierung wurden per Telefon davon unterrichtet. Doch wegen bürokratischer Verzögerungen in Holland geriet das Projekt zum Desaster, und der Name *Risdam* hinterließ einen bitteren Nachgeschmack.

»Es war ein Schuss in den Ofen, von Anfang bis Ende«, erinnert sich Hatcher gut. »Als wir zurück zum Hafen kamen, hatte der Schiffskoch die Position der Fundstelle an eine Unternehmensgruppe aus Singapur verkauft, die daraufhin hinausfuhr und den ganzen Plunder mit Sprengstoff aus dem Wrack blies, um an die Zinnballen zu gelangen. Das gab einen Mordswirbel. Doch die Verhandlungen mit den verschiedenen Regierungen, den Holländern und Malaysiern, zogen sich derart in die Länge, dass es unweigerlich zur Plünderung kam.«

Das Wrack lag nur zwei Meilen vor der Küste in malaysischen Gewässern, was die malaysischen Behörden in Zorn versetzte. Die rivalisierenden Schatztaucher wurden festgenommen und ohne lange zu fackeln hinter Gitter gebracht.

Der ganze Wirbel sowie die mittlerweile erhobene Anklage wegen »Plünderung und Beutemacherei« erregte in Holland viel Aufsehen, da dort mittlerweile eine Kampagne unter dem Motto »Rettet die *Risdam*« gestartet war. Der Unmut der Historiker und Archäologen richtete sich auch gegen Hatcher, und diese Erfahrung hinterließ einen dunklen Schatten von Wut und Misstrauen, der erneut zum Vorschein kommen sollte, als die Ladung der *Geldermalsen* zwei Jahre später in Holland eintraf.

Den Erzählungen Überlebender zufolge soll die *Geldermalsen* an der Geldrias-Bank südöstlich des heutigen Singapur auf Grund gelaufen sein. Und genau diese Position hatte auch Hans bei seinen Nachforschungen ermittelt. Doch Hatcher glaubte, dass eher das Admiral-Stellingwerf-Riff als Position in Frage käme, da dieses Korallenriff besser in die Erzählungen passte, wonach das schicksalhafte Riff vom Land außer Sichtweite lag.

Am Montag, dem 3. Januar 1752, kam ein Toppsegel in Sicht, ein Schiff, das südlich von China aus über das Südchinesische Meer Kurs nahm auf die Gelasar- und Sunda-Straße. Als das Segel näher kam, konnte man erkennen, dass das Schiff unter holländischer Flagge fuhr, dreimastig war und von einem leichten nördlichen Wind vorwärts geschoben wurde. Die Sonne glitzerte auf dem grün-goldenen Aufbau und der roten Löwen-Galionsfigur, und die rot-weiß-blaue niederländische Flagge flatterte am Heck.

Die *Geldermalsen* war ein fast neuer Indienfahrer, der 1746 für die Zeeland-Kammer der holländischen Ostindienkompanie gebaut worden war. Es war ein großes Schiff, 45 Meter lang, trug 31 Kanonen, 112 Menschen und eine wertvolle Fracht. In den fünf Jahren seit Inbetriebnahme war die *Geldermalsen* als Handelsschiff zwischen den Häfen von Batavia und Indien sowie Malakka und China unterwegs gewesen. 1752, die Fracträume voller Ladung, befand sie sich auf der Heimfahrt von Kanton in China nach Zeeland, ihrem Heimathafen – einen Hafen, den sie nie erreichen sollte.

Es war ein Tag, an dem wohl kaum ein Mensch damit gerechnet hätte, Schiffbruch zu erleiden. Aber vielleicht war gerade das mit ein Teil des Problems.

Der Kapitän der *Geldermalsen*, Jan Morel, ein Deutscher von 33 Jahren, hatte gerade gut zu Mittag gegessen und die Navigation an einer kritischen Stelle an Männer übergeben, die, wie die Geschichte zeigen sollte, alles andere als verlässlich waren. Die See war ruhig. Obwohl es die Zeit des Nordostmonsuns war und der Wind auch aus dieser Ecke kam, blies er vergleichsweise schwach. Um etwa vier Uhr nachmittags kam der Kapitän an Deck und wollte vom Bootsmann Christoffel van Dijk wissen, ob das Schiff bereits Red Island, den Holländern als Het Ruyge Eiland bekannt, passiert hatte. Die Insel war ein wichtiger Orientierungspunkt auf der Fahrt nach Süden. War sie erst einmal umschifft, war das Meer frei von Riffen, und die Reise nach Süden konnte unbedenklich fortgesetzt werden. Der Bootsmann antwortete, dass die Insel nordwestlich des Schiffes in Sicht sei. Auf Grund dieser Information, die sich kurz darauf als verhängnisvoller Irrtum erweisen sollte, befahl Morel die Kursänderung genau nach Süden.

Um sechs Uhr nachmittags wurden drei Seeleute hinauf zum Masttopp beordert, um nach Land Ausschau zu halten. Sie meldeten offenes Meer voraus. Doch kurz nach Sonnenuntergang bemerkte ein korsischer Seemann, Urbanus Urbani, der die Anker überprüfte, Sturzwellen voraus. Er schrie, hart Backbord zu steuern und nach Lee abzufallen, doch es war zu spät, um den Kurs noch zu ändern, und die *Geldermalsen* krachte mit dem Bug voraus auf das Riff.

Indem er die Segel backholte, gelang es dem Kapitän, sein Schiff freizubekommen, doch wenige Minuten später lief die *Geldermalsen* erneut auf und dieses Mal mit einer solchen Wucht, dass die Hauptmarssstenge an Deck krachte und mehrere Seeleute tödlich verletzte. Das Ruderblatt wurde aus seinen Beschlägen am Achtersteven herausgeschlagen und die Ruderpinne brach am oberen Ende. Abermals kam das Schiff los. Aber es war nun tödlich verwundet, und durch ein gewaltiges Loch in den Bugspanten drang Wasser ein. Zwei Anker wurden geworfen, doch beide Male brach die Trosse, ehe es bei einem dritten Versuch klappte und der Anker fasste. Zwar war die *Geldermalsen* nun festgesetzt, mit dem Bug im Wind, doch lief sie schneller mit Wasser voll, als die Pumpen nachkamen.

Zwei Boote, ein großes Beiboot und eine Gig oder *cockboat* (Standardausrüstung auf VOC-Schiffen), wurden zu Wasser gelassen. Doch als klar war, dass das Schiff sinken würde und die Boote nur begrenzt Platz boten, brach ein heilloses Durcheinander aus. Rettungsboote als solche gab es im 18. Jahrhundert nicht, und Indienfahrer hatten für gewöhnlich ein großes Beiboot an Bord, um damit Ladung an Land zu befördern, sowie ein kleineres Beiboot, um damit Waren von Schiff zu Schiff auf dem Meer auszutauschen. Die beiden Beiboote der *Geldermalsen* hätten allenfalls die Hälfte der Besatzung aufnehmen können. Wie beim Untergang der *Titanic* 1912 entschied auch hier am Ende ein Platz in einem Boot über Leben und Tod.

Der Kapitän versammelte den Großteil seiner Besatzung am Heck in der Hoffnung, dass das Schiff bis zum Morgengrauen noch aufschwimmen würde – eine Hoffnung gegen alle Hoffnung, dass es noch eine Chance geben könnte, das Schiff zu retten. Die Beiboote – so berichtete später der Bootsmann – blieben in der Nähe. Doch gut möglich, dass die Männer in den Beibooten absichtlich Abstand zu dem Schiff hielten, aus Angst, die anderen könnten in ihrer Panik ihr Boot zum Kentern und zum Sinken bringen.

Um Mitternacht drangen vom Schiff her entsetzliche Schreie durch die Nacht. Die *Geldermalsen* schwankte, drehte sich halb auf die Seite und verschwand urplötzlich in den Wellen. Nur wenige Seeleute konnten damals, 1752, schwimmen, und die verzweifelten Schreie aus dem Wasser waren bald verstummt. Achtzig Menschen ertranken in jener Nacht, auch Kapitän Morel, der Frau und Kinder in Holland hatte, davon einen Sohn, den er nie gesehen hat; des weiteren ein englischer Passagier namens Richard Bagge; alle Offiziere und die meisten Besatzungsmitglieder, darunter sechzehn englische Matrosen, die in Kanton angeheuert hatten.

Nur 32 der 112 Menschen an Bord überlebten in den zwei Beibooten, obgleich im großen wie im kleinen Boot noch Platz für mindestens weitere zwanzig Männer war. Bei Tagesanbruch meldete Bootsmann van Dijk, dass es keine Spur mehr vom Schiff oder von Besatzungsmitgliedern gab. Nur die Spitze des Kreuzmastes teilte noch die Wellen.

Nachdem die Schiffbrüchigen ungefähr acht Tage lang allen Strapazen auf offener See getrotzt und ohne Trinkwasser ausgeharrt hatten, erreichten sie Batavia. Die holländischen Behörden vor Ort waren sehr ungehalten über den Verlust eines ausgezeichneten Schiffes samt Fracht.

Überdies standen sie den Erzählungen der Überlebenden äußerst skeptisch gegenüber. Vor allem van Dijk wurde eingehend vernommen. Dabei interessierte es die Behörden besonders, ob die Männer in den Booten sich möglicherweise viel zu früh davongemacht und damit die anderen ihrem Schicksal überlassen hatten. Hatten sie auch gründlich genug nach Überlebenden gesucht? Und vor allen Dingen. Was war mit der Kiste Gold passiert?

»Kiste Gold?«, fragte van Dijk verblüfft. »Welche Kiste Gold?« Er wisse nichts von irgendwelchem Gold, gab er an.

Die Behörden aber waren überzeugt davon, dass der Kapitän in Anbetracht der kritischen Situation zu jenem Zeitpunkt, zuallererst dafür gesorgt hatte, dass die Kiste Gold in eines der beiden Beiboote geschafft wurde. Was also war mit der Kiste geschehen? Im Laufe der Vernehmung wurden die Mienen immer finsterer. Van Dijk blieb dabei, er habe nichts von Gold an Bord gewusst. Doch Morels erster Steward, ein Mann namens Arnold, gab an, er und ein weiteres Besatzungsmitglied seien angewiesen worden, eine Kiste aus der Kapitänskammer zu holen. Sie war klein, aber sehr schwer. Sie hatten sie an die Schiffsseite gebracht und waren gerade dabei, sie an ein Tau zu binden, als die *Geldermalsen* zur Seite kippte und unterging. Arnold schwamm zu den Beibooten und wurde gerettet.

Die Behörden hielten ihre Verdächtigungen aufrecht. Van Dijk wurde in den Rang eines einfachen Seemannes degradiert und in Ungnade zurück in die Niederlande geschickt. Einhellig wurde befunden, dass die ganze Sache zwar äußerst unbefriedigend verlaufen war, aber weiter nichts mehr getan werden konnte. Außer natürlich die Tragödie und den Verlust zu Protokoll zu nehmen und nach Zeeland und Holland zu melden.

Jahre vergingen. Die *Geldermalsen* sowie deren ertrunkener Kapitän und die Besatzung waren längst vergessen. Schiffsbohrwürmer und anderes Meeresgetier hatten sich längst des Wracks bemächtigt und Löcher in das Spantenwerk des Schiffes gefressen, bis es schließlich zusammenbrach und nur noch die Ladung und langlebige Artefakte, wie Kanonen und Anker, übrig waren.

Und das Gold.

Jahrhunderte gingen ins Land. Bis eines schönen Tages Mike Hatcher kam, sich Hans Besançons Informationen bediente und seiner Vorahnung folgte, am Admiral-Stellingwerf-Riff nach der *Geldermalsen* zu suchen. Das Riff war Hatcher wohl bekannt. Im südlichen Seegebiet vor Singapur gelegen, war es mit seinen feinen Dornkorallen eine natürliche Schiffsfalle, für alle Seefahrzeuge, die von Nord nach Süd fuhren. In vergangenen Jahren hatte Hatcher hier schon Zinnbarren und Silbermünzen gefunden.

Bereits 1983 fesselten blau-weiße Keramikscherben, die er am Admiral-Stellingwerf-Riff gefunden hatte, Hatchers Aufmerksamkeit. Ganz in der Nähe fand er sogar noch besser erhaltene, ganze Stücke. Sie schienen ihm zwar nicht sonderlich wertvoll, doch er nahm sich ein paar Stücke als Souvenir mit. In jenem Jahr musste er geschäftlich nach Amsterdam und nahm ein paar seiner blau-weißen Fundstücke mit. Er ging damit zu Christies, dem renommierten Auktionshaus, das eine Geschäftsstelle in Amsterdam unterhielt und dort auf chinesisches Porzellan spezialisiert war.

»Wie viel denken Sie, dass das hier wert ist«, wollte die Gutachterin von ihm wissen und zeigte auf ein einzelnes Stück.

»Vielleicht zwei Pfund«, meinte Hatcher und setzte sein breites Grinsen auf.

»Wie wär's mit zweitausend?«, kam die Antwort.

Hatcher war verblüfft.

»Wie viele Stücke haben Sie denn davon?«

»Ungefähr 30 000.«

Nun war es an der Gutachterin, überrascht zu sein.

Zum ersten Mal wurde sich Hatcher über den wahren Wert chinesischen Porzellans bewusst. Er musste noch viel darüber lernen – so viel war ihm nun klar. Und mit der typischen Gründlichkeit, mit der er sich wertvollen Ladungen widmete, machte er sich an die Arbeit.

»Eine Menge Fragen gingen mir durch den Kopf: Warum war das Porzellan so wertvoll? Welche Mengen lagen wohl noch da draußen am Stellingwerf-Riff? Wo sollten wir als Nächstes suchen?«

146

Warum nur war das Porzellan aus diesen Wracks – Tassen, Unterteller, Schüsseln, Teller, Krüge –, das im 17. und 18. Jahrhundert zum allgemeinen Hausgebrauch in Holland bestimmt war, heute so viel wert? Ironischerweise war chinesisches Porzellan zur Zeit seiner Herstellung ganz und gar nicht teuer. Es waren Alltagsgegenstände, zum praktischen Gebrauch bestimmt. Chinesische, blau-weiße Porzellanstücke waren mindere Güter im Verhältnis zum Gesamtwert der Ladungen, die auf den Schiffen der holländischen Ostindienkompanie aus dem Osten nach Europa kamen.

Tee war das wertvollste Frachtgut, doch Porzellan hatte wegen seines Gewichts einen praktischen Nutzen als Ballast. Es wurde in Kisten in die unteren Frachträume verladen, wobei Teller und Schüsseln oft mit Tee abgepolstert wurden. Alles in allem machte es nur fünf Prozent vom Gesamtwert der Ladung aus. Normalerweise versteigerte die *VOC* das feine chinesische Porzellan gleich bei Ankunft der Schiffe direkt an der Pier und machte so einen Reingewinn von 75 bis 100 Prozent. Doch es war immer der Tee, der die größten Gewinne einfuhr, der auf einem Schiff wie der *Geldermalsen* bis zu 60 Prozent der Fracht stellte und einen Gewinn von normalerweise über 90 Prozent abwarf.

Tee zu trinken gehörte damals zum Stil der feinen Gesellschaft und damit stieg die Nachfrage nach chinesischem Porzellan. In den dreißiger und vierziger Jahren des 18. Jahrhunderts entwickelte sich das Teetrinken in wohlhabenden Häusern zu einer regelrechten Manie. Auch Kaffee und Schokolade wurden populär. Für jedes Getränk gab es ein anderes blau-weißes Gefäß, und der englische Wortschatz war um ein Wort reicher – »China« oder »Chinaware«.

Bei den Damen kamen Teepartys in Mode, eine willkommene Gelegenheit, um Heim und Herd zu entfliehen, sich gegenseitig zu besuchen, gesellig beisammen zu sitzen und sein Porzellan zur Schau zu stellen. Da es hübsch anzusehen war, ein leichter Blickfang für das Auge, diente es auch zu Dekorationszwecken.

In der niederländischen Malerei des 17. Jahrhunderts finden sich oft Darstellungen von Innenräumen mit Regalen voll blau-weißem Porzellan, ein Stück neben dem anderen. Glasvitrinen kamen auf, in denen die gut situierten Großbürgergattinnen ihre Porzellansammlungen ausstellten, die die bewundernden und neidvollen Blicke der Gäste auf sich zogen.

Vor 1600 aß man in Europa von Holz- oder Zinntellern. Porzellan war die Entdeckung! Die neue Ware konnten sich zuerst nur die Reichen leisten, doch mit steigender Nachfrage wurde sie günstiger und bis Mitte des 17. Jahrhunderts war sie so erschwinglich wie die koreanischen und japanischen Steingutteller und Tischgeschirre in den Supermärkten von heute.

Es dauerte nicht lange, da war Porzellan in allen Arten, Größen und Formen erhältlich – fünfzig bis siebzig Varianten von Esstellern, Spucknäpfen, Nachttöpfen, Fischschüsseln, Fischtellern, Bierkrügen, Milchkrügen und Butterschalen. Suppenteller, Dessertschalen, Untertassen, Tassen und mehrteilige Tafelservice mit ganz individuellen Stücken.

Die blau-weiße Porzellanware eroberte Europa im Sturm.

Es hatte einen so durchschlagenden Erfolg, dass europäische Töpfer wie Josiah Wedgewood im frühen 19. Jahrhundert unter Verwendung maschineller Verfahren begannen, die chinesischen »Weidenmuster« ganz offensichtlich zu kopieren. Und natürlich verliehen sie ihren Produkten ebenfalls das Prädikat »Chinaware«.

Trotz der Zerbrechlichkeit (wer kennt nicht die Redewendung: »Ein Elefant im Porzellanladen«) sind viele Stücke aus dem 17. und 18. Jahrhundert bis in die heutige Zeit erhalten und bei Sammlern heiß begehrt. Wie bei Münzen und Briefmarken, so orientiert sich auch beim Porzellan der Wert eines Stückes an der Rarität, an Moden und Launen in der Sammlerwelt. Die Zufallsentdeckung einer kompletten Ladung Porzellan auf dem Meeresgrund – wie sie Mike Hatcher gemacht hatte – kann daher für großen Aufruhr in der gesamten Antiquitätenwelt sorgen und die Preise in die Höhe schnellen lassen.

Hatcher hatte nun zwar ein sachverständiges Schätzungsgutachten und eine ungefähre Vorstellung vom Wert der Ladung der *Geldermalsen*, doch bis zur Bergung waren noch zahlreiche Hindernisse aus dem Weg zu räumen. Dabei war ein Problem ganz offensichtlich. Auch wenn Hatcher ziemliche Mengen an Musterstücken zur Begutachtung nach Amsterdam mitgenommen hatte, lagen noch immer gut neunzig Prozent der Ladung auf dem Meeresgrund – freie Beute für alle, die zufällig dort vorbeikommen könnten. Trotz einer Wassertiefe von 40 Metern war Hatcher nun, da er eine ungefähre Ahnung vom wahren Wert des Porzellans bekommen hatte, natürlich überaus nervös. Wer die Ware findet und sich holt, dem gehörte sie auch – so war es auf dem Südchinesischen Meer die Regel.

Zu jenem Zeitpunkt wusste auch Max de Rham von der *Geldermalsen* und hatte bereits in Konkurrenz zu Hatcher eigene, unabhängige Nachforschungen angestellt. Das Stellingwerf-Riff war eine nicht zu übersehende Stelle im Meer. Was, wenn er bei seiner Suche nach dem Indienfahrer das Porzellan finden würde?

Bei Christies hatte man in Bezug auf Michael Hatcher ein wenig Bedenken. Man hielt ihn für einen recht umstrittenen Schatztaucher, dessen Ansehen mit der Aufregung um die *Risdam* nicht gerade gestiegen war. Hatcher weigerte sich strikt, irgendwelche Hinweise auf die Herkunft des Porzellans zu geben, obgleich Muscheln und Meergrün verrieten, dass die Fundstätte eindeutig unter Wasser lag. Hatchers rechtlicher Anspruch auf den Fund war mit einem dicken Fragezeichen versehen. Und das war an sich nichts Ungewöhnliches. Seerecht und Bergungsrecht sind von Land zu Land unterschiedlich, und ein rechtmäßiger Anspruch auf Bergungsgut ist immer leicht anfechtbar, selbst dort, wo klare Bestimmungen festgelegt sind.

Herrenlose Schatzfunde sorgen seit jeher für Streitigkeiten. Das Entdecken von außerordentlich wertvollen Ladungen – wie etwa beim so genannten »Goldschiff«, dem Schaufelraddampfer *Central America*, der am 12. September 1857 mit über 400 Menschen und ca. 21 Tonnen Gold an Bord rund 200 Meilen vor der Nordküste Amerikas unterging – zieht regelmäßig endlose Gerichtsprozesse nach sich und ist nicht zuletzt auch eine ergiebige Goldgrube für die Anwälte.

In Australien erhebt die Commonwealth-Regierung Besitzanspruch auf alle Wracks innerhalb der australischen Hoheitsgewässer, ohne Rücksicht darauf, ob die Schiffe Jahrhunderte vor der Entdeckung der Ostküste und der Besiedlung des Landes durch die Europäer untergegangen waren (wie im Falle der 1629 gesunkenen *Batavia,* der 1656 gesunkenen *Vergulde Draeck,* der 1712 gesunkenen *Zuytdorp* oder der 1727 gesunkenen *Zeewyk*).

Die Lage ist verworren, da in jedem Land der Welt andere Vorschriften gelten. In einigen Mittelmeerländern beispielsweise stellt allein das Tauchen an alten Schiffswracks eine Straftat dar. Gesetzliche Bestimmungen sind eine Sache, Rechtsansprüche eine andere und moralische Streitfragen ein dritter Faktor (zum Beispiel, ob ein Wrack eine Meeresgrabstatt ist). Die Schatztaucher orientieren sich natürlich an den eigenen Interessen. Sie machen gemeinhin geltend (insbesondere bei sehr alten Wracks), dass es sich bei einem Wrack um herrenloses Gut handelt und es dem gehören solle, der die Fähigkeit und den Wagemut hat, zu Werke zu gehen. »Mein Motto lautet«, so sagt Hatcher, »Finder ist gleich Besitzer!« Obwohl er sich heute mit Regierungsbehörden in gegenseitigem Einvernehmen verständigt, hat er diesen Grundsatz nie geändert.

Dieser Leitsatz funktionierte ganz gut, solange es sich um Wracks mit Zinnladungen und Relikten aus dem Zweiten Weltkrieg handelte, wo die Güter still und leise an Alteisenhändler weiter verkauft wurden. Doch sobald es um historisch bedeutsame Wracks ging, wie die *Risdam* und die *Geldermalsen*, erhob sich die Frage nach dem rechtmäßigen Eigentümer des historischen Erbguts. Historiker, Archäologen sowie die breite Öffentlichkeit meldeten sich zu Wort – eine Kontroverse, die nicht einfach zu lösen ist.

Im Auktionshaus Christies war man wegen des ungeklärten Rechtsanspruches im Fall von Hatchers Porzellan, das man zur Versteigerung bringen wollte, sehr beunruhigt. Man war äußerst vorsichtig mit Posten, die von hauseigenen Sachverständigen hintersinnig als Güter »zweifelhafter Herkunft« bezeichnet wurden. Dennoch wagte man es 1983, einhundert dieser Stücke gegen Ende einer bereits geplanten Auktion von chinesischen Porzellanwaren zu präsentieren – mit gemischtem Erfolg. Einige der Stücke verkauften sich einträglich, andere gar nicht. Doch die Tatsache, dass überhaupt ein Gewinn erzielt wurde, verbunden mit dem gewachsenen Bewusstsein über den Wert des Porzellans, trieb Hatcher zurück zum Admiral-Stellingwerf-Riff. Dort förderte er die Überreste der Ladung eines unbekannten Schiffes zu Tage, von welchem er glaubte, dass es sich höchstwahrscheinlich um die *Geldermalsen* handelte.

Bis dahin hatte Christies die weiß-blauen Porzellanstücke lediglich auf Sammlerwert-Basis versteigert. Der romantische Aspekt ihrer Herkunft – dass sie aus den Tiefen des Meeres geborgen worden waren – wurde aus den eben dargelegten Gründen wohlweislich übergangen. Doch bei der Ladung von 1984 waren die Experten skeptisch. Sie fürchteten, dass eine Freigabe großer Porzellanmengen auf einen launischen Markt den Wert der Stücke mindern würde. Rarität war gefragt. Wurden die Schüsseln, Teller und Tassen so alltäglich wie *fish and chips*, dann würden die Preise natürlich purzeln.

Man versuchte es daher mit einer neuen Taktik. Die Tatsache, dass die Stücke aus einem alten Schiffswrack stammten, wurde mit Kapitän Mike Hatcher als namhaftem Schatztaucher werbewirksam in Szene gesetzt. Das Ergebnis war ein Ansturm, der alle Erwartungen übertraf. Mit jeder Auktion, die Christies 1984 durchführte, kletterten die Preise des Porzellans weit über die Norm hinaus.

Anthony Thorncroft führt in seinem Buch *The Nanking Cargo* aus, dass einige Teller, für die ein Preis von 1000 Dollar festgesetzt war, sich für 8000 Dollar das Paar verkauften. Der

Preis für einen pfirsichförmigen Weinkrug lag fünfmal höher als erwartet. Am beachtlichsten allerdings war das Gebot für eine von Muscheln überwucherte Flaschenvase, von den Experten auf nicht mehr als 100 Dollar taxiert, die am Ende für 1400 Dollar wegging.

An der Auktion verdiente Michael Hatcher mehr als zwei Millionen Pfund Sterling, ein Ergebnis, mit dem er damals mehr als zufrieden war, wenngleich spätere Auktionsverläufe zeigten, dass sich mit der richtigen Verkaufstaktik durchaus noch wesentlich höhere Preise hätten erzielen lassen.

Die Strategie war klar – Reklame für ein Wrack mit Hatcher als Aushängeschild.

Es fiel auf, dass es sich beim Großteil der Käufer um internationale Händler handelte, die die erworbenen Stücke zu Preisen an ihre Kunden weiterverkauften, die weit über denen der Auktion lagen. Thorncroft schreibt hierzu: »Zu einer Marktschwemme kam es nicht – im Gegenteil, die ›Ming‹-Ladung fungierte vielmehr als Stimulans. Die Romantik eines Schiffswracks aus alten Zeiten steigerte offensichtlich den Wert des Porzellans. Das hatte man schnell begriffen. Und Hatcher, der nun nicht mehr als ein mit Vorsicht zu genießender mysteriöser Unbekannter galt, war nun Christies' Held.«

Es gab aber noch eine weitere bedeutende Erkenntnis. Das Porzellan, das nun unter dem Namen »The Hatcher Collection« vermarktet wurde, stammte nicht von der *Geldermalsen*. Es wies Merkmale auf, welche es eindeutig als Porzellangut aus der alten chinesischen Ming-Dynastie identifizierten. Diese endete 1643, als der herrschende Kaiser von seinen eigenen Wachen in einem Palaststreich umgebracht wurde. Die Jahreszahl 1643 auf einem der Stücke bestätigte den Herstellungszeitraum zweifelsfrei. Die unglückselige *Geldermalsen*, die während der letzten Wochen im Jahre 1751 von Kanton aus in See stach, trug hingegen Porzellan der Qing-Dynastie, die einhundert Jahre später war.

Max de Rham, der der Auktion beiwohnte, war das sofort aufgefallen. Er hatte seine eigene Suche nach dem Ostindienfahrer eingestellt im Glauben, Hatcher hätte ihn bereits gefunden. Denn Hatcher hatte Max in Singapur in der Tat blau-weiße Porzellanstücke gezeigt, als er selbst noch glaubte, dass sie von der *Geldermalsen* stammten. Nun sah es eher so aus, als ob es sich bei dem Schiffswrack um eine unbekannte chinesische Dschunke handelte, die hundert Jahre älter war als der holländische Ostindienfahrer.

»Du Mistkerl!«, sagte Max auf der Auktion zu Hatcher. »Ist ja gar nicht die *G*!«

Hatcher grinste entschuldigend. »Nein«, gab er zu, »ist sie nicht. Damals dachte ich, sie wäre es.«

Langes Schweigen – während beiden derselbe Gedanke durch den Kopf schoss. Die *Geldermalsen* lag noch immer irgendwo da draußen und wartete auf einen Entdecker.

Es gab zwei Möglichkeiten. Sie konnten konkurrieren. Oder sich zusammentun. Sie entschieden sich für Letzteres, und so begann die eigentliche Suche nach der *Geldermalsen*.

9

Das Gold der *Geldermalsen*

Als die *Geldermalsen* 1752 ermattet auf die Seite kippte und in einer Wolke von Luftblasen im grünen Gewässer vor dem Admiral-Stellingwerf-Riff versank, nahm sie ihre Ladung, ihren Kapitän und weitere 79 Mann mit hinab auf den Grund des Südchinesischen Meeres. Haie und Fische – die allzeit bereiten Totengräber der Meere – nahmen sich der Körper binnen weniger Tage an.

Drei Jahrhunderte vergingen und das Wrack sank samt seiner Ladung immer tiefer ein in den Meeresgrund. Die Decksaufbauten, wozu auch die Kammer von Kapitän Morel gehörte und das Quartier des englischen Handelsmannes Richard Bagge samt seiner persönlichen Habe, verfielen schon bald im Wirbel der Strömungen, sackten in sich zusammen wie ein Kartenhaus. Masten und Takelagen stürzten um, vermoderten und hinterließen nichts weiter als Eisenringe auf dem sandigen Meeresboden.

Hungrige Schiffsbohrwürmer durchlöcherten das Spantenwerk, fraßen sich tunnelartig hinein in das Kiefern-, Tannen-, Ulmen- und Eichenholz, dessen Fasern nun meilenweit weg von der heimatlichen Erde in Nordeuropa vom Salzwasser durchdrungen wurden, bis die einst massiven Balken und Planken vermodert waren, zerfielen und sich mit dem Korallen- und Schiefersediment am Meereseboden vermengten.

Bis zum Anbruch des 19. Jahrhunderts, an Neujahr 1800, zur Zeit der napoleonischen Kriege, war bereits nichts von einem Schiff mehr zu erkennen, nur mehr ein Hügel, eine sanfte Erhebung am Meeresgrund.

Im März 1985 kehrte Hatcher an das Admiral-Stellingwerf-Riff zurück – mit neu erworbenen Kenntnissen über chinesisches Porzellan, einem neuen Partner, den er in seinem alten Freund Max de Rham gefunden hatte, und einem neuen Schiff, der *Restless M*. Und wie so oft hieß es auch dieses Mal wieder, zuerst das »Gras zu mähen«. Als Geophysiker war Max de Rham für die Vermessungsarbeiten verantwortlich. Mit einer Art Baugerüst (Hatcher war Meister im Improvisieren) wurde ein behelfsmäßiger Normalfixpunkt am höchsten Punkt des Riffs errichtet. Hier irgendwo ganz in der Nähe musste es gewesen sein, wo der *Geldermalsen* vor 233 Jahren ihre tödliche Wunde zugefügt wurde, als sie urplötzlich auf die Korallenbank auflief und dann für immer verschwand.

Die Quartiere der Taucher sowie die Messapparate für den erhofften Bergungserfolg befanden sich an Bord einer unter Vertrag genommenen Bergungsplattform mit Namen *Costay Nile*. Max hatte seine eigene Yacht dabei, die *Star Ferry*. Die *Restless M* sollte als Suchschiff das »Gras mähen«.

Ein erster Erfolg stellte sich gleich zu Anfang mit der Entdeckung von zwei Ankern ein. Sie waren riesig, eine klassische Schmiedearbeit des 18. Jahrhunderts mit Ankerschaufeln und Ankerarmen von fünf Metern Spannweite und einem Ankerschaft von über sechs Metern Länge. Sie lagen nur eineinhalb Meter tief unter toten Korallen begraben in seichtem Gewässer. Das Magnetometer, das die *Restless M* hinter sich herzog und das alle metallischen Auffälligkeiten registrierte, hatte die beiden Anker aufgespürt, obwohl sie unter den Korallen verborgen lagen. Mit diesem Fund wuchs die Hoffnung, dass die Anker vielleicht zum gesuchten Wrack gehören könnten.

Mit einem Hochdruckwasserstrahl, einem so genannten »Stinger«, hatte man die Korallenskelette zerschnitten und die Anker freigelegt, aber keine weiteren Wrackteile mehr gefunden. Für die *Restless M* bedeutete das, weiter das »Gras mähen«. Mit jeder Woche, die erfolglos verstrich, schwand bei Hatcher und der Crew die Zuversicht.

»Wir hatten uns von diesem Gebiet ziemlich viel versprochen, seit wir dort die Dschunke fanden«, erinnert sich Hatcher. »Doch die Zeit ging dahin, ohne dass sich auf dem Sonar-Bildschirm oder den Magnetometer-Anzeigen irgendetwas tat, und es sah fast so aus, als ob wir eine Niete gezogen hätten.«

Die ganze Unternehmung hatte gut eine Million Dollar verschlungen, und das oberste Zeit- und Kostenlimit war längst überschritten. War es hinausgeworfenes Geld?

»Ich war drauf und dran aufzustecken«, gab Hatcher später zu. »Die Crew war vor lauter Nichtstun zu Tode gelangweilt. Wir waren nun schon ganze zwei Monate da draußen. Und Tag für Tag nichts, rein gar nichts – nur eine riesige runde Null als Lohn für unsere Mühen. Das drückte ganz schön aufs Gemüt, und wir fragten uns, ob uns das alles noch eine weitere Hypothekenbelastung wert war?«

Für Max de Rham war es die erste Wracksuche, und er war ganz erpicht darauf weiterzumachen. »Gib mir noch drei Tage«, flehte er beim abendlichen Backgammon-Spiel und einer Flasche Rotwein. »Wir beißen uns in den Hintern, wenn ein anderer hierher kommt und das Ding findet.«

»Zwei Tage«, ließ Hatcher sich noch gefallen. »Aber das ist verflixt noch mal das Alleräußerste.«

»Okay«, sagte de Rham. »Morgen finden wir es.«

Sie lachten beide über diesen Witz. Die gleiche Erfahrung sollte sich 1999 bei der Entdeckung der chinesischen Dschunke wiederholen. Abgesehen vom Geldproblem.

Die Schönwetterperiode, das »Fenster im Wind« zwischen den südlichen und nördlichen Monsunen, neigte sich dem Ende zu. Jeden Abend bauten sich Gewitterwolken auf, zogen sich zu dunklen, drohenden Ballen und riesigen Wolkenburgen zusammen, und zwischen den Wolkenbänken boten große Flächenblitze ein atemberaubendes Himmelsschauspiel. Die Sonne ging dramatisch in einem glutrot goldenen Leuchten unter. Doch mehr passierte vorläufig nicht – ein paar Schauer und ein gelegentlicher heißer Windstoß waren die Vorboten von bald unheilvolleren Wetterereignissen. Der Himmel klarte bis zum nächsten Morgen wieder auf, doch Hatcher wusste, dass die richtigen Gewitterstürme bald einsetzen mussten, und wenn es erst einmal so weit war, würden die Arbeiten an einem Wrack sehr schwierig werden. Die Bergungsplattform war schon bei einem früheren Sturm stark beschädigt worden, und die Crew hatte sie nach den Reparaturen der Messapparate und anderer Schäden von *Costay Nile* in »*The Costly Nile*« umbenannt. Auch ein Dinghi, ein Gummitauchboot, war schon über Bord gespült worden und verloren gegangen. Weitere Schäden würden die beiden Geschäftspartner finanziell kaum verkraften.

Der Crew hing der tägliche Fisch und Reis buchstäblich zum Hals heraus, und jeder sehnte sich nach Frau oder Freundin daheim in Singapur, einhundert Meilen weit weg in nordöstlicher Richtung. Sie arbeiteten alle auf Provisionsbasis, und es sah immer mehr so aus, als hätten sie eine Niete gezogen. Manche machten sich Sorgen über ihre finanzielle Lage, sie mussten rasch wieder einen neuen Job finden, um die Familie ernähren zu können. Um sie etwas von ihren Sorgen abzulenken, nahm Hatcher die Taucher-Crew zum Speerfischen und Wellenreiten (was zu ihren Lieblingsbeschäftigungen gehörte) mit hinüber zu den seichten Stellen am Hochriff. Dabei fiel ihm auch wieder ein, dass das Riff in der Vergangenheit auch schon Zinnbarren und Silbermünzen, die in den Korallen eingebettet lagen, freigegeben hatte. Vielleicht ließ sich ja doch noch etwas finden, trotz einer Chance von eins zu einer Million. Sie hatten das Riff schon unzählige Male durchschwommen und die Aussichten waren mehr als gering. Doch alles war besser, als tatenlos auf der Plattform herumzusitzen und auf das offene Meer hinauszustarren.

In der Zwischenzeit graste die *Restless M* ganz gemächlich den Meeresboden ab, Bahn für Bahn. Sie war 24 Meter lang, in Kalifornien gebaut, und zum Zeitpunkt ihrer Fertigung hatte sie den größten handgearbeiteten Fiberglasrumpf weltweit. Ein amerikanischer Eigner hatte sie für eine Weltumrundung seetauglich gemacht, doch bis er Singapur erreicht hatte, war er das Leben auf hoher See leid. Hatcher kaufte sie 1983 zu einem ganz annehmbaren Preis von 250 000 Dollar. Sie ersetzte das unansehnliche »Rattenschiff« *Seeker I*. Nichtsdestotrotz hatte die *Seeker I* Mike Hatcher viele Jahre lang gute Dienste geleistet. Sie hatte millionenschwere Zinnladungen getragen, und nur wenige Seefahrzeuge der gleichen bescheidenen Bauart hatten ihrem Besitzer je so viel Geld eingebracht.

Die *Restless M* war ein weit schöneres Schiff, mit dunkelblauem Rumpf und weißem Aufbau. Den Namen *Restless M*, der auf den neuen Besitzer Mike Hatcher, eine in der Tat rastlose Seele, absolut passte, hatte sie schon in Amerika getragen – ein wirklich eigenartiger Zufall.

»Das hat mir die Kaufentscheidung natürlich leicht gemacht«, gab Mike später zu. »Wie konnte ich da widerstehen? Ich sah das als gutes Omen an.«

Und nun, da Hatcher in den Korallen am Stellingwerf-Riff tauchte, sollte sich seine Vorahnung bald bestätigen. Er hörte das Geräusch eines schnell herannahenden Motorbootes, und bis es auf seiner Höhe war, war Hatcher an der Oberfläche, hatte die Tauchmaske zurückgeschoben und wartete.

»Was gibt's?«, fragte er Max de Rham, als das Gummi-Dinghi neben ihm hielt.

»Mike, wir haben ein Signal auf dem Magnetometer«, sagte de Rham. »Und einige interessante Gebilde auf dem Grund. B. J. (der Mann am Sonargerät) meint, wir sollten uns das mal näher ansehen.«

»Na dann los!« Hatcher hievte sich an Bord der »Gummiente«, und sie stoben davon in Richtung *Restless M*, die eine Meile entfernt lag. Eine kleine Boje markierte die fragliche Stelle. De Rham erzählte Hatcher, es handele sich um eine Tiefe von 37 Metern bei relativ guter Sicht. Sie zurrten die Schultergurte der zwei Scuba-Tanks fest, die im Tauch-Beiboot immer bereit lagen, passten Flossen und Gesichtsmasken an und ließen sich rückwärts über das Schanzdeck ins Wasser fallen.

Der Sonar-Ausdruck vom Meeresgrund hatte Linien gezeigt und einige seltsame Vertiefungen – ein Muster, das sich von allen anderen Strukturen der näheren Umgebung deutlich abhob.

B. J., ein Inder aus Singapur, der schon öfter für de Rham gearbeitet und reichlich Erfahrung im Bedienen von Sonargeräten und Magnetometern hatte, spürte instinktiv, dass es mit diesem Bild etwas auf sich hatte. Doch um Enttäuschung zu vermeiden, wurde zunächst nur ein bescheidener Vorstoß unternommen. Max versuchte seine Aufregung zu verbergen, bis er endlich im Wasser war, denn auch er hatte wie B. J. das untrügliche Gefühl, dass sie etwas Lohnendes aufgespürt hatten. Gleichzeitig begann das Magnetometer in einem fort zu zirpen »wie eine Zikade«, was darauf hindeutete, dass Eisenteile über den ganzen Grund verstreut lagen. Die beiden Taucher tauchten an der Bojenleine ab, und das Wasser wurde zunehmend dunkler, je weiter sie das Sonnenlicht hinter sich zurückließen.

Sie hatten die 30-Meter-Marke bereits passiert, bevor sie den Meeresgrund sahen. Er war grau und wies keine bestimmten Merkmale auf, fahler, dunkelstreifiger Sand. Max schwamm auf eine der Vertiefungen zu, die das Sonargerät angezeigt hatte. Sie hatte einen Durchmesser von rund zwei Metern und war etwas mehr als einen Meter tief. Eine Muräne lebte in dem Loch und sperrte das Maul auf, um ihre hässlichen Zähne zu zeigen. Max ignorierte die Kreatur, schob sich an ihr vorbei und langte nach etwas, das er undeutlich am Boden der Vertiefung sah.

Er hob es hoch und der Bodensatz wirbelte auf, trübte vorübergehend die Sicht, doch als seine Finger das Objekt umfassten, klopfte ihm das Herz vor Freude; er wusste mit absoluter Sicherheit, was es war. Als sich der aufgewirbelte Nebel wieder gesenkt hatte, erkannte er in seiner Hand eine kleine weiße Tasse, von Meeresgewächsen überkrustet … eine Kaffeetasse aus Porzellan, wie sie nur aus China stammen konnte.

Ich glaube, wir haben sie! – sagte Max zu sich selbst und schwamm auf Hatcher zu, voller Ungeduld, ihm das Prunkstück unter die Nase halten zu können.

Mike war mittlerweile weiter vorgestoßen, dorthin, wo er Fische schwimmen sah – ein sicheres Zeichen für ein Riff oder ein Schiffswrack. Als Max ihn eingeholt hatte, waren beide wie vor den Kopf geschlagen, denn vor ihnen tat sich eine anscheinend massive Wand auf aus kleinen, flachen Ziegelsteinen, wie man sie in Jakarta verwendete. Die Ziegelsteine waren, wie sich später herausstellen sollte, Teil der Schiffskombüse. Und während sie sich noch über diese Ziegelsteine wunderten, sahen sie alle möglichen anderen Gebilde, und ihr Herz schlug vor Aufregung immer schneller, als sie Kanonen und Anker identifizieren konnten – ein Anker war mit den beiden, die sie am Hochriff gefunden hatten, sogar identisch.

Wegen der Tiefe und der Gefahr, ihre Tauchzeit zu überschreiten, mussten sie auftauchen, obwohl sie viel lieber noch verweilt hätten. Der Drang, unten zu bleiben, alles sofort in Augenschein zu nehmen und zu untersuchen, war schier unwiderstehlich.

Es war in der Tat ein Wrack, und ein altes noch dazu. Kein Zweifel. Aber war es ein holländisches Wrack? War es die *Geldermalsen*? Oder war es einfach ein weiteres unseliges und unbekanntes Opfer des Admiral-Stellingwerf-Riffs? Ein Schiff, das vielleicht nur Ballast oder wertlose Fracht geladen hatte? Es würde Zeit brauchen, viel Zeit, um alles genau zu inspizieren, hinunter zu den Laderäumen vorzustoßen. Doch sie waren schon zu lange und zu tief unten. Trotz der Versuchung, noch weiter zu verweilen, siegte der gesunde Menschenverstand. Sie würden wiederkommen, so viel stand fest. Doch die Zeit drängte, und so konnten sie bei dieser ersten Gelegenheit nur schnell ein paar Keramikscherben an sich nehmen, um dann widerwillig mit den Flossen zu schlagen und aufzusteigen, der Oberfläche und dem Sonnenlicht hoch über ihnen entgegen.

An Deck, die tropfenden Tauchanzüge noch am Leib, nahmen sie ihre Fundstücke sofort unter die Lupe, während die Crew und die anderen Taucher ihnen neugierig über die Schulter schielten.

»Seht euch das an! Verdammt schön! Blau-weiß!« schrie Hatcher und rieb die Algenkruste von den Bruchstücken, die sie heraufgebracht hatten. »Porzellan! Wir sind wieder im Geschäft, Max!«

Max de Rham strahlte übers ganze Gesicht und prostete den anderen mit seiner Kaffeetasse zu. »Wir haben sie!«, wiederholte er sich.

Dann hielten sie inne, starrten einander an.

»Was jetzt?«, fragte Max. Plötzlich waren alle Pläne, alle Hoffnungen, bald wieder zu Hause zu sein, über Bord. »Wie geht es nun weiter?«, fragte er nach. Die Entscheidung darüber fiel in Hatchers Zuständigkeitsbereich. Er war der erfahrene Wracksucher, und schon beim Auftauchen waren ihm alle möglichen Gedanken durch den Kopf geschossen. Er wusste, welche Ausrüstung und was sonst noch alles gebraucht werden würde und welche Schwierigkeiten sich unter Umständen auftun könnten. Doch zuallererst hieß es, mit Vorsicht und Bedacht an die Sache heranzugehen. Hatcher hob die Hand.

»Lasst uns nichts überstürzen!«, sagte er. »Wir müssen das Wrack erst richtig untersuchen und herausfinden, ob es überhaupt Ladung birgt. Wenn ja, heben wir sie!« Er ging bedächtig vor, was vielen an Bord zwar nicht gefallen wollte, doch ihm war auch klar, dass Eile geboten war.

»Einem Geheimnis ist es egal, wer zuerst darum wusste«, erinnert er sich später. »Wir haben schon einmal eine schlechte Erfahrung gemacht, damals bei der *Risdam*, als wir im Hafen ankamen und erfahren mussten, dass der Koch die Position des Wracks bereits an die Konkurrenz verkauft hatte. Die haben es dann in die Luft gejagt und die Archäologen und Behörden damit zum Wahnsinn getrieben. Falls es hier eine Ladung gab, mussten wir die Arbeit gründlich machen und in einem Zug. Ich wusste, dass irgendjemand bestimmt plaudern würde, sobald wir wieder an Land waren. Und das hieße, dass alle möglichen Leute in hellen Scharen hierher kommen würden, vom Profi bis zum fröhlichen Amateur, um sich so viel wie möglich unter den Nagel zu reißen.«

Auch das Interesse seitens der Regierung galt es zu bedenken. Das Wrack befand sich in internationalen Gewässern, lag aber unweit der Insel Bintan, welche zu Indonesien gehörte. Und einige Länder beanspruchen heute die Gewässer im Umkreis von 200 Meilen ihrer Gezeitenmarke als »Wirtschaftsfaktorzone«. Streng genommen gilt dies auch für alle Anrechte und Ressourcen, auch für die Fischgründe. Wracks werden zwar nicht ausdrücklich erwähnt, doch offensichtlich machen die Ministerien einiger Länder ihre ganz eigenen Regeln.

Bis zu einem gerichtlichen Entscheid, bis endlose Verhandlungen und Berufungsklagen abgeschlossen waren, konnten Jahre vergehen. Und während sich irgendwelche Anwälte noch in den Haaren lägen, würden Freibeuter das Bergungsgut verschwinden lassen.

»Falls das Wrack lohnt, machen wir uns gleich dran!«, beteuerte Hatcher noch einmal.

Und das Wrack *lohnte*. Eine Airlift-Sondierung ergab, dass die Ränder der Teller und Schalen noch so unversehrt waren wie damals, als sie 1751 in Kanton verpackt worden waren. Die Chancen standen also gut, dass das meiste Porzellan unbeschädigt geborgen werden konnte, vorausgesetzt, das Wetter hielt.

Zu diesem Zeitpunkt war die Identität des Wracks noch nicht geklärt. Die Eisenkanonen und Anker deuteten auf europäische Herkunft, was sich mit dem Fund eines Messingkerzenleuchters sowie von Weinflaschen und Glasware bald bestätigte. Das Wrack war 36 Meter lang, und das eingegrabene Spantenwerk war bis zu der Höhe, wo die Wasserlinie verlief, völlig intakt. Es war erstaunlich, wie gut die Gegenstände, die unterhalb dieser Linie eingegraben lagen, erhalten waren. Zum Beispiel waren einige der Holzkisten, in denen sich Porzellan befand, in einem solch guten Zustand, dass sie tatsächlich aufgestemmt werden mussten.

Hatcher sah sofort, dass eine schnelle Ausgrabung – die wegen der unmittelbar bevorstehenden Monsunzeit notwendig wurde – mehr Taucher und mehr Ausrüstung erfordern würde, als sie momentan vor Ort verfügbar hatten. Er fuhr nach Singapur und kam zurück mit einer zusätzlichen Bergungsplattform, der *Engineer*, einem 50-Tonnen-Kran, Kompressoren, einem Schlepper mit einer sechsköpfigen Crew und vier weiteren Tauchern.

Die beiden Bergungsplattformen *Costay Nile* und *Engineer* wurden vertäut, um eine stabile Fläche über dem Wrack zu bilden. Die Messapparate wurden installiert und ein Tauchplan ausgearbeitet. Bevor mit der Arbeit begonnen werden konnte, kam ein weiterer Faktor ins Spiel, der Mike Hatcher die größte Sorge bereitete … das Wetter.

Eine gewaltige Gewitterfront rollte von den Bergen Sumatras heran, kam immer näher und entlud sich mit hohem Seegang und starken Windböen. Die Bergungsplattformen schlugen krachend aneinander, Messapparate brachen los, und die Mannschaft war gezwungen, die Anker loszumachen und sich in Windeseile in Deckung zu bringen – der Sturm hatte Mannschaft und Schiff stark zugesetzt; die Schäden am Schiff wurden in seichterem Gewässer repariert, wo die Crew niedergeschlagen auf Wetterbesserung wartete.

Zurück im Suchgelände, stellten sie fest, dass der Sturm die Markierungsboje fortgerissen hatte. GPS, das satellitengestützte weltweite Ortungssystem, gab es damals noch nicht und es sah ganz danach aus, als müssten sie mit der Wracksuche noch einmal ganz von vorn beginnen. Der Gedanke daran, wieder »Gras mähen« zu müssen, ließ sie aufstöhnen. Doch das Glück war auf ihrer Seite. Ein Crew-Mitglied bemerkte ein flüchtiges Aufleuchten von etwas Rotem weit unter der Oberfläche, nur das Flimmern von etwas Farbigem. Das genügte. Es war eine der Bojen, die mit den Strömungen hinuntergespült worden war und sich in den Ankerkabeln verfangen hatte.

Die Verzögerungen hatten die Mannschaft seit der ersten Sichtung des Wracks drei entmutigende Wochen gekostet. Doch schließlich und endlich, am 28. Mai 1985, wurde die Bergung der Porzellanladung ernstlich angegangen. Alles war systematisch vorbereitet und Teller, Schalen, Schüsseln und Tassen der Ladung wurden so schnell es ging gehoben, so schnell die Crew an Deck nachkam, das Porzellan zu säubern und die Algenkrusten abzuschrubben.

Die Taucher verwendeten Kirby-Morgan-Ausrüstungen mit Luftversorgung von der Oberfläche, mit Fiberglashelmen und Mikrofonen, über die sie sich mit den Leuten an Deck verständigen konnten. Als Notfallsicherung trug jeder Taucher einen kleinen »pony«-Scuba-Tank bei sich. Sie arbeiteten paarweise, machten zwei Schichten am Tag, wobei das erste Paar bei Tagesanbruch ins Wasser einstieg und das letzte Paar bei Sonnenuntergang wieder an die Oberfläche aufstieg. Der erste Tauchgang dauerte 50 Minuten bei 46 Metern, der zweite war bei gleicher Tiefe mit 40 Minuten etwas kürzer.

Sobald ein Tauchpaar aufgestiegen war, begab es sich sofort für eine halbe Stunde in die Dekompressionskammer, wo jeder Taucher über seine Maske reinen Sauerstoff zugeführt bekam. Eine Zeit des Leerlaufs und der Langeweile, die kein Taucher liebt, die aber sein muss, um den überschüssigen Stickstoff im Körper abzubauen, der unter dem erhöhten Druck in mehr als vierzig Metern Tiefe absorbiert wurde.

Die Schalen und Teller wurden sorgfältig von Hand in Plastikbehälter geschichtet, welche wiederum in einen großen Stahlkorb gesetzt wurden. Über eine Zugwinde an der Plattform, bei der ein Drahtseil über einen A-Rahmen lief, wurde der Korb dann an die Oberfläche befördert. Die Taucher wurden in einem Lift auf- und abgelassen, der mit Notversorgungsflaschen ausgerüstet war und als Operationsbasis unter Wasser fungierte. Die Taucher befestigten ihren Luftschlauch am Lift und konnten sich somit in einem Arbeitsradius von knapp 14 Metern bewegen. Stieß der Airlift Blasen aus, wirbelte er den Bodensatz unter ihnen auf und verschlechterte die Sichtweite mitunter auf Armeslänge.

Der Airlift ist eine große Röhre, durch die Druckluft gepumpt wird. Sowie die Luft in Blasen nach oben drängt, dehnt sie sich zu einer dicken weißen Luftsäule aus und verursacht einen heftigen Sog an der Mündung der Röhre. Wie ein riesiger Staubsauger schluckte der Airlift Sand und Dreck und brachte ganze Reihen von Tellern, Schalen und anderen Gegenständen zum Vorschein. Allerdings musste man das Gerät mit äußerster Vorsicht bedienen. Der Sog war nämlich so gewaltig, dass er das zerbrechliche Porzellan ansaugen und zerstören konnte. Auch eine Taucherhand konnte plötzlich vom gierigen Sog gepackt werden. Doch ein geschickter Arbeiter wusste das Gerät zielgenau zu handhaben, sodass übergelagerte Schichten entfernt wurden, während die eigentliche Ladung unbeschädigt blieb.

Ein Großteil des Porzellans, das anfänglich geborgen werden konnte, war angeschlagen oder zerbrochen, wahrscheinlich infolge des enormen Drucks, als das Schiff sank. Doch als die Taucher sich durch die oberen Schichten hindurch gearbeitet hatten, entdeckten sie eine größtenteils völlig unversehrte Ladung. Dass das Porzellan zwischen Tee verpackt war, war bei der Arbeit nicht gerade ein Segen, denn als man es vorsichtig heraushob, stob der Tee in einer schwarzen Wolke auf und vernebelte die Sicht. Es konnte Minuten dauern, bis er sich wieder so weit abgesetzt hatte, dass man etwas sehen konnte. Und da Zeit kostbar war, arbeiteten sich die Taucher hauptsächlich tastend voran. Doch auch das hatte seine Nachteile. Die zerbrochenen, scharfkantigen Keramikscherben hinterließen auf den Händen zahllose Schrammen, Schnitt- und Schürfwunden, die bei fortgesetzter Arbeit im Salzwasser kaum heilten. Das Tragen von Handschuhen war sehr unpraktisch, da damit das Tastvermögen litt, und so nahmen viele das Verletzungsrisiko auf sich.

Tag um Tag wurden Gegenstände in die Plastikbehälter in den Hebekörben gelegt, die triefend hinauf an Deck gezogen wurden. Neben Hunderten von Schüsseln und Untertassen, Tellern, Tassen und allgemeinem Tafelgeschirr gab es eine erstaunliche Vielfalt weiterer Objekte – Butterdosen, Bierkrüge (über die die Crew jubelte), Nachttöpfe, Suppenterrinen sowie einige etwas seltsam anmutende Stücke, die später als Spucknäpfe identifiziert wurden. Wie der gute alte Römeradel zu Neros Zeiten, so pflegten offenbar auch die Großbürger Amsterdams, sich beim Festschmaus derart den Bauch voll zu schlagen, dass sie sich erst den Finger in den Hals stecken mussten, um weiteressen zu können!

Das Porzellan war wie üblich größtenteils blau-weiß gemustert, verziert mit Bildern chinesischer Pagoden, ländlichen Motiven mit Bauern, Blumen, Tieren oder bäuerlichen Szenen und stilisierten Mustern. Einige Stücke jedoch waren anders: blassgrüne Vasen und Schüsseln, Stücke, die älter als der Großteil der Ladung waren und von ganz eigenem, überaus hohem Wert. Des Weiteren gab es kleine Statuetten von Göttern und anderen alten Symbolfiguren, die von der Crew den Beinamen »die Unsterblichen« erhielten, außerdem Papageien- und andere Vogelfiguren, Büffelfiguren und schelmische kleine Bubenfigürchen in blauen Hemdchen, ohne Hose und mit winzigem Penis. Was besonders faszinierte, war die Tatsache, dass sich in den vielen Krügen und Vasen immer noch kleinere Gegenstände fanden, die auf dem Sortiertisch an Deck plötzlich herauspurzelten – kleine Figuren, Schmuck und Pillendosen. Zu den prachtvollsten Stücken gehörten riesige, 45 Zentimeter lange und mit aufwändigen Mustern verzierte Fischteller.

Insgesamt wurden rund 180 000 Einzelstücke gehoben, gewaschen und gesäubert. Anschließend wurden sie katalogisiert und dann sorgfältig in Behälter zum Transport nach Singapur verpackt.

Auch wenn die Fundstücke noch so aufregend waren, wurden die Taucher der vielen Teller, mit denen sie Tag für Tag unter Wasser zu tun hatten, allmählich überdrüssig. Um der Langeweile zu entgehen, machten sie untereinander kleine Wettbewerbe. Der Beste schaffte in einem fünfzigminütigen Tauchgang zwölf Körbe voller Speiseteller, mehrere hundert Stück.

Eine Zeit lang schien die Ladung schier unerschöpflich, doch bis Ende Juni befand sich das meiste davon auf der Bergungsplattform. Die Taucher waren völlig am Ende. Jeder Einzelne der

Crew war mehr als urlaubsreif und wollte nach Hause. Monatelang waren sie ununterbrochen auf See gewesen und hatten sieben Tage die Woche gearbeitet.

Der Einzige, der es nicht eilig zu haben schien, war Mike Hatcher.

»Wir müssen sichergehen, dass wir auch alles haben!«, sagte er. »Halbe Arbeit machen wir nicht.« Er schlug vor, mit dem Airlift einen Graben um das Wrack herum auszuheben, um nach »übergeschwappter« Ladung zu suchen. Natürlich gab es hinter seinem Rücken lautes Murren, doch Hatchers Erfahrung mit dem Entdecken und Heben von Ladungen sowie sein untrüglicher Instinkt erwiesen sich einmal mehr als unbezahlbar.

Der Graben wurde von der Backbordseite her immer weiter ausgehoben, bis einer der Taucher, der an den Ziegelsteinen der eingestürzten Kombüse arbeitete, auf die Max und Mike beim allerersten Tauchgang gestoßen waren, eine ganz unverhoffte Entdeckung machte. Die Kombüse war am Bugteil des Schiffes eingebrochen, vielleicht infolge des Drucks beim Aufprall auf den Meeresboden, eher aber weil die Schiffsplanken vermoderten, nachgaben und schließlich in sich zusammenfielen. Hans, der Cheftaucher, war am Monitor an Bord und hörte über die Sprechverbindung die Stimme eines Tauchers.

»Bordwache! Bordwache!«, rief er, und seine Stimme klang dabei ganz anders als sonst.

»Gibt's Probleme?« Spannung. War der Taucher in Schwierigkeiten? War der Tauchpartner in der Lage, eine Notfallrettung zu versuchen, falls nötig?

Doch die nächsten Worte, die nach oben drangen, klangen wie himmlische Musik in Mike Hatchers und Max de Rhams Ohren.

»GOLD!«, schrie der Taucher. »Ich habe Gold gefunden!«

10
Das 20-Millionen-Dollar-Geschäft

»Gold!« Der Schrei war auf der ganzen Bergungsplattform zu hören. Die Hölle brach los. Alle Taucher hingen an der Sprechverbindung, fragten dem Kollegen unten im Wasser Löcher in den Bauch. Doch in dem ganzen Tohuwabohu konnten weder der Taucher unten noch die Männer oben ein Wort verstehen.

»Ruhe!« rief Hatcher gereizt und ärgerlich. »Alle Mann Maul halten!« Auf der Stelle waren sie still, warteten gespannt ab.

Schließlich kam der Taucher nach oben und ein triumphierendes Lachen blitzte hinter seinem Helmvisier. Er öffnete den Reißverschluss an seinem Taucheranzug und heraus fielen siebzehn kleine kupferfarbene Barren, die mit einem dumpfen Klappern auf dem Deck landeten. Gold! Die Taucher stürzten sich auf das Gold, rieben an der Farbe, hielten es gegen das Licht, wogen es in der Hand. Gold! Zu schön, um wahr zu sein!

Die Barren, so berichtete der Taucher, als er aus der Dekompressionskammer kam, hätten außerhalb des Schiffes gelegen. Zweifellos stammten sie aus jener Kiste, die der Steward des Kapitäns, Arnold, an Deck geschafft hatte, als das Schiff bereits am Sinken war. Es war die Kiste, wegen der die Amtspersonen der *VOC* den Bootsmann Christoffel van Dijk seinerzeit so sehr ins Kreuzverhör genommen hatten. Ein 234 Jahre altes Rätsel war damit gelöst. Das Gold war also doch nicht gestohlen worden, wie die *VOC* befürchtet hatte.

Max de Rham war beim nächsten Tauchgang an der Reihe, und auch er fand Goldbarren. Ein spannender Wettstreit begann – wer würde mit einem einzigen Tauchgang das meiste Gold heraufbringen?

Die Taucher entdeckten insgesamt 125 Barren, wobei Mike Hatchers persönliche Bestleistung bei 29 Stück lag. Später würden individuelle Einzelstücke, wie etwa die in Form eines Schuhes gegossenen chinesischen Glücksbringer, die verschiedene Stempel trugen, um die 100 000 US-Dollar einbringen, obwohl der Barrenwert bei nur rund 4000 Dollar lag. Das Gold war das Tüpfelchen auf dem i, der Glückstreffer schlechthin, und machte aus der *Geldermalsen* das große Los im Wert von 20 Millionen US-Dollar.

Mit den Erfahrungen aus der Versteigerung des Dschunken-Porzellans, entwarfen Christies, Hatcher und de Rham nun gemeinsam einen Plan, um Porzellan und Gold der *Geldermalsen* einträglich zu vermarkten. Ursprünglich (1752) sollte die Ladung gleich bei Ankunft des Schiffes an der Pier in Amsterdam versteigert werden, und so schien die holländische Metropole auch heute als Veranstaltungsort für die Auktion wohl geeignet. Aus der letzten Versteigerung hatte man gelernt, dass die Geschichte eines Schiffes und dessen Ladung für den Auktionserfolg von großer Bedeutung waren.

Während professionelle Sammler ihr Augenmerk vorwiegend auf Zustand, Seltenheit und Alter der Ware legten, interessierte sich die breite Öffentlichkeit mehr für die Romantik der Geschichte. Sie suchten eher nach Erinnerungsstücken als nach Sammlerstücken. Doch das Ausmaß der öffentlichen Teilnahme an einer Auktion, war im Vorfeld immer eine unbekannte Größe. Da das Porzellan nicht so alt war wie das aus der Dschunke, zudem von minderer Qualität und in größeren Mengen vorhanden, gab es nicht wenige, die vor Auktionsbeginn große Skepsis zeigten.

»Christies, das Auktionshaus, welches Hatcher mit der Versteigerung beauftragt hatte, hegte große Zweifel, ob sich überhaupt genügend Käufer für eine so ungeheure, noch nie da gewesene Menge chinesischen Porzellans finden würden«, schrieb Anthony Thorncroft in *The Nanking Cargo*.

»Auch eine ganze Reihe von Händlern zeigte sich unbeeindruckt«, erinnert sich Hatcher. »Sie fürchteten, wir würden damit den Markt überschwemmen und so den Wert der Ware zunichte machen, die sie bereits zum Verkauf angeboten hatten, und waren darüber sehr erbost.«

Wie sich herausstellte, stammte die Ladung gar nicht aus Nanking, wenngleich sich der Name als guter Werbeträger für die Auktion entpuppte. Im 18. Jahrhundert wurde alles Porzellan in Europa als Ware aus Nanking angepriesen, obwohl das geografisch nicht korrekt war. Vielmehr war Kanton der Verladehafen. Gedreht, geformt, bemalt und gebrannt wurde das Porzellan weit im Landesinneren. Bis jedes einzelne Stück in Kanton ankam, war es unzählige Male umgepackt worden und durch viele Hände gegangen.

Die Geschichte der Porzellanherstellung in China ist faszinierend. Auch heute noch ist in Europa das blau-weiße Porzellan der Ming-Dynastie untrennbar mit der Vorstellung von erlesenen Tellern oder Vasen verknüpft, die sich nur die wirklich Reichen leisten können. In Wahrheit war der Preis für den Großteil des für den Export bestimmten Porzellans während der Ming-Periode und später nicht sonderlich hoch. Es gab selbstverständlich Qualitätsunterschiede zwischen dem Porzellan, das für den Hof des Kaisers hergestellt wurde – feinste Einzelstücke des Porzellankunsthandwerks –, und dem, das in riesigen Mengen für den Export gefertigt und ins Ausland verschifft wurde.

Seltsamerweise wurden einige der frühesten Porzellanstücke nicht für die Lebenden, sondern für die Toten entworfen. Begräbnisse hochgestellter Persönlichkeiten folgten einem bis ins kleinste festgelegten Ritus, bei dem der Verstorbene am Ende zusammen mit Statuetten, die Diener, Soldaten, Konkubinen, Pferde, Ochsen und Karren darstellten, in ein Grab gebettet wurde. Auch Gegenstände aus dem Alltag des Verstorbenen wie Schüsseln, Vasen, Teller wurden ihm am Ende seiner irdischen Reise für sein nächstes Leben in die Grabstatt mitgegeben. Heute hat man einige dieser kostbarsten Stücke früher Porzellankunst wieder ans Tageslicht befördert – Funde, die ein lebendiges Bild geben aus einem Alltag, der heute längst Geschichte ist, und die nicht zuletzt auch von der großen handwerklichen und künstlerischen Fertigkeit der Porzellantöpfer jener Epoche zeugen.

Die Bezeichnung »Porzellan« ist eine europäische Wortschöpfung. Die Herkunft des Wortes ist nicht eindeutig geklärt. Zum einen bezeichnet das italienische Wort *porcellana* die Venusmuschel, eine zweischalige Seeschnecke mit porzellanartiger Schale, die auch beliebtes Motiv bei Malern des Mittelalters war. Zum anderen leitet sich der Begriff vom lateinischen bzw. italienischen *porcella* , »kleines weibliches Schwein, Ferkel«, ab. Da die feine, glatte Haut des jungen europäischen Hausschweins der feinen, weißen, glatten Oberfläche erlesenen Porzellans nicht unähnlich ist, wurde der Begriff wohl übertragen.

Die Erklärungsvariante mit der Venusmuschel ist zweifelsohne die romantischere der beiden! Die Schale der Venusmuschel hat die schimmernde Glätte, die Härte und natürliche Leichtigkeit von Porzellan. Der bildliche Vergleich mit dem Hausschwein ist vielleicht handfester. In der Geschichte der Menschheit gehörten Schweine seit Urzeiten zu den nützlichen Haustieren, doch leider mussten sie auch oft für kränkende und unschmeichelhafte Begriffe in unserem Wortschatz herhalten. Vielleicht könnten wir ihnen ja in diesem Punkt (wenigstens einmal) Ehre antun.

Die Chinesen nannten das Porzellan *tzu,* und zwar deshalb, weil – so George Savage in seinem Buch *Porcelain Through the Ages* – beim Anschlagen ein nachhallender Ton erklang. Der Anschläger musste natürlich aufpassen, dass aus dem nachhallenden Ton nicht das fürchterliche Geklirr eines zerschlagenen Meisterstückes wurde.

»Es gibt einige begriffliche Varianten wie etwa das Wort *paitzu,* das bedeutet, dass das Material sowohl weiß ist als auch einen nachhallenden Klang hat«, fügt Savage hinzu.

»Eine Rose würde, hieße sie nicht Rose, ebenso wohlig duften«, sagte Shakespeare einmal. Sind seine Worte auch auf das

Porzellan übertragbar? Formen und Muster der frühen chinesische Töpferware wurden vermutlich von persischen, sumerischen und mauretanisch-islamischen Motiven beeinflusst und von fremdländischen Ideen und Vorstellungen mit geprägt. Bereits 618 v. Chr. waren römische Damen in chinesische Seide gekleidet, und der Warenhandel über die Karawanenstraßen, die mit Geschichten wie *1001 Nacht* bekannt und berühmt wurden, florierte in beiden Richtungen. In der alten Stadt Samara im heutigen Syrien fand man bei Ausgrabungen Bruchstücke alter chinesischer Töpferware und Porzellan aus dem Jahre 883 v. Chr. Im Mittelalter gelangten chinesische Seide und Porzellan auf dem Rücken von Kamelen über die Karawanenstraßen regelmäßig in den Nahen Osten und wurde von dort über arabische Hafenstädte und durch venezianische Kaufleute in den Mittelmeerraum weiter verschifft.

Die außergewöhnlichen und seltenen Vasen und Teller aus blassgrünem Seladon waren besonders bei europäischen Königen und Herrschern sehr beliebt. In der damaligen politisch äußerst unbeständigen Lage hatten Teller von dieser Farbe einen stolzen Preis, da sie angeblich die Farbe änderten, sobald sie mit vergiftetem Essen in Berührung kamen. Nach England zurückgekehrt, vermachte Erzbischof Warham 1530 dem New College in Oxford eine Porzellanschale aus Seladon.

Bis kriegslustige europäische Händler in den südostasiatischen Meeren kreuzten, angefangen mit der Ankunft des Portugiesen Vasco da Gama in Indien 1496, wurde chinesisches Porzellan weitgehend nur für den einheimischen Bedarf hergestellt. Der Kaiserhof war Hauptabnehmer der erlesenen Qualitätsware. 1433 gaben abgesandte Eunuchen des Kaisers die Fertigung von 443 500 Stücken in Auftrag aus 58 eigens dafür ausersehenen »offiziellen« Brennöfen. Eigenartigerweise war der Verkauf von hochwertigeren Stücken, die man vor Ankunft der Portugiesen, Spanier, Holländer und Engländer in den östlichen Meeren als Exportartikel gut hätte absetzen können, strikt eingeschränkt.

Die Chinesen waren eine große Seefahrernation. 1405 verließ eine Flotte unter Eunuch Admiral Zheng He mit 82 Schiffen und 28 000 Männern China. Ihre Dschunken sollen 120 Meter lang gewesen sein und ganze neun Masten gehabt haben, um die mächtigen Segel aus Seide zu tragen – das Zeug, aus dem Legenden sind, und Legenden neigen bekanntermaßen zur Übertreibung. Größe hin oder her – jedenfalls waren sie ohne Zweifel weit größer als alles, was seinerzeit auf europäischen Meeren segelte –, und sie unternahmen beachtliche Seereisen.

Auf den Expeditionen unter Zheng He fuhr die Flotte bis nach Malakka, Ceylon, Indien, an den Persischen Golf und das Rote Meer, bevor sie dann die ostafrikanische Küste entlang hinunter nach Süden und bis Sansibar kam. Auf den Meeren, die ihrer Heimat näher lagen, segelten sie nach Sumatra, Java, Borneo und gen Osten bis zum indonesischen Archipel nach Neuguinea. Man vermutet sogar, dass Zheng He bei seinen sieben großen Expeditionen möglicherweise auch Australien gesichtet hat. Zur Ming-Flotte gehörten schätzungsweise insgesamt gut 3500 Schiffe. Sie war die größte Flotte und bei weitem die mächtigste weltweit, eine, die ohne weiteres nach Europa oder zum amerikanischen Kontinent gelangt wäre.

Was aber geschah mit dieser großen chinesischen Seemacht?

Sie brach gänzlich zusammen, wurde besiegt von Gelehrten, die mit nichts als den gesammelten Weisheiten des Konfuzius bewaffnet waren.

Bis zum 16. Jahrhundert und noch nicht einmal einhundert Jahre nach Zheng He schrumpfte die kaiserliche Flotte auf ein paar wenige kleinere Schiffe zusammen, die nur spärlich bemannt und kaum instand gehalten wurden. Der Bau seetüchtiger Schiffe war fortan untersagt. Auch der Privathandel mit dem Ausland oder gar außer Landes zu reisen, war vom kaiserlichen Hof verboten worden. Jeglicher Ungehorsam wurde mit dem Tode bestraft. Für die zahlreichen und im ganzen Land umherziehenden Gelehrten sowie für die konfuzianisch orientierte Bürokratie der Ming-Periode war das ein Triumph. Sie verachteten die Kaufleute und schränkten sie ein, wo immer es ging, überzeugt davon, dass diese durch den freien Seehandel zu wohlhabend und zu mächtig geworden waren. Man nahm ihnen ihre Schiffe und damit ihre Freiheit.

Eine weitere mögliche Erklärung für den Niedergang der Flotte geht davon aus, dass die Expeditionen des Zheng He sündhaft teuer gewesen waren und die Gelder, die bis dahin in den Flottenbau und den Unterhalt eines so großen Schiffskontingents samt Mannschaft geflossen waren, nun dringender für Verteidigungszwecke an der nördlichen Landesgrenze gebraucht wurden. Die Bedrohung durch die Mongolen, Hunnen und andere barbarische Volksstämme war den Kaisern in Peking eine ständige Sorge. Die Chinesische Mauer zeugt heute noch von dieser Vorsicht, oder Paranoia, je nach dem, wie man die Sache betrachten will.

Schließlich wurde beschlossen, dass der Handel mit Ländern außerhalb Chinas unnötig sei. Fremde brächten nur unnötig Unruhe ins Land und befleckten die Reinheit und Tugend chinesischer Lebensart, hieß es. Handel zu betreiben wurde als habgierig und unehrenhaft abgetan. »Profit ist die Sorge des kleinen Mannes«, sagte Konfuzius. Ein tugendhafter Mensch wendet seinen Geist höheren Dingen zu. Ein Konfuzianer preist Ehre, edle Herkunft, Kultur, Kunst, Malerei, Dichtkunst als Dinge des Geistes. Von äußerster Wichtigkeit und Wert sind ihm die Ahnen, Hochachtung für die Alten, Eltern und Familie. Im englischen Adel gelten ähnliche Werte, doch anstatt Konfuzius zu lesen, nahm man dortzulande an Parforcejagden teil.

So bewundernswert einige der puristischen konfuzianischen Theorien der Gelehrten, Mandarins und Beamten des kaiserlichen Hofes im Kern gewesen sein mögen, haben sie doch eine ganze Reihe von bedeutsamen Faktoren außer Acht gelassen. Ohne Flotte war das Land fortan außer Stande, die unerwünschten Schiffe der Europäer, der verachteten »Langnasen«, von den Küsten Chinas fern zu halten. Zu Pferde ließen sich die Aktivitäten der Schiffe, die von chinesischen Untertanen gesteuert wurden, nicht mehr überwachen, sobald sie einmal draußen auf dem Meer waren. Die küstennahen Provinzen hatten ein armes Hinterland und waren für ihren Lebensunterhalt auf den Bau von Dschunken und Schiffen sowie auf den Handel angewiesen. Das Meer war ihr täglich Brot, und wie sich am Ende erwies, war es unmöglich, ihnen diese Lebensgrundlage zu verwehren.

Sobald sich die strengen kaiserlichen Anordnungen etwas gelockert hatten, da sich das Augenmerk der Kaiser in Peking nun mehr auf andere, ernstere Bedrohungen richtete, gingen die Küstenbewohner wieder dem Schiffsbau nach und fuhren zur See. Doch die einst so mächtige Flotte wurde nie mehr ersetzt. Das Ende vom Lied: Die Europäer zwangen sich samt ihrer unerwünschten Handelsware (einschließlich des gesundheitsschädlichen Opiums) den widerspenstigen Chinesen auf.

Sie verfügten über die besseren Schiffe, hatten eine überlegene Geschützkraft und traten mit entwaffnender Selbstsicherheit auf. Die Europäer wurden Herren der Meere, nicht nur auf den asiatischen, sondern auf den Meeren der ganzen Welt. Seit da Gamas Ankunft in Indien vor 400 Jahren bekämpften sich die europäischen Schiffe lediglich untereinander, führten ihre Scharmützel aus der Heimat, wo Katholiken und Protestanten Erzfeinde waren und wo Spanier, Portugiesen, Franzosen, Holländer und Engländer sich allesamt bekriegten, in fernen Gewässern fort.

Mit der Kriegserfahrung und den verbesserten Waffen, die sie während dieser Gefechte entwickelt hatten, drängten die Europäer mit Kanonen, Schwertern und dem Kreuz des Christentums hinaus auf die Meere, die Welt zu erobern. In den vierhundert Jahren der Kolonisation suchten sie sich immer wieder gegenseitig zu bezwingen, führten nicht enden wollende Kriege, die noch bis ins 20. Jahrhundert hinein andauerten.

Doch wann immer es um China ging, waren sie sich einig. Sie würden mit China Handel treiben, ob der Kaiser einverstanden war oder nicht. Außerstande, die einlaufenden europäischen Schiffe aufzuhalten, beschloss der Hof, zumindest den Zustrom der Europäer nach China zu kontrollieren. Sie erlaubten den

Portugiesen die Errichtung einer Handelsbasis in Macao, die bis 1999 bestand. Die Holländer ließen sich in Fort Zeelandia in Taiwan nieder und die Engländer und andere Nationalitäten wurden unter eingeschränkten Bedingungen in Kanton am Pearl River aufgenommen.

Geschütze waren das besondere Merkmal eines jeden europäischen Schiffes, eines »Indienfahrers«, und jedes war mit bis zu 40 Kanonen bestückt und eine Festung in sich. Kein arabisches, indisches oder chinesisches Seefahrzeug konnte sich auf dem Wasser gegen sie behaupten. Allerdings verfügten sie nicht über genügend Männer oder gar eine Kavallerie für eine militärische Operation an Land. Insofern endete ihre Macht zumeist an der Hochwasserlinie.

In China war es den Europäern verboten, sich außerhalb ihrer Niederlassungen aufzuhalten, und da sie größtenteils nicht wirklich in China leben wollten, erklärten sie sich mit den Handelsabmachungen einverstanden. Zu den Hauptexportartikeln der holländischen, portugiesischen und britischen Schiffe, die Ware nach Europa brachten, gehörten Tee und Porzellan.

Im 17. und 18. Jahrhundert etablierten sich die europäischen Mächte nach und nach an der chinesischen Küste. Im 19. Jahrhundert errichtete Großbritannien seine Haupthandelsbasis in Hongkong und die Engländer führten in ihrer eigenen Kronkolonie ein Leben nach eigenem Gutdünken. Mit der Zeit wurde Großbritannien die Supermacht der asiatischen Meere und gar der Weltmeere. »*Britannia Rules the Waves!*« – Anfang des 20. Jahrhunderts drückten diese Worte die Empfindung und den Stolz einer vorherrschenden Nation aus.

Doch damals, 1752, als die *Geldermalsen* von Kanton aus in See stach, schwer beladen mit Tee und Porzellan, war noch die holländische Ostindienkompanie eine der einflussreichen Seemächte in östlichen Gewässern. In den Flussstraßen des Pearl River vor der *VOC*-Niederlassung in Kanton, wo die *Geldermalsen* vor Anker lag, wurde sie von den Holländern mit den üblichen riesigen Bestellmengen blau-weißen Porzellans bestückt. In jenem Jahr wurden allein für die *Geldermalsen* 250.000 Stück Frachtgut registriert.

Die Befrachtung der Schiffe war eine Herausforderung an praktisches Geschick. Auf den gewöhnlichen Steineballast des Schiffes kam zuerst eine Schicht trockener Pearl-River-Kiesel, um einen ebenen Untergrund zu schaffen. Darauf kamen Kisten, in denen das Porzellan zusammen mit Tee verpackt war. Über die Kisten wurde eine Lage Bretter gelegt, um einen neuen Boden zu haben. Darauf wurde dann die Hauptladung Tee, welcher von Sampans, kleinen Booten, an Bord geliefert wurde, in Kisten geschichtet, so eng, dass kein einziges Teeblatt mehr dazwischen gepasst hätte.

Porzellan wurde auf Bestellung gefertigt und musste mindestens ein Jahr im Voraus in Auftrag gegeben werden. Die Chinesen hatten ein tiefes Bewusstsein für die lebende Natur des Erdbodens, und es gab nur wenige andere Gewerbe, die auf natürliche Bodenstoffe ebenso angewiesen waren wie die Porzellanhersteller. Voraussetzung zur Herstellung von Porzellan war das Vorkommen von weißem Kaolinton im Boden, ein extrem reines Aluminiumsilikat. Diese Substanz war weich und formbar genug, um sie auf der Scheibe oder in Klumpen zu bearbeiten, gleichzeitig aber auch fest genug, um beim Brennen in Form zu bleiben.

Ein weiterer wichtiger Bodenbestandteil war Feldspat, der zu Pulver gemahlen und mit dem Kaolin vermengt wurde. Durch Brennen der Masse bei hoher Temperatur verbinden sich die Substanzen, wobei der für Porzellan typische Glanz entsteht. Porzellan war leicht, ziemlich robust und feuchtigkeitsbeständig – das perfekte Ess- oder Trinkgeschirr. Es ist auch heute noch Hauptbestandteil der so genannten »Chinaware«, wobei die Bezeichnung nichts darüber aussagt, ob die Ware in China, Japan oder Europa hergestellt wurde.

Die kaolinhaltige Tonerde wurde gefördert und mit Wassermühlen zu einer feinen Mischung zermahlen. Dieser Arbeitsschritt wurde im Winter getätigt, wenn Regenzeit war und die

Flüsse viel Wasser führten. In einem guten Winter, wenn viel Wasser die Flüsse anschwellen ließ und sie in reißende Ströme verwandelte, drehten sich die Räder schnell, und der Ausmahlungsgrad war dann besonders fein. Fiel der Regen spärlicher, war die Mischung gröber. Insofern war die Qualität des Porzellans von der jeweiligen Regenmenge eines Jahres abhängig.

In den Brennöfen musste eine stets gleich bleibende, sehr hohe Temperatur von gut 1450 Grad Celsius herrschen. Diese zu kontrollieren, gehörte zu den wichtigsten Aufgaben in der Töpferkunst. Die Schmelzöfen verbrauchten riesige Mengen Brennstoff. Die fortlaufende Versorgung mit Feuerholz, Kontrolle der Trockenheit und Qualität des Holzes waren daher ebenso wichtig. Die Herstellung von Porzellan war mit viel Arbeit und Mühe verbunden, eine regelrechte Plackerei. In der Stadt Jingdezhen, dem Hauptzentrum der Porzellanmanufaktur, waren über eine Million Menschen mit verschiedenen Aufgaben am Herstellungsprozess beteiligt. In Jingdezhen war es nie Nacht, so hieß es, denn das ununterbrochene Glühen der Schmelz- und Brennöfen während der Befeuerung tauchte alles ringsum in taghelles Licht.

Und auch dieser Arbeitsschritt orientierte sich an der Natur. Während das Ausmahlen von Kaolin und Feldspat eine Winterarbeit war, musste das Befeuern der Brennöfen im Sommer stattfinden. Niedrige Wintertemperaturen trübten die Glasur. Das Bearbeiten der Tonerde auf der Scheibe, das Formen und Bemalen und zuletzt das Brennen waren Sommerarbeiten. Das Endprodukt wurde sorgfältig verpackt und auf dem Wasserweg von Jingdezhen an die Küste transportiert. Zuerst ging es flussabwärts über Stromschnellen, dann quer über den riesigen Poyang-See, einen Binnensee. Schließlich schleppten es Kuli-Träger über den 300 Meter hohen Meiling-Pass in den Bergen. Anschließend wurde es erneut auf Wasserfahrzeuge verladen, die es über die letzten breiten Ströme nach Kanton brachten. Am Ende hatte das Porzellan eine Strecke von mehr als 1000 Kilometern mit allen möglichen Transportmitteln zurückgelegt.

Und einmal mehr waren Jahreszeit und reichlich Regen wichtige Faktoren, da die Ströme genug Wasser führen mussten, damit die Felsen in den 28 Stromschnellen zwischen Jingdezhen und dem See auf der ersten Reiseetappe gefahrlos umschifft werden konnten.

Nach diesem langwierigen Herstellungsprozess, der von den Jahreszeiten bestimmt war, spielte schließlich ein weiterer naturgegebener Umstand eine Rolle. Die Schiffe, die Kanton schwer beladen mit Tee und Porzellan verließen, mussten die Weihnachtszeit und die Nordostmonsune abwarten, um ihre Reise hinunter durch das Südchinesische Meer in die Sunda-Straße und den Indischen Ozean antreten zu können.

Bis ein Stück Porzellan auf der andere Seite der Welt in Europa ankam, war es zwei Jahre lang unterwegs gewesen, war durch viele Hände gegangen und hatte einige kritische Jahreszeiten überstanden. Kaolin-Förderer, Töpfer, Porzellanmaler, Brennofenheizer, verschiedene Bootsleute, Lasttiere, Kuli-Träger, Kaufleute und Kapitäne – sie alle leisteten ihren ganz eigenen Beitrag, bevor das Porzellan seinen Weg in die gute Stube oder Küche einer stolzen Hausfrau in Holland gefunden hatte.

Sollte Mike Hatcher tatsächlich die *Geldermalsen* gefunden haben, dann wollte Christies angesichts der Bedeutung der Ladung auch sicher sein, dass die eigentumsrechtlichen Verhältnisse vor Beginn der Auktion geklärt waren. Überdies verlangte das Auktionshaus eine eindeutige Identifikation des Schiffes – beide Bedingungen gingen Hand in Hand.

Wem gehörte die Ladung?

Ursprünglich gehörte sie der holländischen Ostindienkompanie, die in den 1790ern erlosch. Rechtmäßiger Erbe war demnach die heutige holländische Regierung. Die Frage war, ob die *Geldermalsen* vor dem Gesetz als herrenloses Gut und insofern der Grundsatz »Finder gleich Besitzer« galt, egal, wer die Ladung barg, oder ob die Holländer nach wie vor ein Anrecht darauf hatten. Während das Wrack in einem Gebiet lag, das nach der allgemein anerkannten 3-Meilen-Grenze einst internationales Gewässer war, beanspruchten jetzt immer mehr Nationen »ausschließliche Wirtschaftszonen« im Umkreis von bis zu 200 Meilen vor ihren Küsten.

Auf dieser Basis war es möglich, dass Singapur oder Indonesien Ansprüche erheben konnten, auch wenn sich die Definition des Begriffes »ausschließliche Wirtschaftszonen« laut der Seerechtskonvention der Vereinten Nationen nur auf Öl und Erzlagerstätten bezog. Schiffswracks finden darin keine Erwähnung. Doch einige Länder waren bereit, Ansprüche zu erheben. Ging die Sache vor Gericht, je nach dem zu welchem und in welchem Teil der Welt, könnte sie sich womöglich über Jahre hinziehen. Und egal wie ein Gerichtsentscheid ausfiel – man hätte immer auch Einspruch erheben können. Ein juristischer Albtraum für Schatztaucher und Auktionatoren gleichermaßen.

Hatcher und de Rham beschlossen, sich an die holländische Regierung zu wenden. Ein Abkommen wurde geschlossen, worin die Holländer (die ursprünglich 25 Prozent verlangt hatten) sich mit 10 Prozent aus dem Auktionserlös der Ladung einverstanden erklärten, wegen der großen Entfernung der Wrackfundstelle von Europa. Die Untersuchung des Porzellans aus der *Geldermalsen*-Ladung wurde dem Spezialisten Dr. Christian Jorg an der Universität Groningen übertragen. Er war vor allem über eines besorgt: Dass die Ladung von der *Geldermalsen* stammte, war so gut wie sicher, doch fehlte es an einem überzeugenden Beweis für die Identität des Schiffes.

Beunruhigt, auch weil die frühere Versteigerung der Ladung der namenlosen Dschunke recht unbefriedigend verlaufen war, schlug Christies vor, dass Hatcher und de Rham noch einmal an die Fundstelle zurückgehen und dort gezielt nach Stücken suchen sollten, die das Schiff zweifelsfrei identifizierten. »Bringt uns das Namensschild oder die Schiffsglocke«, lautete der Auftrag.

So kehrten die beiden Partner zu Beginn des Jahres 1986 an die Fundstelle zurück und fanden tatsächlich die Schiffsglocke, ebenso zwei bronzene Kanonen und einen persönlichen Stempel mit den Initialen FB. Die Glocke trug zwar nicht den Namen des Schiffes, aber ein Datum – 1747. Das war das Jahr, in dem die *Geldermalsen* vom Stapel lief. Die bronzenen Kanonen trugen das *VOC*-Zeichen der holländischen Ostindienkompanie, und die Initialen auf dem Stempel standen vermutlich für Frederick Berkenhouwer, den Ersten Kapitän, der den Untergang nicht überlebte.

Diese Entdeckungen trugen, wie sich zeigte, entscheidend zum Erfolg der Auktion bei. Dr. Jorg konnte wesentliche Details zur Geschichte der *Geldermalsen* liefern, einschließlich der Frachtlisten, die die Unterschrift des umgekommenen Schiffskapitäns Jan Morel trugen. Dr. Jorg hatte bereits 1982 ein Buch zu diesem Thema verfasst mit dem Titel *Porcelain & the Dutch China Trade* (»Porzellan und der holländisch-chinesische Handel«). Die *Geldermalsen* lieferte ihm nun Stoff für ein weiteres Buch im Auktionsjahr 1986: *The Geldermalsen, History & Porcelain* (»Die *Geldermalsen*, Geschichte & Porzellan«).

Er schrieb: »Für einen Kunsthistoriker ist eine solche exakte Datierung – unter der Annahme, dass die Porzellangeschäfte in Kanton einen schnellen Umsatz hatten und daher regelmäßig neue Lieferungen bekamen – eine wahre Freude. Wir haben hier nicht weniger als 150 000 ›wegweisende Fossile‹ (die Ladung), eine feste zeitliche Bezugsgröße. Wir können ein Stück Porzellan neben ein anderes stellen, die stilistischen Merkmale miteinander vergleichen und somit eine noch viel exaktere Datierung möglich machen. Das ist von außerordentlicher Wichtigkeit, denn von den gewöhnlichen Stücken chinesischen Exportporzellans lassen sich nur ganz wenige zeitlich ganz zweifelsfrei bestimmen.«

Im Zuge seiner Forschungsarbeiten erstellte Dr. Jorg eine vollständige Liste aller Porzellanstücke, welche damals in 203 Ladekisten auf der *Geldermalsen* transportiert wurden. Die Liste zeigt eine erstaunliche Vielfalt an Tafelgeschirren. Offenbar pflegte man 1752 eine stilvollere Esskultur als heute. Ein wohl sortierter Haushalt brauchte daher dringend auch geräumige Glasvitrinen und Regale, um alle Stücke unterzubringen.

Inventarliste des Geldermalsen-Porzellans:

171	Tafelservice – Holländisch: *tafelserviessen*
62 623	Teetassen und Untertassen *theegoed*
19 535	Kaffeetassen und Untertassen *koffiegoed*
578	Teekannen *trekpotten*
548	Milchkrüge *melkkommen*
14 315	flache Essteller *tafelborden*
1452	Suppenteller *soepborden*
299	Spucknäpfe *quispedoren*
606	Brechschalen *spuijpotjes*
75	Fischschüsseln *viskommmen*
447	einzelne Schalen *enkele schalen*
1000	Schüsselsätze *nest ronde schalen*
195	Butterdosen *botervlootjies*
2565	Schüsseln mit Untersetzer *kommetjies en pieringen*
821	englische Bierkrüge *Englese bierkannen*
25 921	Untersetzer *spoelkommen*

Die Holländer rechneten fünf Prozent Bruchschaden ein und bestellten häufig extra Tassen nach, weil diese am häufigsten zerbrachen.

Als die Auktion näher rückte und sich die Nachricht vom Ausmaß und von der enormen Vielfalt der 150 000 Bergungsstücke aus der Ladung der *Geldermalsen* an den europäischen Universitäten und Museen verbreitete, zog Hatcher den wachsenden Zorn der Wissenschaftler auf sich.

»Eine noch größere Bedrohung für den Erfolg der Versteigerung«, schreibt Thorncroft in *The Nanking Cargo*, »war der starke Protest gegen die Auktion seitens des niederländischen Rijksmuseums und dessen Kurators für Marine-Archäologie, Bas Kist. Er befand, dass die *Geldermalsen* viel zu eilig geborgen worden war, weil man nur auf die Hebung der Gewinn bringenden Ladung aus war, was auf Kosten einer kritischen historischen Untersuchung der Fundstelle ging. Um die Öffentlichkeit über die in seinen Augen unangemessene Finanzierung von Marine-Archäologie durch die holländische Regierung zu informieren, berief er eine Pressekonferenz ein.«

»… Wir befürchten, dass im Rausch romantischer Gefühle ein Teil des nationalen Erbes verloren geht«, sagte Kist.

Doch als Mike Hatcher seinen Standpunkt darlegen wollte, wurde ihm der Zutritt zur Pressekonferenz verwehrt. Das Rijksmuseum jedenfalls lehnte eine Teilnahme an der Versteigerung ab. Letztlich aber hatte die Missbilligung durch das Rijksmuseum keinerlei Auswirkung auf den Erfolg der Auktion.

Der Auktion ging eine sechsmonatige Planungsphase voraus. Es war die größte Porzellanauktion, die Christies je veranstaltet hatte. Allen Beteiligten war klar, dass wohl konzipierte Werbeaktionen und Marketingkampagnen für den Erfolg der Auktion ausschlaggebend waren. Hatcher hatte aus seiner Erfahrung mit der Dschunke so einiges gelernt. Bei der Bergung der *Geldermalsen* war daher der Fotograf John Bremner mit von der Partie, der Einzelaufnahmen und Videofilme der Bergungsaktion machte.

Mark Wrey wurde von Christies mit der Leitung der Werbemaßnahmen beauftragt. »Die *Nanking*-Ladung« – unter diesem Titel sollte die Auktion laufen. Die Idee dafür hatte Colin Sheaf, Leiter der China-Abteilung bei Christies, der sich von den Auktionen im 18. Jahrhundert inspirieren ließ, auf denen das Porzellan als »Nankingware« angepriesen wurde. (Er veröffentlichte später ein eigenes Buch mit dem Titel *The Hatcher Porcelain Cargoes*.)

Als Erstes stellte Wrey ein Informationsvideo aus Bremners Filmmaterial zusammen. Davon wurden vierhundert Vorab-Kopien gemacht und an Händler sowie an Christies-Auktionshäuser in London, New York, Amsterdam und Paris verschickt. Für internationale Zeitungs- und Fernsehjournalisten fand in

Amsterdam eine Hauptpressekonferenz mit Mike Hatcher statt, auf der eine Reihe von Artefakten aus der *Geldermalsen* vorgestellt wurde. Im März gab es eine weitere Pressekonferenz mit der Schiffsglocke und den beiden bronzenen Kanonen, um die zweifelsfreie Identifikation des Schiffes zu bekunden. Während dieser Zeit hielt Hatcher eine Reihe von Vorträgen und hatte zahlreiche Fernsehauftritte, wodurch sich die Namen *Geldermalsen* und *Nanking*-Ladung dem Bewusstsein der Öffentlichkeit einprägten.

Die Werbemaschinerie arbeitete extrem effektiv. In der Woche vor der Auktion standen 20 000 Menschen in Amsterdam im Regen Schlange, um sich in Christies Auktionsräumen die *Nanking*-Ladung anzusehen. Doch bei Christies sah man der bevorstehenden Auktion noch immer mit angespannter Sorge entgegen. Man ging von einem geschätzten potentiellen Auktionserlös von rund 6 Millionen US-Dollar aus. Hatcher, Optimist, der er war, hätte die Zahl noch höher geschätzt.

»Mein Gefühl sagte mir, dass er hoch sein würde«, sagte er hinterher. »Es gab keinen bestimmten Grund. Rein instinktiv und gefühlsmäßig, denn die Reaktionen, die ich im Vorfeld bekommen hatte, sagten mir, dass die breite Masse wirklich darauf anspringen würde.«

Am 28. April 1986 war es dann so weit. Der Amsterdamer Direktor des Auktionshauses trat auf die Bühne im Ballsaal des Hilton Hotel – der passend in Blau-Weiß geschmückt war – und schwang den Hammer. Die Auktion war eröffnet.

In elf Sitzungen über fünf Tage verteilt sollten 2746 Einzelstücke unter den Hammer kommen. Mike Hatcher selbst verhalf der Auktion zu einem guten Start, indem er auf einen deutschen Steingutkrug aus dem Jahre 1750 ein Gebot abgab. Christies hatte erwartet, dass dieser Krug rund 1.000 Gulden oder 500 US-Dollar bringen würde. Hatcher trieb das Gebot bis zu 11 000 Gulden, bevor er schließlich den Zuschlag erhielt.

»Ich habe ihn selbst auf dem Wrack gefunden«, sagte er anschließend. »Es war das erste Stück, das ich nach oben gebracht habe, und ich wollte es unbedingt behalten. Wir haben den Tauchern gesagt, dass ausnahmslos alle Stücke in die Auktion gehen, und falls sie etwas haben wollten, könnten sie ja dafür bieten. Also musste ich ein Exempel statuieren, obwohl ich nicht gedacht hätte, dass der Krug mich am Ende über 5 000 Dollar kosten würde.«

»Es folgten fünf Tage von äußerster Anspannung«, schreibt Anthony Thorncroft in *The Nanking Cargo*. »Jedes einzelne Stück verkaufte sich im Schnitt zum vier- bis fünffachen Preis des Schätzwertes.«

Hatcher, Max de Rham, Soo Hin Ong mit Gattin und die Taucher saßen in der ersten Reihe, unter ihnen auch A. W. Rahim mit Frau. Ong und die Crew gaben fleißig Gebote ab und bekamen den Zuschlag für eine ganze Reihe von Artikeln. Alle waren vornehm in Anzug und Krawatte gekleidet, außer Mike Hatcher. Er trug ein saloppes Jackett, darunter ein Polohemd. Keine Krawatte. »Ich bin immer noch derselbe Mensch, mit oder ohne Krawatte«, sagte er mit einem breiten Grinsen. »Falls das jemanden stört, hat der ein Problem, nicht ich.«

Bis zum Freitag, den 1. Mai 1986, hatte Christies fast 160 000 Porzellanstücke und 126 Goldbarren unter den Hammer gebracht, zu einem Gesamterlös von 37 Millionen Gulden. Das waren umgerechnet 10 Millionen Pfund Sterling oder 20 Millionen US-Dollar. Eine außergewöhnliche Summe, die selbst die kühnsten Erwartungen von Christies und Max de Rham noch übertraf.

»Ich selbst war gar nicht mal so sehr überrascht«, sagte Hatcher. »Ich hatte ja von Anfang an ein gutes Gefühl. Es war eine fantastische Woche. Ein Erlebnis, an das man sich sein ganzes Leben lang erinnert.«

Das Hilton Hotel kreierte einen »Hatcher«-Cocktail, natürlich in Blau. Für die Händler, privaten Bieter, Auktionatoren und das Personal von Christies war die Auktionswoche eine einzige Party.

Die einzelnen Goldstücke erzielten mit Geboten von 104 000 US-Dollar pro Barren gegenüber einem Metallwert von 4 000 US-Dollar pro Stück erwartungsgemäß die höchsten Angebote.

Ong bezahlte 56 500 US-Dollar für eine einzige Schale und 82 000 US-Dollar für einen Goldbarren. Max de Rham erwarb zwei Goldbarren, je einen für seine beiden Kinder. Zwei blau-weiße Butterfässchen verkauften sich für 22 000 US-Dollar, ein Preis, der das Zweiundzwanzigfache des ursprünglichen Schätzwerts ausmachte. Mit einem letzten Gebot von 440 000 US-Dollar erzielte ein Tafelservice den höchsten Preis.

Sieben Auktionatoren wechselten sich ab, weitere nahmen telefonische Gebote entgegen. Es gab auch aberwitzige Gebote, wie etwa 15 000 US-Dollar für eine mit Muscheln verkrustete Kanonenkugel, die ursprünglich auf einen Wert von 400 Dollar taxiert war. Da Eisen nach langer Zeit unter Wasser normalerweise abblättert, zerbröckelt und schließlich zerfällt, wenn es nicht gerade intensiv chemisch behandelt ist, war das ein recht absurder Kaufpreis.

Diese Auktion stellte alle vorherigen in den Schatten. Ein Rekord, der in Holland seinesgleichen sucht, die zweithöchste Gesamtsumme, die bei einer Christies-Auktion bis dahin je erzielt wurde. Während die höchsten Gebote natürlich die meiste Aufmerksamkeit erregten, verkauften sich viele Einzelstücke auch zu vergleichsweise bescheidenen Preisen, die sich auch ein Normalbürger leisten konnte. Kaum war der letzte Hammerschlag gefallen, brachten die Händler, die sich gut eingedeckt hatten, in London und anderswo das Porzellan zum Verkauf. David Howard, Antiquitätenhändler, gab bei der Auktion 1 300 000 US-Dollar aus und danach noch einmal 700 000 US-Dollar. Er bot Teeschalen mit Untersetzer zu 150 US-Dollar pro Satz an und verkaufte den Großteil seines ersteigerten Warenbestandes in London.

Auch das Londoner Kaufhaus Harrods bot blau-weißes Porzellan aus der Hatcher-Auktion an, welches ein Agent angekauft hatte und das nun in den Schaufenstern mit Fischernetzen und Seemannszubehör ausgestellt wurde. Bloomingdale in New York ließ eine Ausstellung von Hatcher persönlich eröffnen. Das Londoner Ritz-Hotel erwarb ein zwanzigteiliges Tafelservice für

60 000 US-Dollar und verlangte pro Stück 20 Dollar von jedem Gast, der davon speisen wollte – ein ausgesprochen praktisch orientierter Verwendungszweck. Unter den Gästen im Ritz, die vom ersteigerten Porzellangeschirr aßen, war natürlich auch Michael Hatcher!

Wie unglaublich rasch die einzelnen Stücke aus der Ladung in aller Welt Verbreitung fanden, war bemerkenswert. Die Stücke gingen nach ganz Europa, an wohlhabende Häuser in den Vereinigten Staaten, an Museen und Kunstgalerien in der ganzen Welt, wobei die Briten die Hauptabnehmer waren. Für all jene, die sich nur das Betrachten der Stücke leisten konnten, kaufte das British Museum eine repräsentative Auswahl an Porzellanstücken an.

Die Ladung der *Geldermalsen*, so hatte ein Händler pessimistisch geschätzt, repräsentierte den normalen Marktbedarf für fünf Jahre. Viel zu viel, um je absorbiert zu werden, sagte er mit einem Kopfschütteln. In Bezug auf das frühere Marktverhalten mag das so gewesen sein. Aber das hier war eine ganz neue Art von Verkauf.

Tatsächlich ging nur ein verhältnismäßig kleiner Anteil der Ladung an sachkundige Sammler. Der Großteil der 160 000 Einzelstücke ging – abgesehen von wohlhabenden Käufern, die ganze Tafelservice und andere teure Stücke erwarben – an Durchschnittsbürger, die noch nie zuvor Porzellan gekauft hatten.

Viele waren vom »Hatcher-Syndrom« begeistert und fasziniert, doch der Stolz des kleinen Mannes auf sein eigenes blauweißes Stück Vergangenheit war echt, und er schätzte es vermutlich ebenso sehr wie jeder andere Käufer auch. »Als ob man persönlich ein Stück Geschichte berührt«, erklärte eine Frau und strich über ihre erworbene Tasse samt Untersetzer. »Schließlich lag das alles zweieinhalb Jahrhunderte lang auf dem Grund des Meeres!«

David Howard von Heirloom und Howards in London berichtete von einem Londoner Taxifahrer, der vor dem Laden in der Grafton Street einen Fahrgast absetzte, dann Kassensturz machte und hereinkam, um ein Stück »*Nanking*« zu kaufen. Ein anderes Mal erhielt er eine Bestellung von einem Privathaushalt in einem Londoner Vorort, in der Woche darauf eine weitere vom Nachbarhaus, und am Ende des Monats hatte er ganze 21 Stück Porzellan an ein und dieselbe Straße in diesem Vorort verschickt.

Und wie erging es dem Urheber dieser ganzen Welle, Michael Hatcher, dem Mann der Stunde und Londons neuestem Multimillionär? Wie hat er das Ganze verkraftet?

»Es war ein bisschen wie im Traum«, sagt er. »Zuerst kaum zu glauben. Zum ersten Mal in meinem Leben hatte ich fast mehr Geld, als ich ausgeben konnte, und ich wusste nicht recht, was ich nun eigentlich mit mir anfangen sollte.« Er versuchte einfach abzutauchen und den ganzen Leuten, die ihm an den Fersen klebten, zu entkommen – windigen Geschäftemachern, die ihm sichere Geldanlagen nach dem Motto »Noch schneller noch reicher« verkaufen wollten, gerissenen Bettlern, allen möglichen Pechvögeln mit ihren Leidensgeschichten, Ränkeschmieden und Phantasten, die alle nur darauf aus waren, sich ein Stück vom Hatcher-Kuchen zu holen. Zum ersten Mal nach vierzig Jahren versuchte seine Mutter, mit ihm Kontakt aufzunehmen.

»Ein bisschen spät«, bemerkt er nur trocken. »Der Kontakt kam nie zustande.« Nichtsdestotrotz wurden dadurch ein paar traurige Erinnerungen in ihm wach. »Das Schwierigste dabei war die Tatsache, dass ich diesen Sack voll Geld hatte, etwa vier Millionen Pfund, und ich dachte, he!, du brauchst keinen Finger mehr krumm zu machen. Wenn ich es richtig anstelle, bin ich ein gemachter Mann. Dann hörte ich noch einmal in mich hinein und merkte, dass ich eigentlich gar nicht aufhören wollte. Mit 45 sollte nicht schon alles vorbei sein. Ich wollte noch mehr Wracks finden, zurück aufs Meer, tauchen und all das tun, was mir früher, vor dem Geldsegen, so viel Spaß gemacht hatte. Ich wollte nicht, dass sich nun alles änderte. Und an diesem Punkt erkannte ich, dass mir Abenteuer mehr bedeutet als Geld.«

Da gab es auch noch ein kleines Problem. Im Hotel Ritz herrschte eine strenge Kleiderordnung. Ob Prinz oder Bürger, Krawatte war zu den Mahlzeiten Pflicht. Hotelpolitik, hieß es. Keinerlei Ausnahmen.

»Ich habe keine Krawatte«, sagte Hatcher eigensinnig. »Ich besitze keine.«

»Keine Krawatte? Keine Sorge, Sir«, sagte der Restaurantdirektor, »wir besorgen Ihnen eine, bis Sie selber dazu kommen. Wir lassen Ihnen eine Auswahl bringen.«

»Nein, Sie haben mich missverstanden«, sagte Hatcher. »Ich habe keine Krawatte, weil ich keine tragen will. Nicht meine. Nicht Ihre. Nicht sonst irgendeine.«

»Aber Sir, bedaure …«

Hatchers Blick streifte die vornehme Pracht, fiel auf all die edel gekleideten Herren und Damen, den üppigen Luxus und den roten Plüsch des Ritz. Seine Miene blieb ausdruckslos. »Machen Sie sich nichts daraus«, sagte er »ich werde anderswo essen.«

»Genug der Show, befand ich«, erinnerte sich Hatcher später einmal. »Das war nicht meine Welt.« Er nahm seinen Koffer, fuhr mit dem Taxi in einen ruhigeren Londoner Stadtteil und suchte sich ein billigeres Hotel, wo keiner von ihm verlangte, dass er eine Krawatte trug – einen Ort, wo er sich zu Hause fühlte.

Und wie er dort bei einem Drink saß, den Kragen aufgeknöpft und mit sich zufrieden, wanderten seine Gedanken zurück zu den schillernd blauen Wassern des Südchinesischen Meeres.

11
Anfeindungen

Am Ende der *Nanking*-Auktion im Mai 1986 befanden sich Mike Hatcher und Max de Rham in einem Zustand der Euphorie. Die Auktion hatte alle Erwartungen übertroffen, die beiden Partner wurden als Helden gefeiert. Allen Unkenrufen zum Trotz hatten sie Reichtum gewonnen aus den Tiefen der Meere und waren für kurze Zeit die Lieblinge der Presse und der Öffentlichkeit.

Doch kaum war der Monat vorbei, tobte Mike Hatcher vor Wut, und auch der ansonsten stets fröhlich lächelnde Max ließ die Mundwinkel hängen. Der große Erfolg der Auktion sorgte in Akademikerkreisen erwartungsgemäß für Unmut und aus dieser Ecke kam nun massive Kritik. Die führenden holländischen Wissenschaftskreise waren besonders verbittert über den Verlust dessen, was sie als ihr »historisches Erbe« bezeichneten, sowie darüber, dass in ihren Marinemuseen nichts vom *Geldermalsen*-Fund zu sehen war. Hatcher hatte für diese Haltung kein Verständnis. Wie alle anderen hatten auch die holländischen Offiziellen die Möglichkeit gehabt, selbst oder über Mittelsmänner Stücke bei der Auktion zu ersteigern. Wie konnten sie erwarten, dass das Porzellan, dessen Entdeckung und Bergung drei Jahre gedauert hatte, Hunderttausende von Dollar verschlungen hatte und um die halbe Welt befördert worden war, wie Visitenkarten vergeben wurde?

Davon abgesehen, so Hatcher, hatte die holländische Regierung, Erbe der einst mächtigen VOC-Gesellschaft, 10 Prozent aus dem Auktionserlös eingestrichen.

Warum haben sie ihre zwei Millionen Dollar dann nicht in den Ankauf von Erbgütern investiert?

Die zynische Antwort auf diese Frage lautet, dass die meisten Regierungen, egal welcher politischen Überzeugung, dazu neigen, ihr Geld lieber dort zu investieren, wo ein politischer Vorteil vermutet wird. Antiquitäten hingegen werden in aller Regel als Luxusgüter betrachtet, keine lebenswichtigen Güter, für die der Steuerzahler Geld auszugeben bereit wäre, da sie von allgemeinem öffentlichen Interesse sind.

Die britische Regierung hingegen erwarb eine repräsentative Kollektion, obwohl die *Geldermalsen* für die Briten von weit geringerer Bedeutung war als für die Holländer. Trotz ihres beträchtlichen Gewinns aus der Auktion erwarben die Holländer kein einziges Stück. Das Rijksmuseum weigerte sich grundsätzlich, Gebote abzugeben oder in einen Ankauf einbezogen zu werden. Das Groningen Museum argumentierte mit einer misslichen Finanzlage.

Noch ehe die Kontroverse begann, hatten Michael Hatcher und Max de Rham dem Groningen Museum eine repräsentative Auswahl von 150 *Geldermalsen*-Stücken vermacht. Der Stadt Middelburg, wo die *Geldermalsen* gebaut wurde und wo ihre erste und verhängnisvolle Reise begann, vermachten sie die Schiffsglocke, auf der das bedeutsame Datum 1747 stand.

Dr. Christian Jörg von der Groninger Universität, eine anerkannte Kapazität und Spezialist für Fragen um die VOC, erhielt in den Wochen vor Auktionsbeginn die Möglichkeit, die Ladung in ihrer Gesamtheit zu studieren. Das wissenschaftliche Ergebnis seiner Untersuchungen ist der wohl umfassendste und detaillierteste Bericht über das Wrack eines Ostindienfahrers und dessen Ladung, der je erstellt wurde.

All diese positiven Ereignisse am Rande der Auktion sowie die ausbleibende Reaktion seitens der Regierung wurden von den Gelehrten ignoriert. Für sie war Hatcher schlicht und einfach die Personifizierung all dessen, was ihnen die Welt der Wracksucher so verabscheuenswert machte. Doch auch der Neid spielte eine nicht unwesentliche Rolle. Hatchers Erfolg war in ihren

Augen unverzeihlich. Sie schmähten ihn daher und ließen ihre Missgunst weidlich an ihm aus.

Als zum Beispiel ein junger indonesischer Archäologe, Dr. Santoso Pribadi, an der Fundstelle der *Geldermalsen* abtauchte und dabei ums Leben kam, wurde verbreitet, dass Hatcher das Wrack präpariert hätte, um Rivalen abzuhalten, und damit den Tod des Mannes verursacht habe. Als ihm diese Unterstellung zu Ohren kam, war Hatcher derart außer sich vor Zorn, dass er kaum passende Widerworte fand.

»Das war eine ungeheuerliche Unterstellung«, sagte er zornig. »Es verschlug mir glatt die Sprache. Ich konnte nicht glauben, dass man so durchgedreht sein konnte, sich so etwas auszudenken. Jeder, der einen Funken Ahnung vom Tauchen hat, weiß, dass so etwas rein technisch nie möglich wäre. Wie soll das gehen, ein Wrack wie die *Geldermalsen*, das auf dem Meeresboden liegt, zu präparieren? Weiß der Himmel. Tauchen ist ohnehin schon gefährlich genug. Man müsste sich also eher fragen, wie kompetent besagter Taucher überhaupt war? Wieso ist er ganz allein auf vierzig Meter abgetaucht, ohne Tauchpartner, ohne Kontrolle von der Oberfläche und ohne Sicherheiten?«

Heute noch schüttelt Mike Hatcher darüber den Kopf. »Es tat mir für den jungen Mann, für seinen Bruder und seine Eltern wirklich Leid. Es war natürlich ein Unfall, einer, der eigentlich nie passieren dürfte.«

Nichtsdestotrotz schenkte man der Version von einer Todesursache durch Fremdeinwirkung gemeinhin Glauben, und die indonesische Presse berichtete ausführlich darüber. Die Regionalzeitung in Jakarta, die *Sinhar Harapan*, griff das Thema *Geldermalsen* als Erste auf und erregte damit großes Aufsehen. Präsident Suharto befahl eine nationale Untersuchung des Falles, und Justizminister Ismail Saleh behauptete kategorisch, das Wrack sei indonesisches Eigentum.

Die *Sunday Times* berichtete in der Ausgabe vom 7. September 1986 davon und brachte Fotos von Hatcher und den *Geldermalsen*-Keramiken.

ER STAHL UNSEREN SCHATZ
JAKARTA BESCHULDIGT BRITISCHEN TAUCHER

Fast 235 Jahre nach ihrem Untergang gerät das holländische Schiff *De Geldermalsen* mit seinem Schatz erneut in das Auge eines Sturms. Der britische Schatztaucher Michael Hatcher wird von Indonesien zum ersten Mal beschuldigt, Schatzgut aus dem Wrack gestohlen zu haben.

Hatcher, der in Singapur lebt, sagt, die *Geldermalsen* sei in internationalen Gewässern gesunken. Jakarta hingegen behauptet, dass das Schiff in indonesischen Gewässern östlich von Batam liegt. Nach Aussage des Jakarta-Korrespondenten Yang Razali Kassim ist Indonesien fest entschlossen, seinen Anspruch auf den Schatz gerichtlich einzuklagen. Doch wie es diesen Anspruch durchsetzen will, das ist die große Frage.

Der Artikel berichtet weiter über die Anordnung des Präsidenten Suharto, aufzuklären, wie es dazu kommen konnte, dass der Schatz der *Geldermalsen* den Indonesiern entgangen war. Justizminister Ismail Saleh legte einen Bericht vor, demzufolge indonesische Sachverständige nach einer dreiwöchigen Untersuchung zweifelsfrei festgestellt haben, dass der Schatz Eigentum Indonesiens sei. Der Bericht stützte sich auf den Fund von Keramiken, die angeblich denen, die 1986 von Dr. Santoso Pribadi vor seinem tragischen Tod am 25. August 1986 entdeckt worden waren, sehr ähnelten.

Eine Expedition unter Leitung von Admiral Anwar Effendi machte sich zur vermeintlichen Wrackfundstelle der *Geldermalsen* auf. Sie fanden neun Schüsseln aus der Zeit der Ming-Dynastie, 18 Bruchstücke von Geschirr aus der gleichen Zeit, eine Tasse aus der Ming- oder Qing-Periode sowie einen modernen Bergungskorb, den Hatcher bei der Bergungsaktion benutzt haben soll.

Die *Sunday Times* fügte hinzu: »Bemerkenswerterweise kam die Frage nach dem Eigentumsrecht mit der Auktion auf, und es ist das erste Mal, dass die Regierung Mr. Hatcher und seine Kollegen beschuldigt, fremdes Eigentum unrechtmäßig an sich genommen zu haben. Eine Anklage wegen Missachtung indonesischer Hoheitsgewässer, Diebstahl und gar Schmuggel, wovon Letzteres in Indonesien einer subversiven Aktion gleichkäme, war nicht ausgeschlossen. Das Verschwinden von Santoso Pribadi wurde, wenn auch mit größter Vorsicht, so doch in aller Ausführlichkeit vom stellvertretenden Minister in seiner Verlautbarung erörtert.«

Die Zeitung *Sinhar Harapan*, die den Ballon von der Präparation des Wracks als Erste steigen ließ, war weniger umsichtig. Keine direkten und daher juristisch relevanten Aussagen zu machen, war zwar klug, denn die Interpretation der Meldung blieb letztendlich dem Leser überlassen. Doch die daraus gezogenen Rückschlüsse blieben kaum hinter einer Anschuldigung zurück.

Eine Übersetzung des Artikels aus dem Indonesischen ins Englische liest sich am 1. September 1986 wie folgt:

»Abgesehen von inneren Faktoren (es folgt eine Beschreibung der Suche nach dem Leichnam) ist nicht ausgeschlossen, dass das Unglück, das Santoso Pribaldi widerfahren ist, sich auch als Folge äußerer Faktoren ereignet haben könnte. Nach allem, was man weiß, war Santoso Pribadis körperliche Verfassung, die als innerer Faktor gilt, nicht beeinträchtigt. Wenn dem so war, dann war das Unglück definitiv durch einen äußeren Faktor verursacht worden.«

Doch was für ein »äußerer Faktor« kam als Ursache in Frage?

Die Zeitung *Sinhar Harapan* erwog kurz die Möglichkeit eines Versagens der Ausrüstung, schloss aber dann: »Unterwasser-Sabotage durch Hatchers Syndikat, wie man es so oft in Filmen über Unterwasser-Schatzsuche sieht, ist eine weitere Möglichkeit.«

Am 12. September 1986 war in einem Artikel der einflussreichen *Jakarta Post* zu lesen:

POLIZEI ERWARTET VON SALEH HAFTBEFEHL GEGEN HATCHER

Die indonesische Polizei ist nach wie vor nicht imstande, die Internationale Polizei (Interpol) zu ersuchen, Hatcher als internationalen Flüchtigen zu erklären.

Die Geschichte klingt etwas verworren. Der Leser merkt aber bald, dass es noch gar keinen Haftbefehl gibt. Stattdessen spielte die *Post* den Ball an die *Sinhar Harapan* zurück:

> Am Montag berichtete die *Sinhar Harapan*, dass die indonesische Polizei für die Ergreifung von Hatcher Interpol um Unterstützung bitten will. Doch die Polizei ist nach wie vor nicht imstande, das Gesuch einzureichen, da ein Haftbefehl durch den Justizminister noch nicht ergangen ist …

Ein Haftbefehl wurde nie ausgestellt. Die Unterstellung, Hatcher sei »mit internationalem Haftbefehl gesucht«, war absurd, da er sich an einer bekannten Adresse in Singapur aufhielt und der Zeitung diesbezüglich fast täglich telefonisch klar und präzise Bericht erstattete. Nichtsdestotrotz, bei solch einer Schlammschlacht bleibt zwangsläufig etwas kleben, und die Kontroverse war Hatchers Ruf zweifelsohne sehr abträglich.

Hatcher fand die verschiedenen Behauptungen derart unglaublich, dass er neun Tage nach Veröffentlichung eine beglaubigte Übersetzung der Artikel der *Sinhar Harapan* beim Obersten Gerichtshof in Singapur hinterlegte. Hatchers Androhung einer Verleumdungsklage wurde in der *Sunday Times* veröffentlicht. Eine Verhandlung vor einem indonesischen Gericht hätte der Presse in die Hände gespielt. Außerdem war es für Hatcher kein guter Zeitpunkt nach Jakarta zu reisen.

Seinen Anspruch auf die *Geldermalsen* begründete er mit der Tatsache, dass sie in internationalen Gewässern lag und er mit der holländischen Regierung als den rechtmäßigen Erben der Ladung ein Abkommen geschlossen hatte. Er hob hervor, dass in indonesischen Gewässern noch viele weitere Wracks liegen. Das Porzellan, das bei der Expedition des Admirals Answar Effendi entdeckt wurde, stammte aus der Zeit der Ming-Dynastie, aus einer weit älteren Periode als das Porzellan der *Geldermalsen*. Vielleicht hatten sie ja an einem ganz anderen Wrack gesucht, gab er zu bedenken.

In der *Jakarta Post* erschien am 22. September 1986 ein Artikel, der sehr viel mäßiger formuliert war als der vom 12. September:

> KÜHLEN KOPF BEWAHREN
> Es geht natürlich um die *De Geldermalsen* und den nationalen Aufruhr, den die Bergung verursacht hat, da die Ladung entdeckt und mit beträchtlichem Gewinn versteigert wurde, ohne dass ein Penny davon in indonesische Kassen geflossen wäre.

Dieser Artikel unterschied sich insofern von den anderen, als er Mike Hatcher Gelegenheit gab, seine Sicht der Dinge darzulegen:

> Klar ist, dass die Geschichte auch eine zweite Seite hat. Das Zeitungsinterview mit Captain Hatcher hat die ganze Geschichte ein wenig ins rechte Licht gerückt.

Die *Jakarta Post* machte im Folgenden ein paar vernünftige Vorschläge: Anstatt sich sinnlos über Dinge zu streiten, die ohnehin nicht mehr zu ändern sind, sollte die indonesische Regierung sich in Sachen Lokalisierung von *VOC*-Wracks doch lieber mit den Niederlanden zusammentun und ein Amt einrichten mit einer Universallizenz zur Bergung historischer Wracks, um die geborgenen Schätze dann den indonesischen Museen zur Verfügung zu stellen.

> Wir meinen, es ist an der Zeit ist, einen kühlen Kopf zu bewahren, damit alle noch offenen Streitpunkte auf dem Wege einer gütlichen Einigung ausgeräumt werden können.

Wir sehen keine Notwendigkeit, einen zeitintensiven und kostspieligen Rechtsstreit vom Zaun zu brechen, der nur weiteren Unmut schürt. Insbesondere dann nicht, wenn derlei Aktionen auf unausgegorenen Vorstellungen von nationalem Prestige basieren.

Wir würden es jedoch begrüßen, wenn die bislang stumm gebliebene holländische Regierung irgendeine Stellungnahme zu der ganzen Angelegenheit abgäbe und möglicherweise einen Anteil aus dem Auktionserlös der Versteigerung anböte, um die unverhohlene Kritik hierzulande zu beschwichtigen.

Die holländische Regierung gab daraufhin am 23. September zeitgleich in Singapur und Jakarta eine Presseerklärung ab, in der sie das Abkommen mit Hatcher bestätigte. Die Erklärung enthielt allerdings auch eine Überraschung, die den meisten Zeitungen bis dahin entgangen war oder die sie ignoriert hatten, um sich nicht lächerlich zu machen:

Bereits vor besagtem Abkommen informierten die Niederlande die indonesische Regierung über diese Tatsache am 28. Januar 1986. Auf dieser Grundlage findet bis heute ein Meinungsaustausch zwischen beiden Regierungen statt. Solange dieser Austausch nicht beendet ist, kann keine weitere Stellungnahme abgegeben werden.

Demnach hatte die indonesische Regierung die ganze Zeit über von der Entdeckung der *Geldermalsen* gewusst, und zwar lange vor der Amsterdamer Auktion. Warum aber hatte sie dann nicht schon früher Einspruch erhoben? Warum der ganze Wirbel erst nach der Auktion?

Da die Angelegenheit als eine rein historische betrachtet wurde, erschien eine Auktion am anderen Ende der Welt wohl eher unwichtig. Doch als diese einen Erlös von 20 Millionen US-Dollar einbrachte, erschien die *Geldermalsen* plötzlich in einem ganz neuen und viel rosigeren Licht. »Da ging ihnen wunderbarerweise ein Licht auf« – wie Anthony Thorncroft in *The Nanking Cargo* bemerkt.

So viel zum Verhalten der Regierungen. Doch wie dachten Akademiker und Archäologen? Sie können durchaus unterschiedliche Ansichten vertreten. Und das tun sie auch. Historiker beispielsweise sind von Haus aus eher zänkisch. Sie beschäftigen sich lieber damit, die Theorien ihrer Fachkollegen abzuschmettern, als über den eigenen wissenschaftlichen Tellerrand hinauszublicken.

Die größten Innovationen der Wissenschaft oder Philosophie mussten sich immer zuerst gegen die allgemeine Feindseligkeit innerhalb der eigenen Disziplinen durchsetzen, einfach deshalb, weil sie sich radikal von augenblicklich anerkannten Ansichten unterschieden. Wissenschaft im Allgemeinen muss konservativ sein, muss sich ihrer Befunde sicher sein. Sie muss aber auch innovativ sein, um weiter zu kommen. Die Quadratur des Kreises.

Internes Gezänk unter Archäologen war genau wie in allen anderen Wissenschaftszweigen auch zur Zeit der *Geldermalsen*-Entdeckung gang und gäbe. Jahrelang weigerten sich die Archäologen, die Unterwasserarchäologie als Wissenschaft überhaupt anzuerkennen. Pionierleistungen heute anerkannter Größen wie George Bass wurden verachtet. Ihre Wurzeln lagen in der klassischen Altertumsforschung, und wenn ein zu untersuchendes Objekt nicht wenigstens ein paar Jahrtausende alt war, wurde es nicht selten als uninteressant abgetan. Schiffswracks, die gerade mal zwei oder drei Jahrhunderte alt waren, verdienten daher kaum Beachtung.

Heute endlich hat sich die Marinearchäologie in der Welt der Wissenschaft zu Recht einen Platz verschafft. Doch Argwohn und Skepsis gegenüber den nicht promovierten Praktikern blieben. Egal, um welche Streitfrage es auch geht (Sollen Wracks überhaupt gehoben werden? Soll jede Wrackfundstelle als sakrosankte Meeresgrabstatt behandelt werden?), die meisten Marinearchäologen hegen für kommerzielle Schatztaucher wie Hatcher allenfalls Bedauern oder fast schon eine Art Hass.

Dabei haben die meisten von ihnen Hatcher nie persönlich kennen gelernt. Sonst wäre ihnen vielleicht aufgefallen, dass sie in vieler Hinsicht gemeinsame Interessen haben. Das Bild, das man sich von einer bekannten Persönlichkeit macht, ist leider allzu oft geprägt vom Klatsch und Tratsch aus der Presse, deren Informationen fraglos übernommen werden.

In Hatchers Fall kehrte sich das anfänglich schmeichelhafte Bild des verwegenen Abenteurers, das vor der *Geldermalsen*-Auktion gezeichnet wurde, durch die negativen Schlagzeilen am Ende des Jahres in das genaue Gegenteil. Und es entstand ein Bild, gegen das er seither immer wieder anzukämpfen hat.

Gewisse Blätter werden reich, indem sie den Hunger der breiten Masse nach Skandal, Klatsch und Tratsch und nach Geschichten aus der Gerüchteküche befriedigen. Als Person des öffentlichen Interesses muss man lernen damit umzugehen oder man wird vernichtet. Doch Mike Hatcher und Max de Rham, für die diese Erfahrung ganz neu war, empfanden die Art der Behandlung als persönlich verletzend. Hatcher verstand die Spötteleien seiner Kritiker als einen deutlichen Seitenhieb auf seine mangelnde Schulbildung. Als Barnardo-Zögling blieb ihm für Bildung kaum Zeit. Dennoch wurde aus ihm ein qualifizierter Ingenieur, ein Schiffskapitän, und sein Name ist untrennbar mit Schiffswracks und Porzellan verbunden. In seinem Fach ist er unübertroffen. Er hatte keinen Grund, sich minderwertig zu fühlen. Auf seine Art war er ebenso gut wie seine Kritiker und auf manchen Gebieten sogar um einiges besser.

Doch der Spott kränkte ihn noch lange.

Insbesondere der aus den Reihen der Universitätsgelehrten.

»Die meisten von denen bekommen nie einen nassen Hintern«, sagt er nur. »Die wissen doch nicht einmal, wie es da unten im Meer ist. Lass die mal in einem Kirby-Helm auf 45 Meter runter, wo null Sicht herrscht, wo man die eigene Hand nicht vor den Augen sehen kann, und die fangen an zu schreien wie Babys, weil sie wieder nach oben wollen.«

Max de Rhams Vater war Schweizer Diplomat, Angehöriger

eines Berufsstandes, der die Presse wie die Pest meidet. Die negativen Schlagzeilen fügten Max und seiner Familie großen Kummer zu. Die Unterstellung, dass die *Geldermalsen*-Operation »unkultiviert« war, hörte man besonders ungern.

Aber was war der Grund für den Streit zwischen Historikern, Archäologen, Akademikern und kommerziellen Schatztauchern? Sie alle haben ein Interesse daran, Wracks zu lokalisieren. Doch im Gegensatz zu den anderen ist der kommerzielle Schatztaucher normalerweise mehr an der Ladung (Gold, Silber, kostbare Juwelen, Kupfer, Zinn, Messing oder Bronze) interessiert als an dem Wrack an sich. Er betreibt Geschichtsforschung für gewöhnlich nur, um die richtige Stelle ausfindig zu machen. Ist er einmal dort, liegt ihm allein daran, alles, was wertvoll erscheint, möglichst unbeschädigt zu heben. Was er nach oben befördert, wird verkauft. Übersteigen am Ende die Einkünfte daraus die hohen Investitionskosten und das hohe Risiko, mit denen Wracksuche und Bergung verbunden sind, dann macht er Gewinn – und darum geht es dem Schatztaucher bei seinem Geschäft.

In der Praxis hat es in neuerer Zeit kaum einer geschafft, sich mit der Schatztaucherei den Lebensunterhalt zu verdienen, geschweige denn daraus Gewinn zu ziehen. Es ist ein horrend kostspieliges und risikoreiches Geschäft. Mike Hatcher und der legendäre Amerikaner Mel Fisher sind zwei ausgesprochene Ausnahmefälle. Ihr Erfolg hat ihnen in Archäologenkreisen viele erbitterte Feinde beschert.

Ein Archäologe ist in erster Linie Wissenschaftler mit Doktorgrad und einer Universität im Hintergrund. Sucht er nach Schiffswracks, tut er das aus wissenschaftlichem Interesse. Für ihn sind Fundstätten an Land oder Schiffwracks im Meer wie ein Zeitfenster, das ihm Informationen über Menschen liefert, die irgendwann in der Vergangenheit gelebt haben. Aus diesem Grund ist jede noch so kleine Keramikscherbe, jedes einzelne Stück an der Fundstelle von Wert. Münzen etwa sind gute Beute, und zwar nicht wegen ihres Sammlerwertes, sondern weil sie ein Datum tragen, Aufschriften und Informationen. Tonschreibtafeln, Hieroglyphen, Friese und Statuen geben Aufschluss über die Vergangenheit, selbst wenn es sich nur um eine antike Einkaufsliste handelt.

Der Archäologe vermisst, markiert und protokolliert die Fundstätte mit großer Sorgfalt in der Hoffnung, dass die Vermessungen ihm vielleicht noch weitere wichtige Informationen bringen. Manchmal kann die Technik auch zur Obsession werden, die Methode wichtiger als das Objekt. Und letztlich landet das, was entdeckt wird, in einem Museum. Aber nur, wenn es auch außergewöhnlich genug ist. Und so sind die Regale der meisten Museumsmagazine überfüllt mit Stücken, die die Öffentlichkeit nie zu Gesicht bekommt, die dort aber lagern für künftige Studienzwecke, für den Fall, dass man sie vielleicht doch einmal brauchen sollte. Zudem ist es von Berufs wegen erforderlich, die Ergebnisse einer »Grabung« zu publizieren und so zu wissenschaftlichen Erkenntnissen über ein bestimmtes Gebiet im Besonderen und die Vergangenheit im Allgemeinen beizutragen.

Archäologische Studien unter Wasser sind aus einleuchtenden Gründen weit schwieriger als an Land. Wo die Wissenschaftler für Grabungen an Land einheimische Arbeitskräfte einstellen, müssen sie für Studien unter Wasser selbst zu Tauchern werden, buchstäblich eintauchen in die Materie. Grabungsstätten unter Wasser sind weit schwieriger zu vermessen, auszugraben und zu schützen als solche an Land. Die Arbeit ist abhängig von Jahreszeiten, Wetter und vor allen Dingen von verfügbarem Kapital.

Und genau das ist der Haken.

Viele Archäologen arbeiten im Auftrag von Instituten, Museen oder Universitäten. Da sie normalerweise über ein geregeltes Einkommen verfügen, sind sie nicht auf einen finanziellen Profit aus ihrer Arbeit angewiesen. Doch in ihrem Streben nach Beachtung und Beförderung innerhalb ihres Berufszweiges müssen sie an Projekten arbeiten, die die Aufmerksamkeit Gleichrangiger auf sich ziehen. In dieser Hinsicht herrscht unter einigen Meeresarchäologen eine ungeheure Konkurrenz.

Die Wracksuche ist ein äußerst kostspieliges Unterfangen. Aus diesem Grund arbeiten die meisten Meeresarchäologen an Wracks, die andere gefunden haben. Doch die Kosten, mit der eine Ausgrabung verbunden ist, lassen sich dennoch nicht vermeiden. Woher aber fließt das Geld?

Institute haben nur selten ein extra Budget für die anfallenden Kosten einer Ausgrabung, die leicht Hunderttausende, wenn nicht gar Millionen von Dollar erfordert. Zuschüsse von Seiten der Regierung sind zwar möglich, doch muss das Projekt von öffentlichem Interesse sein, und die Zuweisung der Mittel dauert für gewöhnlich ihre Zeit. Ein erfolgreicher Archäologe sollte also auch ein guter Werbemanager sein und das Interesse der Medien für ein Projekt wecken, gleichermaßen ein fähiger Mittelbeschaffer wie Wissenschaftler sein. Das hat zur Folge, dass es viele unbekannte Ziele gibt, die nicht in Angriff genommen werden können, weil dafür einfach keine Mittel zur Verfügung stehen. Für die Archäologen ist das sehr entmutigend. Eine Enttäuschung, die in Verärgerung und Wut umschlägt, wenn Plünderer eine Stätte zerstören, bevor sie wissenschaftlich erforscht werden kann.

Ist Hatcher ein Plünderer?

Für viele Archäologen wohl schon. Doch einige wenige sind auch bereit, sich unvoreingenommen ein Bild von der anderen Seite zu machen.

Kommerzielle Schatztaucher arbeiten nur an Wracks, die auch einen Gewinn abwerfen, und laden sich enorme Kosten für die Suche und die Arbeiten vor Ort auf. Sie wissen auch, dass sich Plünderer darüber hermachen, sobald sie die Fundstätte wieder verlassen haben. Ob in Kambodscha, Sumatra, Thailand oder auf den Philippinen – von einem Gefäß, das für ein paar Dollar an einen Touristen oder chinesischen Zwischenhändler verkauft werden kann, kann eine Familie dort wochenlang leben. Ein paar Dollars, um essen und überleben zu können, bedeuten in den Ländern der Dritten Welt weit mehr als historisches Bewusstsein. Die meisten Schatztaucher nehmen keine Vermessungen oder Begutachtungen im archäologischen Sinne vor, obwohl Hatcher und Max de Rham bei der Bergung der *Geldermalsen* auf einer filmischen und fotografischen Aufzeichnung bestanden und einen detaillierten Plan des Wracks erstellt haben.

In aller Regel wird die Arbeit der Schatztaucher von Kosten und Wetter bestimmt, in manchen Fällen (wie Hatcher noch erfahren sollte) auch von der Politik. Aus diesen Gründen verlangt die professionelle Lokalisierung und Bergung einer Ladung immer auch rasches Handeln. Der Tag fängt für gewöhnlich um halb fünf Uhr morgens an und der erste Taucher steigt mit dem ersten Sonnenstrahl ins Wasser. Die Taucher einer Crew arbeiten abwechselnd in Schichten, belegen abwechselnd die Dekompressionskammer, wobei alle Geräte und Anlagen ununterbrochen in Betrieb sind. Es wird sieben Tage die Woche gearbeitet, sofern das Wetter mitspielt. Heimaturlaub gibt es nicht. Taucher und Crew bleiben während eines Jobs so lange auf der Bergungsplattform, bis dieser erledigt ist.

Im Gegensatz dazu gehen Meeresarchäologen ihre Arbeiten viel langsamer an. Sie konzentrieren sich dabei auf Vermessungen und das Fotografieren der Planquadrate. Die Arbeit wird selten innerhalb einer Saison zu Ende gebracht, geht mitunter über Jahre. Viele der Helfer sind Studenten, Volontäre oder Mitarbeiter des beteiligten Instituts, die ihre Leistung und ihr Engagement in Ferienarbeit einbringen.

Das enorme Tempo einer kommerziellen Bergung ist den Archäologen ein Dorn im Auge, da im Zuge der rücksichtslosen Zerstörung zahllose Informationen über das geschichtliche Erbe verloren gehen. Kommerzielle Schatztaucher halten dagegen, dass die große Zeitspanne, die ein archäologisches Programm umfasst, auch bedeutet, dass das Meer selbst eine Menge Material zerstört, sobald ein Wrack erst einmal erschlossen ist. Darüber hinaus fällt das Wrack in der toten Saison möglicherweise Plünderern zum Opfer, die Artefakte und Schätze rauben, wenn sich die Lage der Fundstelle herumgesprochen hat. Verluste können sowohl durch ein zu schnelles als auch zu langsames Arbeiten entstehen.

Zum Beispiel verschwand in Westaustralien an der Wrackfundstelle des 1712 gesunkenen Ostindienfahrers *Zuytdorp* ein ganzer Berg Silbermünzen »von der Größe eines Kleinwagens« vom Meeresgrund, als man die Stelle über längere Zeit unbewacht gelassen hatte. Der kommerzielle Wert der Silbermünzen hätte mehrere Millionen Dollar betragen.

»Man kann einen bekannten Schatz doch nicht einfach so auf dem Meeresgrund liegen lassen«, sagte der Forschungsleiter der *Zuytdorp*, Dr. Phillip Playford, empört, »und erwarten, dass alle, die über die Mittel verfügen, ihn zu holen, ihn einfach ignorieren. Unter diesen Umständen war der Verlust des Münzschatzes unvermeidlich. Das hätten der Staat und die für den Schutz des Wracks verantwortlichen Leiter allerdings wissen können. Man hätte der BergungPriorität einräumen müssen, dann und nur dann wären die Münzen zu retten gewesen.«

Auch Hatcher wurde von Dr. Christian Jorg von der Universität Groningen öffentlich kritisiert (trotz des ansonsten sehr harmonischen Verhältnisses der beiden). Und sogleich nutzten andere Akademiker seine Argumente, um Hatcher in die Pfanne zu hauen. In seinem Buch über die *Geldermalsen* schreibt Dr. Jorg: »Es ist daher schade, dass Hatcher nur wenig auf eine detaillierte Erfassung seiner Funde bedacht war. An welcher Stelle genau lag die Schiffsglocke? Lagen der kupferne Kerzenleuchter und das Weinglas nahe beieinander? Ein Unterwasserarchäologe könnte unzählige Fragen stellen zu jedem noch so kleinen Fund, denn es sind genau diese Details, die Aufschluss geben über das Leben an Bord, den organisatorischen Ablauf und die Verwendung des betreffenden Gegenstandes sowie über die Crew. Kurzum, sie helfen uns, mehr Einblick zu gewinnen in die Dinge, über die nur sehr wenig bekannt ist.

… In der Liste der Fundstücke aus der Kajüte wird auch ein Kerzenleuchter angeführt. Aber haben Kapitän Morel und sein Gast bei einem Glas Brandy bei Kerzenschein vor genau diesem Leuchter gesessen? Das werden wir nie erfahren, da wir keine Information von der genauen Fundstelle haben.«

Das Beispiel mit dem Kerzenleuchter kam in der Kritik gegen Hatcher immer wieder auf. In seinem großen Eifer, die Sicht der Akademiker und anderer Hatcher-Kritiker in den Vordergrund zu schieben, machte Dr. Jorg zahlreiche Fehler.

»Warum hat er mich nicht einfach gefragt, wo dieser verdammte Kerzenleuchter gelegen hat?«, begehrt Hatcher auf. »Ich hätte es ihm auf den Meter genau auf dem Rasterplan des Wracks zeigen können. Das Gleiche gilt für das andere Zeug. Ich wusste genau, wo was gelegen hat!«

Es kann gut sein, dass der Kerzenleuchter genau der war, bei dessen Schein Kapitän Jan Morel und der englische Passagier Richard Bagge sich ihren allabendlichen Brandy zu Gemüte führten. Wenn nur einer in der langen Liste der Kajütenausstattung aufgeführt ist, dann spricht alle Wahrscheinlichkeit dafür. Doch wo er letztendlich liegen blieb, an welcher Position er 1985 gefunden wurde, ist in der ganzen Sache wohl wenig aussagekräftig.

Angenommen, der bronzene Kerzenleuchter stand zum Zeitpunkt, als die *Geldermalsen* auf das Riff lief, auf dem Kapitänstisch in der großen Kajüte am Heck, wo für das Abendessen gedeckt war. Das Schiff soll sofort gekentert sein, bevor es dann um Mitternacht unterging. Von daher ist eher wahrscheinlich, dass es eine Zeit lang mit starker Schlagseite im Wasser lag und durch die Kajütsluken und Kajütstreppen Wasser hereinbrach. So oder so – der Kerzenleuchter ist umgefallen, herumgerollt und in irgendeiner Ecke der Kajüte liegen geblieben. Das schwer beladene Schiff sank immer schneller über vierzig Meter hinab in die Tiefe und schlug mit einer gewaltigen Wucht auf den Meeresboden auf.

Wie bei einem Autounfall (wo ein Kinderspielzeug vom Rücksitz am Ende unter dem Gaspedal liegen bleibt) fliegt auch hier alles, was nicht niet- und nagelfest ist, heillos durcheinander. Und ähnlich chaotisch muss es auch in diesem toten Schiff zugegangen sein, das nun als geisterhafte Galeone in vierzig Metern Tiefe lag. Alles, was lose herum stand oder lag, kam unter der gewaltigen Wucht ins Schleudern. Nichts blieb, wo es war.

Danach hat sich die Natur des Wracks bemächtigt. Schiffsbohrwürmer und zahllose grabende und wühlende Kreaturen griffen das Spantholz an, das Schiff brach in sich zusammen, und was am Ende übrig blieb, war nur noch ein Hügel auf dem Meeresgrund. Der Kerzenleuchter, der sich einst zwölf Meter oberhalb des Kiels befand, lag nun an einer der tiefsten Fundstellen. Und das Stück, worauf er an Deck zuletzt gestanden hat, wurde möglicherweise mit den Strömungen an irgendeine andere Stelle des Wracks gespült.

Schön und gut – man hätte den Kerzenleuchter vor Ort fotografieren und erfassen sollen, doch hätte seine Lage zum Zeitpunkt der Entdeckung auch nicht viel aussagen können über die Stelle, an der er auf dem Schiff zuletzt gestanden hatte. Auf der anderen Seite gibt es viele Pläne sowie auch detailgenaue Modelle von Schiffen der VOC aus jener Zeit, aus denen die Lage der Kajüte und selbst die darin befindlichen Gegenstände ersichtlich sind. In manchen Fällen sind sie eine viel genauere Informationsquelle als das Wrack selbst.

Um sich Kenntnisse über das Leben an Bord zu verschaffen, ist ein Kerzenleuchter vielleicht nicht unbedingt das allerbeste Beispiel. Andere Fundstücke aus anderen Schiffswracks erhellen die Hintergründe da eher. Zum Beispiel wurde auf dem Wrack der 1629 vor Westaustralien gesunkenen *Batavia* eine bunte Vielfalt interessanter Gegenstände gefunden wie etwa ein Paar Lederschuhe in einer Aderlassschale, die wahrscheinlich dem ermordeten Bader-Chirurgen Frans Jansz gehörten; oder ein Apothekermörser mit den Worten AMOR VINCIT OMNIA (»Die Liebe bezwingt alles«), der vermutlich aus dem Besitz des früheren Apothekers und Unterkaufmanns Jeronimus Cornelisz stammte, der die blutige Meuterei nach dem Untergang des Schiffes anführte; ein Zinnständer und Tintenfässchen gehörten höchstwahrscheinlich dem Kaufmann Francisco Pelsart, dem Eigner des Schiffes, und die bronzenen Astrolabien benutzte wohl Kapitän Ariaen Jacobsz, der später in Batavia ins Gefängnis geworfen wurde.

Dank der Aufzeichnungen wissen wir um die Gegenstände und können die Hand nach einem Stück Geschichte ausstrecken und Gegenstände berühren, die drei Jahrhunderte vor uns andere in Händen hielten.

Auf dem Wrack der *Batavia* fand man Aderlassschalen aus Messing, wie sie Bader damals sowohl zum Aderlass an Kranken als auch zur Rasur verwendeten. Auch Münzen aus den Niederlanden, den deutschen Stadtstaaten, aus Dänemark, Burgund, Spanien und Mexiko wurden geborgen. Des weiteren Speergriffe, eine Rüstung, Gold- und Silberlitzen, Bierhumpen sowie ein Silberservice, das für den Großmogul Indiens bestimmt war. Bronzene Kanonen lagen unweit des Wracks und funkelten wie Gold im sonnenbeschienenen Wasser. An Land grinsten aus den seichten, sandigen Gräbern die mit Schwertern verheerten Skelette der Opfer der Meuterei.

Derlei Funde ermöglichten die Rekonstruktion des Wracks und der Tragödie, die sich nach dem Untergang abspielte. Doch ohne das Logbuch des Francisco Pelsart, in das er jedes Detail genau notiert hat, hätten wir lediglich ein unvollständiges Fragment einer Geschichte von einem Wrack, das unter dramatischsten Umständen vor Australien gesunken ist. Erst beides zusammen, Gegenstände und Aufzeichnungen, liefern ein vollständiges Bild.

Auch Dr. Jorgs eigene umfangreiche Forschungen über die Geschichte der *Geldermalsen* vermitteln ein überzeugendes Bild des Schiffes und des tragischen Verlusts. Doch vollständig werden seine Aufzeichnungen erst zusammen mit dem Wissen um die Gegenstände aus der Ladung.

Das von Hatcher geborgene Porzellan lieferte ebenfalls einen wichtigen Beitrag im Namen der Geschichte, da Dr. Jorg die Gelegenheit hatte, es vor Auktionsbeginn zu studieren. In seinem Buch *The Geldermalsen – History & Porcelain* von 1986 beschreibt er, wie er beim ersten Anblick der Ladung in allergrößtes Staunen geriet.

»Wir kamen in einen Schuppen im Amsterdamer Hafenviertel,

wo sich auf hölzernen Regalen alles mögliche Porzellan endlos aneinander reihte. Tassen, Untertassen, Teller, Schüsseln, bergeweise, Stoß auf Stoß. So muss es hier wohl ausgesehen haben zu Zeiten der holländischen Ostindienkompanie, dachte ich. Nie zuvor war eine so vollständige Ladung Porzellan aus einem Wrack der VOC geborgen worden. Zum ersten Mal konnte ich mir einen wirklichen Eindruck und ein komplettes Bild verschaffen. Von welcher Qualität war die Ware, die die VOC kaufte? Welche Formen und Größen gab es? Ich würde endlich all die Lücken füllen können, die sich zwangsläufig in einer Geschichte ergeben, wenn man nur an Hand von Aufzeichnungen forscht.«

Abgesehen von dem Hin und Her um den Kerzenleuchter, Dr. Jorg leistete einen gewaltigen Beitrag zur Geschichte der *Geldermalsen*.

Neben dem heftigen Unmut, den die scharfe Kontroverse um die *Geldermalsen*-Bergung erregte, gab es dennoch zahlreiche positive Aspekte. Auch wenn Hatcher die Operation in einer Weise durchführte, die gegen alle archäologischen Prinzipien verstieß, trug er dennoch ganz wesentlich zu wissenschaftlichen Erkenntnissen bei.

Über die Bergung wurden drei Bücher geschrieben: Dr. Jorgs *The Geldermalsen – History & Porcelain*; *The Hatcher Porcelain Cargos* von Colin Sheaf und Richard Kilburn sowie *The Nanking Cargo* von Anthony Thorncroft. Viele Zeitungen und Zeitschriften, von Tauchmagazinen bis hin zu wissenschaftlichen Fachblättern, berichteten über die *Geldermalsen*. Die Ladungen aus der Dschunke und aus der *Geldermalsen* änderten die bis dahin gültige Datierung mancher Formen und Stile des Porzellans. Hatcher und de Rham überließen dem Groningen Museum als Schenkung fünfzig wertvolle Stücke aus der Ladung der *Geldermalsen* im Wert von über 100 000 Dollar. Andere Stücke wurden dem Singapur Museum geschenkt. Die Stadt Middelburg erhielt die Schiffsglocke, die täglich auf dem Vorderdeck angeschlagen wurde auf der langen Reise nach Indien und China.

Natürlich wäre es schön gewesen, wenn die Niederlande einen bedeutenden Anteil aus der Ladung der *Geldermalsen* gekauft und ausgestellt hätten. Mit einer Beteiligung der Regierung von zehn Prozent wäre das, wie bereits erwähnt, ja auch durchaus möglich gewesen.

Auch könnten beide Seiten profitieren, sowohl Hatcher als auch die Archäologen, wenn ein Wissenschaftler Hatcher auf seinen Expeditionen begleitet. Er hätte die Gelegenheit, alle Vorteile modernster technischer Geräte eines Profis zu nutzen.

»Das Angebot steht, nach wie vor«, sagt Hatcher.

Doch leider sind die meisten der führenden Meeresarchäologen nicht bereit, ihren Ruf aufs Spiel zu setzen, indem sie Hatcher begleiten, auch wenn die Wissenschaft letztendlich davon profitieren könnte.

»Mich hat man eben zum bösen Buben gestempelt«, klagt Hatcher nach der *Geldermalsen*. »Doch vielleicht sollten sich die Leute mal die Regierungen ansehen, die sie gewählt haben. Denn wenn ein Erbe jedem gehört und jeder ein Recht darauf hat, dann sollten diese weit mehr für die Erhaltung der Vergangenheit tun, als es tatsächlich geschieht. Die *Geldermalsen* war ein schönes Beispiel dafür, wie ein privates Unternehmen dem Staat die ganze Arbeit abnahm, ohne am Ende dafür ein Dankeschön zu bekommen.

Diejenigen, die über die Situation am meisten jammern, mich aufs heftigste kritisierten, sollten sich lieber an die Presse und die Parlamentarier wenden. Vielleicht tritt dann eines Tages eine Wendung zum Besseren ein, wenn jeder seine Energie positiv einsetzt, anstatt mir von hinten einen Dolchstoß zu versetzen«, und er fügt hinzu: »Doch werde ich bis dahin nicht die Luft anhalten.«

12
Der Thai-Zwischenfall

Nach der *Geldermalsen*-Auktion änderte sich das Leben für Mike Hatcher deutlich. Mit einem dicken Bankkonto ließen sich die größeren Klippen des alltäglichen Lebens nun sehr viel leichter umschiffen. Er kaufte eine Wohnung in Singapur, obwohl er nach wie vor noch oft an Bord der *Restless M* schlief, da er das Schaukeln des Bootes lieber mochte, die plätschernden Geräusche des Hafens und die Pfeifsignale der Schlepper auf dem Weg in die Vorstädte.

Aber es gab noch eine bedeutende Veränderung in seinem Leben. Vor einiger Zeit hatte er ein Mädchen namens Ghislaine Salter von der britischen Botschaft in Singapur kennen gelernt. Sie war zurück nach England gegangen, und er traf sie nun bei der Versteigerung der *Nanking*-Ladung wieder. Und dieses Mal funkte es. Nach 45 Jahren kehrte Hatcher seinem Junggesellendasein (wenn auch mit zahlreichen Freundinnen) den Rücken und heiratete.

»Das bewirkte ein paar Veränderungen in meinem Lebensstil«, erinnert er sich und grinst. »Es gab so einige Dinge als Junggeselle, die sich jetzt, frisch verheiratet, einfach nicht mehr schickten. Ich musste einige Veränderungen vornehmen, um mich da anzupassen.«

Er entdeckte das Windsurfen für sich als neue Sportart, was ihm half, die Spannungen der *Geldermalsen*-Kontroverse abzubauen. Doch das beklemmende Gefühl darüber hielt noch an. Wenn er auf Pressekonferenzen versuchte, seinen Standpunkt darzulegen, war er über die Feindseligkeit, die ihm teilweise von den Medien entgegenschlug, immer wieder entsetzt.

»Ich war sehr betroffen über die Situation in Indonesien«, erinnert er sich. »Ich wusste, dass ich im Recht war und mich die Holländer unterstützten, wenn auch nur halbherzig. Doch was, wenn Indonesien meine Auslieferung beantragt hatte und Singapur dem Gesuch gefolgt war? Ich malte mir meine Chancen vor einem indonesischen Gericht gar nicht erst aus, geschweige denn ein indonesisches Gefängnis.« Er diskutierte die Sache in aller Ruhe mit Gishlaine und kam zu dem Schluss, dass es das Beste wäre, sich vorerst so weit weg wie möglich von Jakarta aufzuhalten, bis sich der Streit gelegt hatte.

»Am besten an einem Ort, wo man den Namen Mike Hatcher und *Geldermalsen* nie gehört hat«, sagte er, »und wo man gut surfen kann.«

Die Antwort kam prompt:

»Hawaii! Das ist es!«

Hawaii ist zum Windsurfen einer der besten Orte der Welt und war mit Sicherheit weit genug weg, um in Südostasien eine Weile von der Bildfläche zu verschwinden, zumindest so lange, bis Gras über die Sache gewachsen war. Herr und Frau Hatcher zogen also nach Hawaii, ließen sich auf Maui nieder und begannen ein neues Leben. Ihre erste Tochter Michelle wurde geboren und Hatcher stand jeden Tag auf seinem Surfbrett, an dem der Wind die Palmen bewegte. Sonne, Salzwasser und Tage voller Sport und Bewegung in der weiß schäumenden Brandung ließen die Zeit schnell verstreichen.

»Eine fabelhafte Zeit«, erinnert sich Hatcher. »Und einfach sagenhafte Bedingungen zum Surfen. Ich hatte mehrere verschiedene Bretter und eine ganze Garage voller Segel, Masten und Gabelbäumen. Ich ritt über große Wellen vor Hopkia. Das war eine ganz neue Welt für mich.«

Dann der Schock. Nach vier Jahren auf Maui erhielt er ein Schreiben aus Canberra, aus dem hervorging, dass ihm die australische Staatsbürgerschaft aberkannt wurde.

»Ich war so lange aus dem Land, dass ich, als ich meinen Pass verlängern wollte, zu hören bekam: ›Sorry, alter Knabe. Du bist nicht mehr einer von uns.‹« Hatcher wusste nicht, wie ihm geschah. »Ich konnte es nicht fassen. Mein Vater und meine Schwester hatten beide ihren ständigen Wohnsitz in Australien und waren australische Staatsbürger. Und ich ging durch all die harten Jahre bei Barnardo. Meinen britischen Pass behielt ich zwar stets, weil es praktisch war (und mein gutes Recht), aber eigentlich betrachtete ich mich immer als Aussie. Aber zu hören, dass ich dort nicht mehr erwünscht war, war wie eine harte Rechte, ein Schlag mitten ins Gesicht. Ich stellte das natürlich in Frage. Machte einen auf total entrüstet. Und das war ich auch. Die einzige Möglichkeit, wieder in das Land zu kommen, so sagte man mir, wäre eine Einwanderung aus Geschäftsgründen. Ich musste einen Haufen Geld in Australien anlegen und mindestens für achtzehn Monate im Land bleiben. Doch genau das wollte ich und sprach mit Gishlaine darüber. Lieber schnell noch hin, bevor es völlig unmöglich wird. Ich will nicht in England leben. Viel zu kalt dort.«

Und so zogen die Hatchers wieder zurück nach New South Wales, wo seine australische Geschichte einst in den Fünfzigern begonnen hatte. Gishlaine war mit der zweiten Tochter schwanger, und Hatcher suchte nach einem Anwesen auf dem Land. Dabei kamen ihm seine Jahre als Farmersjunge gut zustatten. Mit seinem geschulten Blick für geeignetes Weideland fand er schnell ein schönes Grundstück außerhalb von Grafton – Bardool Station in Kangaroo Creek. Es war von Flüssen durchzogen und von bewaldeten Hügeln umsäumt – eine Landschaft wie auf einem Gemälde von Hans Heyson.

Doch gab es Tage, da sein Blick weit hinaus über die Hügel streifte, seine Gedanken abschweiften zu Inseln mit Kokospalmen und dem salzigen Geschmack der steifen Brise auf dem Südchinesischen Meer. Die alte Rastlosigkeit, das Kribbeln, war noch immer da. Nachts las er in Horsburghs Bänden sowie andere historische Berichte über jene Wasser, die er in- und auswendig kannte.

An einem warmen Januartag 1992 bekam er einen Anruf. Da-

212

vid Doll, amerikanischer Tauchlehrer, der in Thailand arbeitete, hatte ein paar Neuigkeiten, von denen er glaubte, dass sie Hatcher interessieren könnten.

»Da gibt es ein Wrack mit einer Keramikladung«, begann er. »Draußen im Golf. Ein paar Fischer hatten Vasen in den Netzen.«

Hatcher fühlte eine freudige Erregung in sich aufsteigen. »Wie alt ist es? Wie tief liegt es?«, fragte er.

»Etwa 60 Meter tief«, sagte Doll. »Kein einfacher Tauchgang, aber machbar.«

»Gut. Wie alt ist das Zeug? Hat es irgendjemand schon datiert?«

»Die Fischer haben ihren Fund zu einem Händler in Pattaya gebracht. Der hat die Stücke als Sawankhalok Keramiken aus der Ayutthaya-Ära identifiziert. Sehr wertvoll.«

»Kennst du die ungefähre Position des Wracks?«

»Die Fischer wissen sie so grob. Vom Land aus nicht sichtbar.«

»Internationales Gewässer also?«

»Etwa fünfzig Meilen vor der Küste. Schätze ich mal.«

»Okay. Du machst Folgendes: Kauf dem Fischer ein GPS, und ich schicke dir das Geld. Frag ihn, wie viel er will und sag mir, was du verlangst. Ich komme so bald ich kann, um mir das Zeug anzusehen.«

»Fabelhaft«, sagte Doll. »Wir machen es also?«

»Das sage ich dir, wenn ich die Pötte gesehen und die Kosten überschlagen habe«, sagte Hatcher und fügte hinzu: »Da ist noch etwas.«

»Was?«, fragte Doll.

»Kein Wort zu niemandem. Zu keinem Menschen. Das ist sehr, sehr wichtig.«

»Du kannst mir vertrauen«, sagte Doll und klang ein wenig gekränkt.

»Es geht um mehr als Vertrauen«, antwortete Hatcher. »Um absolutes Stillschweigen. Ein Wort – und das ganze Ding ist dahin. Und damit ist es mir ernst. Kapiert?«

»Kapiert«, meinte Doll.

Im Hintergrund hörte man ein leichtes, resigniertes Seufzen von Gishlaine. Sie hatte es die ganze Zeit gewusst. Eines Tages würde ihr Mann wieder weg sein, irgendwo in der blauen Weite des Meeres, bei einem seiner viel geliebten Projekte.

Und wieder mussten unzählige Telefonate geführt sowie Taucher, Bergungsplattformen, Kameraleute zur filmischen und fotografischen Dokumentation und finanzielle Mittel organisiert werden. Am Ende war alles glücklich unter Dach und Fach gebracht.

Das Charter-Schiff war die 600 Tonnen schwere *Australia Tide* des australischen Unternehmens Tidewater Port Jackson Marine. Sie war als unabhängige Arbeitsbasis konzipiert, ausgestattet mit einer Dekompressionskammer, einem Sättigungstauchsystem sowie einem Vierankersystem zum Festmachen vor Ort. Die Taucher wurden über die Firma Divcon International in Singapur angeheuert. Nigel Oorloff, Filmemacher aus Brisbane, war für die bildliche Aufzeichnung zuständig. In Anbetracht der früheren Kritiken hatte Hatcher dieses Mal auch einen Archäologen mit einbezogen, Michael Flecker, einen jungen Westaustralier. Soo Hin Ong stellte über den wohlhabenden malaysischen Geschäftsmann Jaya Tan, dessen Brüder und Vater, die finanziellen Mittel bereit.

Hatcher war begeistert und optimistisch. Doch hätte er gewusst, dass im Dezember 1991 eine ganze Bootsladung Thai-Fischer im Golf von Thailand festgenommen worden war, wäre er wahrscheinlich sehr viel nervöser an die Sache herangegangen. Die Thai-Fischer wurden beschuldigt, 500 Keramikstücke aus genau dem Wrack entwendet zu haben, nach dem Hatcher nun suchte. Unglückseligerweise sollte er von dieser wichtigen Tatsache erst sehr viel später erfahren.

Hatcher war, nachdem er die juristische Sachlage erkundet hatte, der felsenfesten Überzeugung, dass das Wrack in internationalen Gewässern lag. Und in dieser Überzeugung verließ er am 26. Januar 1992 auf der *Australia Tide* den Hafen von Singapur und erreichte drei Tage später die Wrackstelle.

Die *Australia Tide* kam mit eigener Besatzung. Der niederländische Kapitän Abraham de Vries führte zusammen mit dem Ersten Offizier Mark May, einem Australier, das Kommando über die vierzehnköpfige Crew. John Allan, Brite, war Erster Maschinist. Hinzu kam das Tauchteam – alles in allem ein bunt gemischtes Volk aus aller Herren Länder und aller Religionen. Von vierzig Mann an Bord kamen sieben aus Australien, der Rest aus Großbritannien, den Vereinigten Staaten, Kanada, Neuseeland, den Philippinen, Indonesien, Malaysia und Singapur.

»Als ich von Brisbane in Singapur ankam«, erinnert sich Nigel Oorloff, der Fotograf, »stellte ich fest, dass die Taucher, die zur gleichen Zeit mit mir dort eintrafen, überhaupt keine Ahnung hatten, um was es sich bei dem Projekt eigentlich handelte. Sie dachten, es ginge um Arbeiten an einer Pipeline. Bei Divcon wurde mir eingebläut, zu niemandem ein Wort verlauten zu lassen, bis wir draußen auf See waren.« Bevor die *Australia Tide* am Sonntag, den 26. Januar, um vier Uhr morgens auslief, machte Oorloff Aufnahmen von der Überdruckkammer und dem allgemeinen Aufgebot an Besatzung und Material. Bei Abfahrt war die See stürmisch. Oorloff blieb die ersten beiden Tage die meiste Zeit über in seiner Kajüte, da er seekrank wurde. Zudem bekam er einen riesigen Schrecken, als Salzwasser durch die Lüftungsanlage drang und seine Ausrüstung nass machte.

»Ich sprang aus der Koje und tastete nach dem Lichtschalter, die Kajüte schwankte und alles schaukelte hin und her. Ich hörte das Rauschen des Wassers, das hereinströmte, brachte die Geräte in Sicherheit und machte sie sauber. Zum Glück befand sich der Rekorder in einer wasserdichten Tragetasche, sodass kein Wasser in das Gerät hineinlaufen konnte.«

Am Mittwoch, dem 29. Januar, erreichte die *Australia Tide* die Wrackstelle. Zunächst musste das Wrack mit dem GPS auf einem Schnellboot haargenau lokalisiert werden, was einige Zeit in Anspruch nahm. Am Abend versammelte Hatcher die Besatzung, um sie vor dem Einsatz in den genauen Plan einzuweisen. Die Taucher waren voller Tatendrang und überaus begeistert, als sie hörten, dass sie an einem Wrack arbeiten sollten und nicht an einer »langweiligen alten Pipeline«.

Am 30. Januar brachte man das Schiff in Position und warf alle vier Anker, die es direkt über dem Wrack stabilisierten. Durch Ziehen am einen oder anderen Ankerseil und durch Auf- und Abrollen der entsprechenden Mengen an Stahlkabel von den jeweiligen Kabeltrommeln, die an den Ankerstützen festgemacht waren, ließ sich die Bergungsplattform nun nach Bedarf zentimetergenau bewegen.

Mike Hatcher tauchte mit Scuba-Tauchgeräten als Erster ab, um sicher zu gehen, dass es sich um das richtige Wrack handelte. Er strahlte übers ganze Gesicht, als er mit einem Arm voll Keramikflaschen wieder auftauchte – das Wrack war herrlich und schien Unmengen von Vasen, Urnen, Porzellan und Keramikfiguren zu enthalten. Die Taucher stiegen in ihre flexiblen Tauchanzüge und in einer Tauchglocke ging es hinunter auf den Grund des Meeres.

Mit Scuba-Ausrüstung wäre ein effektives Arbeiten in einer Tiefe von 64 Metern unmöglich gewesen. Ein Schnelltauchgang, wie ihn Hatcher gemacht hatte, war für eine erste Erkundung vertretbar, doch über eine längere Zeitdauer in dieser Tiefe am Wrack zu arbeiten, war unmöglich. Die erlaubte totale Grundzeit – in einer solchen Tiefe nur wenige Minuten – war zu knapp und das Risiko der Dekompressionskrankheit zu hoch.

Stattdessen erfolgten die Tauchgänge im so genannten Sättigungstauchen, einer besonderen Form des Tauchens, die ausschließlich im kommerziellen Bereich angewendet wird. Dabei waren die Taucher in einer Tauchglocke einem erhöhten, gleichbleibenden Umgebungsdruck entsprechend einer Tiefe von 45 Metern ausgesetzt und stiegen auf die gleiche Weise wieder auf, indem sie ein Gasgemisch zugeführt bekamen, das den absorbierten Stickstoff wieder abbaute. An Deck lebten, aßen und schliefen sie in einer Überdruckkammer, in der ebenfalls ein permanenter Druck entsprechend einer Tiefe von 45 Metern herrschte. Sättigungstauchausrüstungen wurden für den Einsatz auf Ölbohranlagen konzipiert und fanden regelmäßig auf den Offshore-Plattformen Verwendung.

Auch Abdul Rahim, der mit Hatcher schon zusammen an den gesunkenen U-Booten gearbeitet hatte und 1999 den Sensationsfund machte, war mit von der Partie.

»Das Tauchteam auf der *Australia Tide* bestand aus siebzehn Tauchern«, sagte er. »Sechs von uns führten die Tauchgänge aus, die anderen waren für Technik und Unterstützung zuständig. Bill Peni aus Neuseeland führte die Aufsicht. Wenn wir nicht gerade unten im Meer waren, lebten wir in der Sättigungskammer, aßen dort und gelangten über eine Transferkammer direkt in die Tauchglocke. Wir arbeiteten in 12-Stunden-Schichten. In jeder Schicht waren zwei Taucher im Wasser und ein Taucher in der Glocke – der ›Glöckner‹.

Jeder Taucher arbeitete vier Stunden am Wrack, wobei sich alle zwei Stunden ein Taucher mit dem in der Glocke abwechselte. Aufgabe des Glöckners war, Maschinen und Geräte zu kontrollieren sowie für die Kommunikation untereinander zu sorgen. Zudem war er Reservetaucher, falls einer der anderen beiden Probleme bekommen würde. Das bedeutete, dass ich in jeder 12-Stunden-Schicht ganze acht Stunden im Wasser und vier Stunden in der Glocke tätig war. Das war ganz schön hart da unten. Außerhalb der Schicht, in der Druckkammer an Deck, lasen wir Bücher und Zeitschriften, schliefen und versuchten, uns nicht von der Langeweile auffressen zu lassen.

Insgesamt waren wir ganze acht Tage lang dem gleichbleibenden Druck in der Kammer oder der Glocke ausgesetzt. Und das ist lange. Doch die Arbeit am Wrack war faszinierend. Zuerst säuberten wir die Oberfläche von den ganzen Ablagerungen, um an die Ladung heranzukommen, und mussten eine ganze Menge Korallen, tote Muscheln und krautige Wasserpflanzen aus dem Weg räumen. Wegen der großen Tiefe steckten wir in Heißwasseranzügen, durch die aufgeheiztes Wasser zirkulierte, um uns warm zu halten. Über ein Fernsprechsystem konnten wir mit dem Deck und dem Glöckner kommunizieren, und der Helm war zudem mit einer Kamera versehen, die eine Art Videobild übermittelte, das oben an Deck bei Bill Peni und der Aufsichtsmannschaft auf einem Monitor erschien. Sie konnten die ganze Aktion sozusagen per Fernsehen verfolgen. An den Helmen war außerdem eine sehr starke Lampe angebracht, zum einen für die Kameraaufnahmen und zum anderen, weil wir rund um die Uhr im Einsatz waren. Egal, ob es Nacht war oder Tag.

Mit einem Airlift erzeugten wir einen Sog. Dabei waren wir sehr vorsichtig, denn wir wussten, dass es sich um sehr wertvolle Artefakte handelte. Der sanfte Wasserstrom aus dem Airlift blies die Objekte frei. Zuerst fanden wir ziemlich grobe und plumpe Keramikstücke, von denen wir annahmen, dass sie der Crew gehörten. Je tiefer wir in das Wrack vorstießen, desto besser wurde die Qualität der Stücke – riesige Vasen, gut einen Meter hoch, wunderschöne Statuetten und Figürchen sowie eine fantastische Elefantenstatue. Wir entdeckten auch eine kleine bronzene Kanone, ungefähr einen Meter lang, mit einer Öffnung von etwa fünf Zentimetern Durchmesser an der Mündung. Wie sich herausstellte, handelte es sich bei dem Wrack um eine einmastige chinesische Dschunke, die angeblich schon vierhundert Jahre alt war.«

Alle Keramiken und sonstigen Gegenstände wurden unmittelbar an der Wrackstelle in Plastikbehälter verstaut, welche wiederum in einen größeren, grobmaschigen Transportkorb gesetzt wurden, wo sie an einem Führungskabel über eine Winde hinauf zur *Australia Tide* befördert wurden. Saniman, einer aus der Hatcher'schen Taucherfamilie aus Zeiten der U-Boot-Ladungen und der *Geldermalsen,* war einer der Windenmänner. Eigentlich war er Bootsmann an Bord der *Restless M,* doch er war tüchtig an der Winde, ein ausgezeichneter Taucher und für Hatcher bei allen Expeditionen unverzichtbar. »Maan«, wie man ihn nannte, kam aus Binjai auf Sumatra und war bei der *Australia-Tide*-Expedition 1992 gerade erst 28 Jahre alt.

In den ersten 24 Stunden lief die Bergungsoperation wie geschmiert – pausenlos wurden Keramiken, Vasen, Teller und Statuetten in Behältern im Transportkorb nach oben befördert. An Deck war ein Team damit beschäftigt, die Artefakte von den Verkrustungen zu säubern, zu waschen und sie sorgfältig in Kartons zu verpacken. Mike Hatcher, der jede einzelne Operationsphase beaufsichtigte, war guter Dinge. Alles lief wie geplant. In wenigen Tagen, so rechnete er sich aus, würden sie sich mitsamt der Ladung auf der Heimreise befinden.

Doch da nahte die erste dunkle Wolke am Horizont. Es war der 31. Januar, ein Tag nach Beginn der Arbeiten am Wrack. Saniman hatte Nachtschicht an der Hebewinde, und mit dem ersten Sonnenstrahl sah er ein Thai-Fischerboot näher kommen. Es ankerte etwa einhundert Meter entfernt, und Saniman beobachtete, wie die Fischer mit Scuba-Geräten eine Tauchoperation starteten, wie Transportkörbe vom Fischerboot aus abgelassen wurden und dass die Männer an Deck bewaffnet waren.

Mike Hatcher kam an Deck und zog die Stirn in Falten. Das hätte nun nicht sein müssen. Die Tatsache, dass die Thai offenbar vom Wrack wussten und zum Hafen zurückkehren würden, noch bevor die Bergung abgeschlossen war, bedeutete, dass Position und Zweck der Bergung bald allgemein bekannt sein würden. Obwohl er fest davon überzeugt war, dass sie sich auf offener See und in internationalen Gewässern befanden, war er über die Anwesenheit des Thai-Bootes ausgesprochen beunruhigt.

Kurz darauf kam ein zweites Boot hinzu.

»Fahr mal rüber und rede mit ihnen, David«, sagte er. »Krieg heraus, was die vorhaben.«

David Doll, der amerikanische Tauchlehrer, sprach etwas Thai und fuhr hinüber zum Fischerboot. Aus Angst vor Piraterie im Golf machte man unterdessen auf der Kommandobrücke die Kanonen klar. Doll kam bald mit dreien der Taucher zurück. Doch wie sich herausstellte, waren sie alles andere als einfache Fischer, sondern Angehörige der Königlichen Thai-Marine, die nicht im Dienst waren.

»Sie waren aufgebracht und wütend«, erinnerte sich Nigel Oorloff, »weil sie das Wrack als ihr Eigentum ansahen und uns als Eindringlinge. Sie wollten, dass wir verschwinden.«

Eine Debatte über nationale Hoheitsgebiete hatte Hatcher gerade noch gefehlt. »Wir müssen uns mit diesen Jungs irgendwie arrangieren«, sagte er, »die könnten sonst das ganze Projekt kippen.« Die Thai beharrten, dass sie nicht im Dienst waren, sondern aus eigenem Antrieb tauchten, um sich ein paar Stücke zum Weiterverkauf zu holen.

Mike Hatcher, Bill Peni und David Doll führten sie nach oben auf die Kommandobrücke. »Man bot ihnen 5 000 US-Dollar plus ein paar Keramikstücke, damit sie abhauten und uns in Ruhe ließen«, sagt Nigel Oorloff. »Und damit schienen sie zufrieden.«

Bis zum nächsten Tag war das Verhältnis so weit gediehen, dass die Thai sich achtern an die *Australia Tide* hängten. Sie beförderten ihre eigenen Transportkörbe auf und ab. Aufgrund der Tiefe von 60 Metern zeigte einer der Taucher bald Anzeichen der Deko-Krankheit. Er wurde an Bord der *Australia Tide* in die Dekompressionskammer gebracht. »Die anderen sahen derweil neidisch zu, wie unsere Taucher da unten unermüdlich Korb um Korb voller Keramiken nach oben schickten«, vermerkte Oorloff in seinem Tagebuch. Der kranke Thai-Taucher wurde entsprechend behandelt, erholte sich und verkündete fröhlich gegen allen Rat, er wolle am nächsten Tag gleich wieder tauchen.

Doch der Fischerbootskapitän gab zu bedenken, dass die Schönwetterperiode wohl bald vorbei sein würde, und zudem bereitete ihm das aufziehende schlechte Wetter in dieser Entfernung von der Küste (55 Meilen) einige Sorge.

Die Thais schwatzten Hatcher noch ein paar Gefäße ab, da sie ihrer Meinung nach nicht mehr dazu kämen, selbst genügend zu bergen. Sie tuckerten in ihrem Boot davon, zogen eine schwarze Dieselwolke hinter sich her und verschwanden am Horizont. Mike Hatcher sah ihnen nach und zog die Brauen zusammen. »Das gefällt mir nicht!«, sagte er. »Ganz und gar nicht. Ich traue diesen Burschen nicht für fünf Pfennige über den Weg.« Er wandte sich zu Bill Peni und sagte: »Wir sollten versuchen, das Ganze hier zu beschleunigen, Bill. Ich glaube, wir müssen rasch fertig werden und hier weg sein, bevor noch etwas schief geht.«

Bill runzelte die Stirn. »Ich weiß, was du meinst, Mike«, antwortete er. »Aber um ehrlich zu sein, glaube ich nicht, dass es noch schneller geht. Wir arbeiten ohnehin schon 24 Stunden am Stück.«

»Sieh zu, was du noch machen kannst«, sagte Hatcher, stellte sich an die Reling der Kommandobrücke und heftete den Blick auf den schwindenden kleinen Fleck des Fischerbootes. Sein Instinkt sagte ihm, dass aus dieser Richtung noch Ärger kommen würde. Nur welche Art Ärger, das wusste er noch nicht.

»Ich dachte, wir hielten uns rechtmäßig dort auf. Wir hatten uns vor unserer Abfahrt über die juristischen Verhältnisse kundig gemacht und waren der Überzeugung, dass wir uns in internationalen Gewässern befinden und die Bergung daher rechtlich völlig einwandfrei war. Trotzdem war mir irgendwie nicht wohl in meiner Haut. Ich hatte eine dunkle Vorahnung, wenn man so will. Und die hat mich nicht getrogen, wie sich zeigte. Ich wünschte, das hätte sie.«

Hatcher und seine Crew harrten der Dinge. Eine trügerische Ruhe lag in der Luft. Doch nicht für lange, denn das eigentliche Drama sollte bald beginnen. Das Thai-Fischerboot hatte drei Tage lang bei der *Australia Tide* gelegen. Am Abend des 4. Februar, nachdem es in den Hafen zurückgekehrt war, erschien um elf Uhr mitten aus dem Dunkel der Nacht ein thailändisches Marinepolizeiboot, das mit grellen Suchscheinwerfern über das Deck der *Australia Tide* leuchtete. Bewaffnete Polizisten standen auf dem Vordeck, warteten, bis das Boot längs am Schiff beigedreht hatte, und sprangen dann mit Gewehren und Pistolen an Bord der *Australia Tide*.

»Ich befand mich am hinteren Ende des Schiffes auf der Brücke«, schrieb Nigel Oorloff in sein Tagebuch, »und sah, wie sie die Männer, die mit dem Säubern der Keramiken beschäftigt waren, anrempelten und anschrien. Kein Zweifel, sie wollten, dass die Männer die Arbeiten einstellten.« Von seinem erhöhten Standort aus begann Oorloff, den Zusammenstoß zu filmen.

»Dann beobachtete ich, wie Mike Hatcher auf sie zuging und mit ihnen redete. Der Kommandant des Polizeibootes kam an Bord und ging mit Hatcher hinauf zur Brücke, um von dort aus per Funk jemanden an Land zu erreichen. Ich filmte unterdessen weiter. Mike sagte mir, dass der Funkspruch an einen Anwalt in Thailand ging. Danach schien der Kommandant beschwichtigt. Wir schenkten ihm ein paar geborgene Gefäße, und er ging zurück auf sein Boot, das gleich darauf eine breite weiße Kielwasserspur hinter sich lassend davonfuhr. Mittlerweile war es der 5. Februar, halb vier Uhr morgens. Mike Hatcher, Kapitän de Vries und das Bergungsteam fragten sich, was wohl als Nächstes passieren würde.

»Es war klar, dass wir in ein Wespennest gestochen hatten«, erinnert sich Hatcher. »Die Frage war nur, ob wir das Projekt an diesem Punkt abbrechen oder ob wir bleiben und die Sache durchziehen sollten, bis die gesamte Ladung geborgen war. Nach meiner juristischen Information befanden wir uns in Hochseegewässern und absolut im Recht. Außerdem würde es mit vier Ankern und einer Tauchglocke unten am Grund einige Zeit dauern, ehe wir die Operation tatsächlich abschließen und abfahren konnten.«

Und während Hatcher auf See noch darüber grübelte, liefen an Land in militärischen und politischen Kreisen die Telefone heiß, und ein gewaltiger Sturm braute sich zusammen.

Nach Abfahrt der Küstenpolizei erschien in der folgenden Nacht um halb drei ein Schiff der Königlichen Thai-Marine mitten aus der Dunkelheit und ankerte in nächster Nähe. Am 6. Februar, um neun Uhr morgens, kamen der Kommandant und mehrere Offiziere des Marineschiffes zu einer Unterredung mit Mike Hatcher und Kapitän de Vries an Bord.

»Sie waren recht höflich«, erinnerte sich Oorloff. »Sie baten um Erlaubnis, an Bord kommen zu dürfen, und ihr Benehmen war ganz anders als das der Marinepolizei. Viele von ihnen sprachen gut Englisch. Einer von ihnen, ich glaube, es war der Dritte Offizier, sagte, dass die RTN (Royal Thai Navy) im Begriff sei, in diesem Gebiet U-Boot-Übungen zu starten. Er sagte auch, dass die RTN nicht für unsere Sicherheit garantieren könne, und legte uns nahe, die Gegend besser zu verlassen. Danach begaben sie sich wieder zurück auf ihren Zerstörer und stoben mit Volldampf davon. Sehr eindrucksvoll.«

Allerdings war das alles andere als das Ende der Geschichte – es war vielmehr erst der Beginn des Dramas, das weltweit Schlagzeilen machen sollte. Bei Sonnenuntergang wurde die Tauchglocke vom Grund des Meeres an die Oberfläche gebracht mitsamt den Tauchern, die sich darin noch immer in einem erhöhten Atmosphärendruck befanden und keinen Schimmer von den Dramen hatten, die sich mittlerweile an der Oberfläche abspielten. Um kurz vor halb acht am Abend begann die Crew der *Australia Tide*, die Anker zu lichten. Doch ehe sie damit fertig war, wurde sie unangenehm überrascht von ganzen sechs Kriegsschiffen der Königlichen Thai-Marine, die sich mit rasantem Tempo aus der Dunkelheit näherten.

Nigel Oorloff rannte nach seiner Kamera und schrieb später in sein Tagebuch, dass die Marineschiffe der Thai die *Australia Tide* höchst aggressiv umkreisten, bevor sie forderten, das Schiff betreten zu dürfen. Als Reaktion auf derlei kriegslustiges Gebaren verweigerten Hatcher und de Vries die Forderung trotz der Tatsache, dass der Großteil der RTN-Schiffe schweres Geschütz trug. Zehn Minuten später wurde die *Australia Tide* von ungefähr zehn bewaffneten Kommandos gewaltsam geentert, die ihre Waffen auf Hatcher und seine Crew richteten und sie bedrohten. Saniman wurde dabei mit einem Gewehrkolben gestoßen, und die ganze Zeit über war eine Waffe bedrohlich auf ihn gerichtet (wie er später eidesstattlich aussagte).

»Auf die Brücke!« – riefen sie auf Englisch, soweit sich Oorloff erinnerte, und sie forderten, dass die *Australia Tide* sie nach Sattahip, dem Stützpunkt der Königlichen Thai-Marine, begleiten solle. De Vries war verständlicherweise sehr zornig, wies jegliche Forderung zurück und beschuldigte sie der Piraterie in Hochseegewässern.

In den folgenden drei Tagen blieb die *Australia Tide* an der Wrackstelle, umgeben von sechs Marinefahrzeugen der Thai – eine Patt-Situation. Kapitän de Vries hatte indessen ein Notsignal an das Maritime Safety Center in Canberra gefunkt, und die Konfrontation im Golf von Thailand alarmierte die Nachrichtenagenturen in aller Welt. In Australien, Großbritannien, den Vereinigten Staaten und natürlich in Thailand, Malaysia und Singapur gab es nur eine Schlagzeile.

Ausgangspunkt des Streites war, dass die *Australia Tide* zweifelsohne in internationalen Gewässern 55 Meilen vor der thailändischen Küste lag, Thailand aber eine »Ausschließliche Wirtschaftszone« (*exclusive economic zone*) und die Erweiterung seiner Hoheitsrechte als Küstenstaat bis auf 200 Meilen vor der Küste beanspruchte. Das Schiff habe zwar das »Recht auf Passage«, wie es seitens der Thai hieß, aber kein Recht, innerhalb dieser Zone antike Stücke vom Meeresboden zu heben. In einer juristischen Note an die australische Botschaft in Bangkok hieß es, dass die Rechte der Thai auf Antiquitäten in der exklusiven Wirtschaftszone – gelinde formuliert – sehr fragwürdig wären.

David Layman, Seniorchef der Rechtssozietät Tilleke & Gibbins in Bangkok, der im Auftrag Hatchers und des Bergungsteams arbeitete, sagte, dass seine Firma die Rechtswirksamkeit der so genannten »Ausschließlichen Wirtschaftszone« bereits vor dem *Australia-Tide*-Zwischenfall geprüft habe und zu dem Schluss gekommen war, dass die thailändische Regierung keinerlei Rechtsanspruch auf die Ladung habe.

»Die Thai-Regierung scheint sich einzig auf ein paar Klauseln der Seerechtskonvention von 1982 zu berufen, als juristische Rechtfertigung für das Entern des Schiffes … Angehängt sind die Kopien der diesbezüglichen Artikel. Artikel 303 und 33 gelten nicht, sofern der Standort des Schiffes in 55 Meilen oder weiter

Das unberührte Wrack der *Tek Sing*. Feine Porzellanschüsseln sind zu einem Teil des Meeresbodens geworden

Die massiven Planken und Taue der *Tek Sing,* nach 170 Jahren in der Tiefe noch beinahe unversehrt

Die Bergungsplattform *Swissco Marie II* über dem Meeresgrab der *Tek Sing*. Sie war Unterkunft und Arbeitsstätte für die 42-köpfige Crew

Mit einem Lift werden die Taucher zum Wrack in 30 Metern Tiefe hinabgelassen. Sie arbeiten in Wechselschichten zu je 90 Minuten

Der riesige Porzellanberg versetzte die Taucher in ungläubiges Staunen

A. W. Rahims Skizze vom Wrack der *Tek Sing*

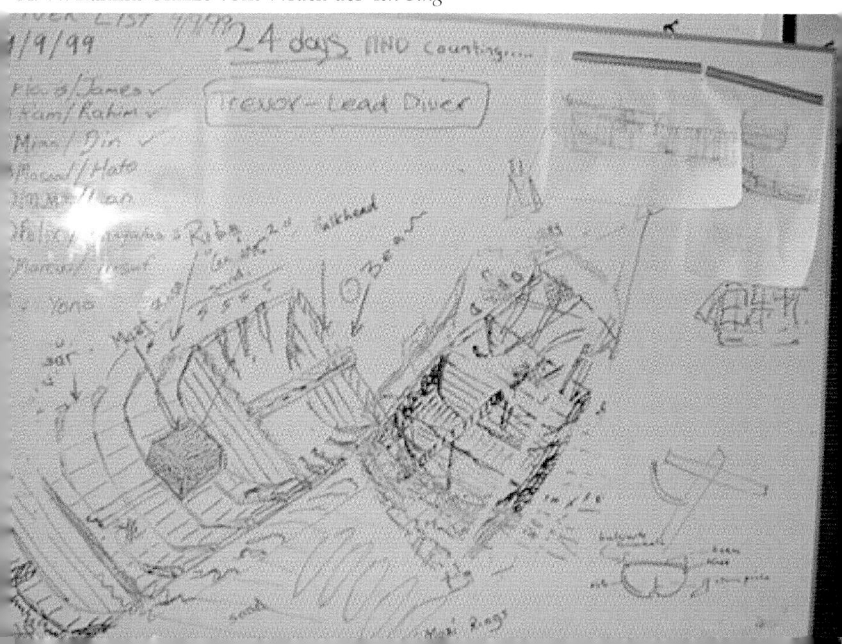

Reihenweise Porzellan tief unter dem Meeresspiegel. Mike Hatcher inspiziert die Ladung, während der Airlift die Sicht vernebelt

Das Säubern und Waschen der Schätze an Bord der Bergungsplattform *Swissco Marie II*

Korallenverkrustete Vasen, Schalen und Pillendosen

Ein übergroßer Kessel mit Drachenmotiv dominiert die Ansammlung der *Tek Sing*-Artefakte

Pillar-Dollar. Die Münze zeigt das Wappen von Leon und Kastilien sowie die Herkulessäulen

Links: Chinesischer Kaufmannsstempel mit Stempelkissen und Petschaft. Die Signatur ist immer noch lesbar

Unten: Kleine Knabenfiguren präsentieren sich stolz

Der Nachbau einer chinesischen Dschunke im Stuttgarter Hauptbahnhof diente als Ausstellungsort für den Schatz der *Tek Sing*

Die außergewöhnliche Präsentation des sensationellen Fundes trug mit zum Erfolg der Auktion im November 2000 bei

Ein Meer von blau-weißem Porzellan, von Mike Hatcher dem Meer abgerungen und auf einer weltweit einmaligen Auktion bis auf das letzte Stück verkauft

vor der thailändischen Küste vermutet wird. Der Standort liegt außerhalb der thailändischen Binnengewässer, Hoheitsgewässer und angrenzenden Zone, obwohl er innerhalb der deklarierten ›Ausschließlichen Wirtschaftszone‹ liegt.

Absatz 149 gilt unter Umständen, doch wurde das Gebiet, von dem in diesen Bestimmungen die Rede ist, von Thailand nie genau definiert. Die Gewässer einer ›Ausschließlichen Wirtschaftszone‹ sind nach der Genfer Konvention von 1958 nach wie vor international, obgleich sie in der Konvention von 1982 nicht als ›Hochseegewässer‹ gelten. In den ›Ausschließlichen Wirtschaftszonen‹ machen die Küstenstaaten ihre Souveränität für bestimmte wirtschaftliche Erwerbszwecke geltend hinsichtlich der natürlichen Ressourcen wie Fischereigründe und Rohstoffförderung. Dabei ist weithin anerkannt, dass antike Wracks samt Ladung nicht als ›natürliche Ressourcen‹ gelten.« David Layman fügte hinzu, dass »Thailand die Konvention von 1982 zwar unterzeichnet, sie aber zu keinem Zeitpunkt ratifiziert oder ihr zugestimmt hat und sie auch nie als Teil der thailändischen Landesgesetze angenommen hat«.

Unterdessen gingen draußen auf dem Meer die Kriegsspiele weiter. Thailändische Marineschiffe umkreisten die *Australia Tide* regelmäßig, wollten militärische Stärke beweisen. Während die Patt-Situation andauerte, ging eine Meldung nach der anderen zwischen Canberra, der australischen Botschaft in Bangkok und der Thai-Regierung hin und her. Hatcher und das Bergungsteam hatten auf ein entschlossenes Eintreten seitens der australischen Regierung gehofft, wenn nicht sogar auf das Auftauchen der *HMAS Perth*, des Marineschiffs der Königlich Australischen Marine, das in südostasiatischen Gewässern kreuzte.

Doch diese Hoffnung sollte enttäuscht werden. Kopien der Funkmeldungen zwischen Canberra und Bangkok, die im Nachhinein unter Berufung auf Informationsfreiheit ausgehändigt wurden, zeigen, dass sich das australische Außenministerium für seine Staatsangehörigen nicht sonderlich einsetzte. Anstatt die Rechtmäßigkeit der thailändischen Interessen in Frage zu stellen, suchte das Ministerium eher nach Wegen, seine Verantwortlichkeit in dieser Sache zu minimieren.

Zum Beispiel wurde die *Australia Tide* von Tidewater Port Jackson (TPS), einem australischen Unternehmen in Melbourne, gekauft. In einem vertraulichen Telegramm von Canberra an die australische Botschaft in Bangkok heißt es: »Tidewater Port Jackson ist derzeit der Betreiber des Schiffes, das seit einiger Zeit für dieses Unternehmen fährt. TPS steht derzeit in Verhandlungen über das Schiff und erwartet den Geschäftsabschluss für die kommende Woche.«

Doch da die Verkaufsverhandlungen noch im Gange waren, fuhr das Schiff noch unter panamesischer Flagge. Aufgrund dieser besonderen äußeren Umstände befand das Außenministerium, dass das Schiff weder in australischem Besitz noch in Australien registriert war.

Divcon, das Unternehmen, das die Taucher unter Vertrag hatte, wurde von Australiern geleitet, und Anthony Ruedavey, der Bruder des geschäftsführenden Direktors Geoffrey Ruedavey, war als Taucher mit an Bord der *Australia Tide*. Mike Hatcher, Charterer und Bergungstaucher, hatte zu diesem Zeitpunkt noch keinen neuen australischen Pass und verwendete daher seinen britischen, woraufhin das Außenministerium ihn als Briten betrachtete.

Kurzum, das Schiff war (abgesehen von den laufenden Verkaufsverhandlungen) in australischem Besitz, die Tauchmannschaft bestand ebenfalls aus Australiern, Hatcher war Brite, und an Bord befanden sich weitere sieben Australier. Dennoch beschränkte das australische Außenministerium seine Verantwortlichkeit auf eine »Sorge um das Wohlergehen« seiner Staatsangehörigen. In einem Telegramm des Außenministeriums an den Botschafter Richard Butler und das Botschaftspersonal in Bangkok vom 8. Februar 1992 wurde unter dem Vermerk »Vertrauliche Angelegenheit« Folgendes angeraten:

VERTRAULICH

In Bezug auf das thailändische Außenministerium sowie auf jegliche weiteren Debatten mit den betroffenen kommerziellen Parteien soll wie folgt verfahren werden:

Zeigen Sie Verständnis für die von den Thai angeordneten Behinderungen, aber tragen Sie vor, dass wir besorgt sind über die Zuspitzung der Situation durch die greifbare Präsenz der thailändischen Marine. Wiederholen Sie, dass unser vornehmlichstes Interesse in dieser gleichsam sensiblen wie angespannten Lage dem Wohlergehen der sieben australischen Staatsbürger an Bord der *Australia Tide* gilt. Wir erwarten von den thailändischen Behörden, dass deren Sicherheit gewährleistet ist.

Erklären Sie, dass nach Auffassung der australischen Regierung die Sache derzeit eine Angelegenheit zwischen den kommerziellen Interessen der involvierten Unternehmen und deren juristischen Vertretern auf der einen Seite und den thailändischen Behörden auf der anderen ist.

Machen Sie deutlich, dass nationale und kommerzielle Interessen einer ganzen Reihe weiterer Länder involviert sind, und wiederholen Sie unsere juristische Ansicht, dass die Aktion sich in einem Gebiet abspielt, welches Australien und andere Länder eindeutig als internationale Gewässer erachten.

Senator Evans wurde von persönlichen Mitarbeitern beraten und stimmt der oben genannten Vorgehensweise zu.

Halten Sie bitte die anderen Botschaften in Bangkok, deren kommerzielle Interessen und Staatsbürger in die Sache involviert sind, ständig über weitere Entwicklungen informiert. Insbesondere Singapur.

Der langen Rede kurzer Sinn: Obwohl die australische Regierung durch eigens angestrengte ministerielle Prüfungen Kenntnis hatte, dass sich die *Australia Tide* in internationalen Gewässern befand und rechtmäßig agierte, war sie nicht bereit, ihre

Staatsbürger in der Frage des Eigentumsrechtes hinsichtlich der Artefakte des Schiffswracks zu unterstützen.

Die Zeitungen vertraten ganz unterschiedliche Standpunkte, je nach dem, wo sie erschienen. Die thailändische Presse, die sich Informationen aus regierungsamtlicher Quelle bediente, veröffentlichte natürlich stark gegen Hatcher gefärbte Berichte.

Am 8. Februar 1992 erschien in der *Nation* der folgende Artikel:

THAILÄNDISCHE MARINE GEHT BEWAFFNET GEGEN AUSTRALISCHES SUCHSCHIFF VOR MINISTERIUM WEIST VORWÜRFE DER PIRATERIE ZURÜCK

Die thailändische Regierung hat sich gestern gegen die Vorwürfe der Piraterie verteidigt, nachdem bewaffnete Marinepolizei ein australisches Schiff geentert hatte, das im Verdacht steht, im Golf von Thailand auf Schatzsuche zu sein. Das thailändische Außenministerium teilte mit, das Entern der 600 Tonnen schweren *Australia Tide* durch Marinekräfte sei rechtmäßig erfolgt, da das Schiff sich in thailändischen Hoheitsgewässern befand.

Auf einer Pressekonferenz sagte der Pressesprecher des thailändischen Außenministeriums, Sakthip Krairiksh: »›Piraterie‹ – davon will man in der thailändischen Regierung nichts hören. Das Schiff hat die ›Ausschließliche Wirtschaftszone‹ Thailands missachtet, in der Absicht, Unterwasser-Artefakte außer Landes zu bringen.«

Nach Aussagen australischer Botschaftsbeamter, die Kontakt mit dem Schiff hatten, griff die thailändische Marinepolizei die Crew-Mitglieder tätlich an, drohte den Kapitän zu verhaften und entwendete Fundstücke, nachdem sie das Schiff am Donnerstag rund 65 Meilen südlich vor Sattahip geentert hatte.

Sie sagten weiter, dass das Schiff deutlich erkennbar Tauchoperationen unternahm auf der Suche nach Keramiken aus einem alten Wrack im Golf von Thailand.

»Das ist Piraterie«, hieß es in einer Meldung, die das Schiff an das australische Maritime Safety Centre in Canberra schickte.

Wie ein Botschaftsbeamter mitteilte, hatten drei Schiffe der thailändischen Marine und Marinepolizei die *Australia Tide* umlagert, nachdem ihr holländischer Kapitän sich weigerte, die Anker zu lichten und das Schiff in den Marinestützpunkt nach Sattahip zu steuern.

»Eine Pattsituation«, sagte er und fügte hinzu, dass Canberra über diesen Zwischenfall beunruhigt sei und eine offizielle Protestnote erwäge. Sakthip erwiderte daraufhin, dass die thailändische Regierung die von der Crew geborgenen Fundstücke vom Schiffseigner einfordern würde, und fügte hinzu, dass thailändische Regierungsbeamte den Kapitän gebeten hätten, an Bord kommen zu dürfen, doch dieser habe eine Durchsuchung des Schiffes verweigert und kein Wort mit ihnen gewechselt.

Tidewater Port Jackson, das in Melbourne ansässige Unternehmen und Schiffseigner, gab an, das Schiff sei als Versorgungsschiff für die Öl- und Gasindustrien im Golf von Thailand gepachtet.

Thailand proklamierte 1981 zwar eine »Ausschließliche Wirtschaftszone« bis auf 200 Meilen vor der Küste, doch ist der rechtliche Status unter internationalem Recht umstritten, da er sich mit ähnlichen Ansprüchen Malaysias und Vietnams überschneidet.

Die *Australia Tide* ist in Panama registriert. Nach Angaben des australischen Regierungsbeamten bestand die vierzig- bis fünfzigköpfige Crew aus Australiern, Neuseeländern und einem Amerikaner.

»Wir glauben, es handelt sich um ein rein technisches Missverständnis«, sagte Jim Collard, Manager im Bereich Finanzen und Verwaltung bei Tidewater Port Jackson Marine in Australien. Doch westliche Diplomaten unterstellten, korrupte thailändische Offiziere hätten das Schiff geplantermaßen überfallen, um das Bergungsgut an sich zu nehmen und dem Kapitän eine saftige Geldstrafe abzuverlangen.

Sakthip kündigte an, dass thailändische Marineoffiziere, Beamte des Außenministeriums sowie australische Diplomaten die Situation vor Ort auf dem Schiff erkunden würden.

Am 9. Februar veröffentlichte die *Nation* einen weiteren Bericht dazu:

MARINE DROHT, DAS SCHATZSCHIFF ZU ENTERN UND DIE CREW ZU VERHAFTEN

Wie thailändische Regierungsbeamte vergangenen Samstag versicherten, wird das australische Schiff, das der Schatzsuche in thailändischen Gewässern verdächtigt wird, keine Genehmigung zur Weiterfahrt erhalten, bis es nicht eingehend durchsucht worden ist.

»Von Rechts wegen sind wir befugt, das Schiff zu durchsuchen und alle an Bord befindlichen Artefakte mitzunehmen«, sagte ein Sprecher des Außenministeriums, der es ablehnte namentlich genannt zu werden. Falls der Streit nicht auf Verhandlungsbasis beigelegt werden kann, so ein Beamter der thailändische Marine, würde die Marine die *Australia Tide* entern.

»Derzeit haben die Marinebehörden noch kein Crew-Mitglied verhaftet. Wir haben lediglich um Erlaubnis gebeten, an Bord des Schiffes gehen und es durchsuchen zu dürfen. Falls der Kapitän sich aber weiterhin unseren Forderungen widersetzt, könnten wir uns gezwungen sehen, das Schiff zu entern und die Crew-Mitglieder in Haft zu nehmen«, sagte Admiral Suravuth Maharom, oberster Befehlshaber der Marine.

Ein Sprecher des in Singapur ansässigen Tauchunternehmens Divcon räumte gestern ein, dass das Unternehmen, welches die *Australia Tide* betreibt, vertraglich verpflichtet wurde, Porzellanartefakte vom Grund des Meeres im Golf von Thailand zu bergen.

In Bangkok versuchten australische Botschaftsbeamte

den Vorfall herunterzuspielen und beharrten darauf, dass es sich um ein juristisches Problem zwischen den Eignern der *Australia Tide* und den thailändischen Behörden handele.

»Es ist nicht geplant, dem Schiff und der Crew einen Besuch abzustatten. In Gesprächen mit dem Außenministerium haben wir unsere Sorge um die Sicherheit der Crew zum Ausdruck gebracht, doch handelt es sich zum gegenwärtigen Zeitpunkt nicht um eine Konsulatsangelegenheit, sondern um eine juristische Angelegenheit. Wir werden die Sache einfach weiter beobachten«, sagte ein Botschaftsbeamter gegenüber der *AFP*.

Im Weiteren fügte er hinzu, dass die Botschaft in Kontakt mit dem Schiff stünde und sich vergewissert habe, dass die drei Taucher in der Dekompressionskammer, ein Australier und zwei Neuseeländer, zu keinem Zeitpunkt gefährdet waren.

»Das ist ein ganz normaler Vorgang an Bord und nichts Ungewöhnliches«, fügte er hinzu. Die vierzigköpfige Crew soll aus Australiern, Amerikanern, Kanadiern, Japanern, Neuseeländern, Philippinos und Singapurern bestehen.

Derzeit liegt die *Australia Tide* etwa 55 Meilen südlich von Chuang Island im Golf von Thailand und ist von mehreren Schiffen der thailändischen Marine umgeben.

Wie thailändische Regierungsbeamte vermelden, wurde das Schiff am vergangenen Donnerstag gesichtet, und erst nachdem sich der Kapitän weigerte, den Anker zu lichten und den Marinestützpunkt in Sattahip anzusteuern, wurde es von thailändischen Seeleuten geentert. Diese kehrten jedoch wieder auf ihr Schiff zurück, nachdem der Kapitän eine Durchsuchung seines Schiffes nicht gestattet hatte. Laut einem Funkspruch des Schiffes waren mehrere Crew-Mitglieder von den enternden Seeleuten tätlich angegriffen worden, was die thailändische Regierung aber strikt von sich weist.

Nach Angaben von Regierungsbeamten lag die *Australia Tide* bereits im Dezember in diesem Gebiet, und obwohl damals keinerlei Unternehmungen durchgeführt wurden, wurden erste Verdächtigungen der illegalen Schatztaucherei laut. Die Seeregion war einst eine traditionelle Handelsstraße, durch die thailändische und chinesische Dschunken kreuzten mit wertvollen Sawankhalok-Keramiken an Bord.

Berichterstatter der *AP* in Melbourne zitierten Matt Harsley, den geschäftsführenden Direktor bei Divcon, nach dessen Aussage die 87 Meter lange *Australia Tide* den Auftrag hatte, Porzellanartefakte aus einem chinesischen Schiff des 12. Jahrhunderts im Golf von Thailand zu bergen. Ferner sagte er, dass die Crew sich wegen der Rückfahrt nach Singapur noch immer in Verhandlungen mit der thailändischen Regierung befände, die Situation aber eher »mexikanisch Patt« stand.

»Sie sind derzeit von sechs Marineschiffen umgeben«, sagte Harsley. »Ein Zerstörer, Fregatten und Polizeischiffe – größer als die Spanische Armada.«

Am 11. Februar erschien in der *Bangkok Post* gänzlich unerwartet ein sehr aggressiv verfasster Leitartikel, der einen stark prothailändischen Standpunkt vertrat:

SCHATZJÄGER ODER GEMEINE DIEBE?

Schatzsucher – für gewöhnlich stellt man sich darunter Typen vor, die wie Indiana Jones Dschungel oder Wüsten durchstreifen, geheimnisvolle Landkarten fest im Griff, und eine ganze Reihe von Gefahren überstehen, um auf unvorstellbaren Reichtum und Glanz in längst vergessenen Gräbern oder an gleichermaßen exotischen Orten zu stoßen. Doch das ist die romantische Seite, der Stoff, aus dem Hollywood-Filme sind. Die Realität heute sieht ganz anders aus.

Moderne Schatzsucher operieren normalerweise unter Lizenzen, die von dem Land ausgegeben werden, in dessen

Gebiet nach Artefakten gesucht wird und das die Arbeiten aufs Strengste beaufsichtigt. Jegliche Versuche, historische Relikte außer Landes zu schmuggeln oder unbefugte Expeditionen zu unternehmen, werden streng geahndet und ziehen in aller Regel saftige Geldbußen und/oder Haftstrafen nach sich. Die südamerikanischen Staaten verfahren in dieser Hinsicht besonders streng, und während des vergangenen Jahrzehnts haben Großbritannien, die Vereinigten Staaten und Europa die Vorschriften für die Kontrolle bei der Bergung nationaler Schätze verschärft. Die alte Faustregel, wonach Finder gleich Besitzer ist, gilt nicht mehr. Vergrabenes Schatzgut ist Eigentum des Landes, in dessen Territorium es gefunden wird – oder, um es genauer zu sagen, der Staatsbürger dieses Landes. Die Regierung trägt die Verantwortung dafür, es in deren Namen zu schützen und zu verwalten.

Die Affäre *Australia Tide*, bei der es in thailändischen Gewässern um eine alte Ladung Porzellanartefakte ging, die aus einer jahrhundertealten chinesischen Dschunke geraubt wurden, bietet eine klassische Veranschaulichung dieses Handlungsprinzips. Wie Admiral Suravuth Maharom, oberster Befehlshaber der Marine, es formulierte, hat »dieses Schiff unsere Ressourcen geraubt, und uns blieb gar nichts anderes übrig. Wir hatten das Recht, dieses Schiff zu entern und jegliche an Bord befindlichen Antiquitäten an uns zu nehmen. Hätten wir nichts unternommen, wären noch andere Schiffe gekommen und hätten uns weitere Ressourcen geraubt.«

Nach seiner Theorie hatten Thai-Fischer das gesunkene chinesische Schiff als Erste entdeckt und die Position der Wrackstelle an die Schatzsucher weiterverkauft. Spätere Berichte prangerten einen perfiden Antiquitätenhändler in Pattaya als Drahtzieher hinter der Bergungsoperation an. Er soll die geborgenen Porzellantöpfe und andere Artefakte, die vor vier- bis fünfhundert Jahren während der Ayutthaya-Zeit hergestellt wurden, ins Ausland weiter verkauft haben. Wie auch immer – wichtig ist, dass die Angelegenheit friedlich beendet wurde und die Antiquitäten nun sicher in treuen Händen der thailändischen Regierung waren. Hätte sich ein vergleichbarer Vorfall vor der Küste eines anderen Staates ereignet, wäre der Konflikt womöglich nicht durch friedliche Verhandlungen, sondern durch Waffengewalt gelöst worden.

Das Ministerium für Kunst und Kultur hat dem entdeckten jadegrüne Sawankhalok-Porzellan, wovon lediglich das thailändische Nationalmuseum ein paar wenige Stücke besitzt, einen extremen Seltenheitswert auf dem internationalen Antiquitätenmarkt bescheinigt. Sein Diebstahl aus unseren Gewässern würde uns der Gelegenheit berauben, ein genaues Bild thailändischer Lebensweise während der Ayutthaya-Periode zu erstellen, eine Ära, die für ihren großen Reichtum an Kunstgegenständen bekannt ist. Sein Wert als solcher kann daher nicht im rein monetären Sinne bemessen werden.

Nun, da Artefakte von einem solch immensen archäologischen Wert entdeckt worden sind, müssen wir sicherstellen, dass sie in die richtige Obhut gelangen und im Nationalmuseum zur Ausstellung kommen, damit unser Erbe auch von jedermann gesehen werden kann. Es versteht sich von selbst, dass eine sorgfältige Bestandsaufnahme der Stücke gemacht werden muss, um sicher zu gehen, dass niemand in Zukunft Ansprüche auf verlorene oder überstellte Wertgegenstände erhebt, und dass das Ministerium für Kunst und Kultur sich dafür bestens eignet, da es diese Aufgabe zu treuen Händen ausführt. Als Nächstes sollten wir darangehen, selbst die bekannten alten Handelsrouten zu durchkämmen, um kostbare und unbezahlbare Antiquitäten zu entdecken, die mitunter bis zu 60 Meter tief unter der Wasseroberfläche liegen. Wir verfügen über das Wissen und sicherlich auch über den Willen, unsere Artefakte auch selbst zu bergen. Tun wir das nicht, laufen wir Gefahr, sie an gewinnsüchtige Abenteurer zu verlieren.

Es dauerte viele schmerzliche Jahre, einen kostbaren Türsturz aus einem Museum in Chicago zurückzubekommen. Ban-Chiang-Keramiken sind in der westlichen Kunstwelt nicht gerade selten.

Ebenso entheiligte Buddha-Figuren. Wäre die Marine nicht so wachsam gewesen, die *Australia Tide* aufzuhalten, hätten wir ein weiteres kleines Stück unserer Geschichte an skrupellose Schwarzmarkthändler verloren. Es wird Zeit, die Gesetze zum Schutz unseres nationalen Kulturgutes nochmals zu überprüfen und falls nötig zu verschärfen. Begleitend dazu müssen die Regelungen, die den Export von Antiquitäten betreffen, überprüft werden und Schmuggel aufs Härteste bestraft werden. Um weitere Verluste zu verhindern, darf kein Preis zu hoch sein.

Draußen im Golf von Thailand dauerte die Patt-Situation mit der Königlich Thailändischen Marine an, die nach wie vor darauf beharrte, dass die *Australia Tide* die Artefakte in den Marinestützpunkt nach Sattahip brachte. Kapitän de Vries und Mike Hatcher weigerten sich, von ihrem Standpunkt abzurücken.

»Sie trieben ein hartes Spiel«, sagt Hatcher. »Die Marineinfanteristen brachten Haftminen an unseren Ankerketten an. Sie legten auch einen versteckten Sprengsatz zwischen die Artefakte und hielten ununterbrochen ihre Waffen auf uns gerichtet. Sie machten keinen Hehl daraus, dass sie das Feuer eröffnen würden, falls wir versuchen sollten, nach Singapur wegzukommen – auch wenn sie das nur in Andeutungen zu verstehen gaben. ›Können nicht für eure Sicherheit garantieren‹, war ihr Standardspruch. Doch wir wussten genau, was gemeint war.«

Nachdem die erste Frist für das Verbringen der Ladung nach Sattahip verstrichen war, wurden Kapitän de Vries und Mike Hatcher zu einem Essen mit dem Kommandanten der Königlich Thailändischen Marine auf dessen Schiff eingeladen. Hatcher glaubte, dass sie einen Handel eingehen wollten, wonach die Ladung nach Singapur gebracht und dort verwahrt werden könnte, derweil die Anwälte ein Abkommen aushandelten.

»Falls die Thai eine Übertragung der Artefakte erwirken, hieß es, würde man uns einen Ausgleich anbieten«, erinnert sich Hatcher. »Das war zwar nicht ganz das, was wir wollten, doch auf ein besseres Geschäft konnten wir unter diesen Umständen wohl kaum hoffen. Wir hatten die Ware, sie hatten die Waffen.«

Doch als man den Vorschlag an die thailändische Verwaltungsbehörde an Land übermittelte, wurde er brüsk vom Tisch gewischt. Während die Tage dahingingen und die australische Regierung es nicht schaffte, eine klare und entschlossene Haltung einzunehmen, wurden die Thai in ihrem Verhalten immer entschlossener und resoluter.

Doch einen letzten Hoffnungsanker gab es noch.

Geoff Ruedavey, einer der Taucher, der sich noch immer in der Sättigungskammer zum Druckausgleich befand, entwickelte Anzeichen von Deko-Krankheit. Man verlegte ihn in die Transferkammer, wo man den Druck so erhöhte, dass er einer größeren Tiefe entsprach. Doch war man um seine Sicherheit besorgt und der Meinung, dass er so bald wie möglich von einem ärztlichen Spezialisten für Taucherkrankheiten behandelt werden müsste.

Wie Kapitän de Vries mithörte, wurde von den Thai erwogen, Ruedavey von einem ihrer Ärzte untersuchen zu lassen. Damit waren Hatcher und de Vries keinesfalls einverstanden und machten unmissverständlich klar, dass sie den kranken Taucher zur Behandlung nach Singapur bringen würden. Entschlossen ließ Captain de Vries die Schiffsmotoren der *Australia Tide* anwerfen, und sogleich wurde ihm von den Thai deutlich zu verstehen gegeben, ja nicht die Anker zu lichten.

Schließlich wurde an Bord der *Australia Tide* ein Treffen arrangiert. Der Konflikt hatte sich mittlerweile über zehn Tage hingezogen und beide Seiten waren der Sache überdrüssig.

»Am Ende hatten wir keine Wahl«, erzählt Mike Hatcher. »Hätten sie uns in einen thailändischen Hafen gezwungen, hätte man das Schiff und die Ausrüstung womöglich konfisziert und uns in einen thailändischen Knast gesteckt. Dann hätten wir die Ladung erst recht verloren. Das letzte Angebot, das sie uns machten und das wir auch akzeptierten, war, die Ladung auf ihr Beiboot zu verladen. Danach, so versicherten sie, würden wir alle freie Fahrt nach Singapur bekommen. Uns blieb eigentlich keine andere Wahl. Ich war sehr besorgt um die Sicherheit meiner Taucher und der Crew. Von unserer eigenen Regierung schienen wir auch keine Hilfe erwarten zu können. Wir fühlten uns da draußen so ziemlich auf uns allein gestellt. Die Tatsache, dass die Thai mit jedem Tag entschlossener schienen, ließ uns nur noch Schlimmeres fürchten.

Wir verständigten uns darauf, dass die Ladung unter ›treuhänderische Verwaltung‹ gestellt werden und es eine faire juristische Prüfung unserer Rechtsansprüche geben würde. Zumindest aber wollte man uns einen Ausgleich anbieten, um uns für die von uns aufgebrachten Hebungskosten zu entschädigen, die sich zwischen 600 000 und 700 000 US-Dollar bewegten. Das schien uns reichlich lachhaft. Und erst im Nachhinein wurde uns so richtig klar, dass die Absicht, uns etwas zurückzuerstatten oder einen Ausgleich anzubieten, nie ernsthaft bestanden hat. Es war ein schlichter Raub. Es blieb uns aber nichts anderes übrig, als den Verlust hinzunehmen und zu machen, dass wir wegkamen.«

Am 10. Februar 1992 berichtete die *Nation* über das Ende des Thai-Zwischenfalls:

AUSTRALISCHES SCHIFF IM GOLF BEFREIT –
ANTIQUITÄTEN BESCHLAGNAHMT
Nach Aussagen von Marineoffizieren hat die Königlich Thailändische Marine gestern ein australisches Schiff freigegeben, nachdem die an Bord befindlichen, millionenschweren Antiquitäten in Besitz genommen wurden.

Seit vergangenem Donnerstag lag die 87 Meter lange *Australia Tide* von Marineschiffen umringt rund 65 Seemeilen vor der Küste im Golf von Thailand. Das Schiff stand im Verdacht, auf Jagd nach versunkenen Schätzen in thailändischen Gewässern zu sein. Dem Schiff, dessen vierzig- bis fünfzigköpfige Besatzung den Angaben zufolge aus Australiern, Amerikanern, Kanadiern, Japanern, Neuseeländern, Philippinos und Singapurern bestanden hat, wurde die Weiterfahrt genehmigt, nachdem thailändische Marineoffiziere es geentert und die an Bord befindlichen, gehobenen Porzellanartefakte aus einer untergegangenen chinesischen Dschunke konfisziert hatten.

Das Marineschiff *HTMS Rin* war gestern mit Hunderten von konfiszierten Krügen und Vasen am hiesigen Hafen angekommen. Wie einer der Offiziere berichtete, seien die Antiquitäten in einem »einwandfreien Zustand« und Millionen von Dollar wert.

In Singapur bestätigte Matt Harsley, geschäftsführender Direktor des für die Durchführung der Operation verantwortlichen Unternehmens Divcon International, dass die Auslaufgenehmigung für die *Australia Tide* nach Singapur eingegangen war.

Harsley bestätigte ferner, dass sämtliche Artefakte, die die von dem in Melbourne ansässigen Unternehmen Tidewater Port Jackson Marine gecharterte *Australia Tide* geborgen hatte, an die thailändischen Behörden überstellt wurden als Gegenleistung für eine freie Fahrt.

Admiral Suravudh Maharom, oberster Befehlshaber der Marine, erklärte, dass die in Besitz genommenen Antiquitäten vom hiesigen Marinestützpunkt nach Bangkok zur Untersuchung durch Beamte des Ministeriums für Kunst und Kultur verbracht würden. Das australische Schiff, so Maharom weiter, war in der eindeutigen Absicht der Schatzsuche unterwegs in einem Gebiet, wo unlängst auch ein thailändischer Trawler wegen des gleichen Vergehens belangt wurde. Er habe den Vorfall an den Oberbefehlshaber Gen. Suchinda Kraprayoon gemeldet.

Premierminister Anand Panyarachun verteidigte gestern das Entern des australischen Schiffes durch die thailändische Marine als ein rechtmäßiges Vorgehen.

Bei einem Besuch der nördlichen Provinz Chiang Rai sagte der Premierminister weiter, dass er an die mit dem Fall betrauten Offiziere bereits Order gegeben habe, mit den jeweiligen Botschaften des Schiffseigners und der Crew-Mitglieder Kontakt aufzunehmen und das Vorgehen der Marine zu erläutern.

»Die Königlich Thailändische Marine handelte rechtmäßig. Von Piraterie kann keine Rede sein. Das Schiff wurde innerhalb unserer ›Ausschließlichen Wirtschaftszone‹ geentert«, sagte er wörtlich.

Thailand erklärte 1981 eine »Ausschließliche Wirtschaftszone« im Golf von Thailand für einen Umkreis von 200 Meilen vor der Küste, obwohl der rechtliche Status einer solchen Zone unter internationalem Recht nicht eindeutig geklärt ist, da er sich mit ähnlichen Ansprüchen Malaysias und Vietnams überschneidet.

Nach Angaben thailändischer Beamter kreuzte die *Australia Tide* bereits im vergangenen Dezember in besagtem Gebiet. Und obwohl damals keinerlei Schritte unternommen wurden, wurde sie der illegalen Schatztaucherei verdächtigt. Das Gebiet war einst traditionelle Handelsstraße der thailändischen und chinesischen Dschunken, die wertvolle Keramiken trugen.

Wie von offizieller Seite weiter mitgeteilt wurde, hatten die beiden thailändischen Marineschiffe, die gestern hier ankamen, mehr als 2 000 konfiszierte Krüge, Vasen und jadefarbige Porzellanstücke geladen, die die Crew der *Australia Tide* zuvor in 130 Kartons verpackt hatte.

Thailändische Marineoffiziere berichteten, es habe Verhandlungen mit der Crew gegeben, bevor das Schiff freigegeben wurde. Alle gestern veröffentlichten Vorwürfe, wonach einige Crew-Mitglieder nach dem Entern des Schiffes durch thailändische Beamte tätlich angegriffen worden seien, wurden zurückgewiesen.

Auf der Rückfahrt nach Singapur kochte Mike Hatcher vor Wut. Er war kein Mann, der schnell klein beigab, und so legte er der australischen und thailändischen Regierung über Monate und Jahre immer wieder Gesuche vor, in denen er für sich Gerechtigkeit forderte. Sein Vorgehen brachte ihm in australischen Regierungskreisen einige Sympathien ein, und so kam die Sache auch noch Jahre nach der gewaltsamen Übernahme der Fracht in der Australischen Botschaft in Bangkok immer wieder zur Sprache. Allerdings ohne Erfolg.

Das musste auch Hatcher wohl oder übel erkennen. Doch auch wenn er enttäuscht darüber war, dass die australische Regierung in der Frage des Eigentumsanspruches zum Zeitpunkt des Zwischenfalles sich nicht zu seinen Gunsten ins Mittel gelegt hatte, so hielten doch die anhaltend zum Ausdruck gebrachte Sorge um das Wohlergehen der an Bord befindlichen Australier sowie die Vorhaltungen durch Botschaftsmitarbeiter die thailändische Marine in kritischen Momenten davon ab, den Abzug zu betätigen.

Wie Admiral Suravudh Maharom der *Bangkok Post* gegenüber berichtete, hatte die Tatsache, dass das Schiff in australischem Besitz war, besondere Berücksichtigung gefunden.

»Wären andere Länder verwickelt gewesen«, so sagte er offen, »hätte man das Schiff vielleicht unter Beschuss genommen.«

Bei seiner Rückkehr beauftragte Hatcher Rechtsanwälte mit dem Fall, aber letztendlich war klar, dass er keine Chance hatte, die Thai im Hinblick auf die Ladung zum Umdenken zu bewegen. Wie auch immer die juristischen Interpretationen der »Ausschließlichen Wirtschaftszonen« oder der Freiheit auf den Meeren ausfielen – es gab ein unerbittliches Recht: Besitz. Und wie Hatcher schon sagte: »Sie hatten die Waffen, und sie hatten unsere Ware. Schluss, aus.«

David Layman, der als Anwalt in Bangkok zeitweilig für Hatcher arbeitete, brachte die ganze Angelegenheit in einem Schreiben vom 14. Februar 1992 an die Australische Botschaft in Bangkok auf den Punkt:

> Grundtenor ist meiner Ansicht nach, dass das Tauchen am Wrack und das Heben der antiken Ladung voll und ganz rechtmäßig war, wohingegen die Inbesitznahme der Ladung auf der *Australia Tide* durch die Königlich Thailändische Marine an der Ankerstelle völlig unrechtmäßig erfolgte, ja nicht einmal annähernd dem Gesetz entsprochen hat. Wie dem auch sei, die thailändische Regierung ist derzeit im Besitz der Ladung …
>
> Dieser Fall weckte romantische Seefahrergefühle, hatte etwas von der Gefahr, dem Heldenmut und den Tragödien standhafter Männer, die in Holzschiffen auf tosenden Meeren allen Elementen und der Besitzgier ihrer Gegner eisern trotzen. Wegen des glühenden nationalistischen Eifers, in den die Thai bei diesem Vorfall verfielen, sind meine Partner nicht geneigt, die Klage weiter als über eine juristische Beratung hinaus zu verfolgen, und wollen sich allenfalls auf Rechtsbeihilfe in den Verhandlungen mit der thailändischen Regierung beschränken. Vor einem solchen Hintergrund wird das rechtmäßige Handeln der Schatztaucher sowie das unrechtmäßige Vorgehen der Königlich Thailändischen Marine und der thailändischen Regierung nahezu unbedeutend. Die Emotionen überwiegen die Vernunft. So viel zum Thema »Recht und Gesetz«.
>
> Hochachtungsvoll
Tilleke & Gibbins
David Layman

Etwas Erfreuliches hatte die trübselige Rückkehr der *Australia Tide* nach Singapur dann doch. Geoff Ruedavey, der Taucher mit den *bends*-Anzeichen, hatte sich vollständig erholt und bekam

nach einer eingehenden ärztlichen Untersuchung bei seiner Ankunft in Singapur ein einwandfreies Gesundheitszeugnis ausgestellt.

Was die Ladung betrifft, so erfuhr Mike Hatchers alter Wahlspruch »Finder gleich Besitzer« eine klare Widerlegung, wobei
der zweite Teil des alten Mottos aus Seeräuberzeiten, das da lautet: »Pech für den Verlierer«, sich einmal mehr bewahrheitete.

13
Kambodscha – »Killing Fields«

Mein erster Kontakt mit Michael Hatcher kam über ein paar Ecken zustande. Was später als Condor-Riff-Abenteuer bekannt wurde, begann mit dem unliebsam schrillen Geklingel des Telefons neben meinem Bett an einem frühen grauen Septembermorgen. Meine Verlegerin. Sie wollte, dass ich ein Buch über den umstrittenen Schatztaucher schreibe, der eine Sensationsbergung in Kambodscha plante.

Sie kam auf mich, wegen meiner eigenen Beziehung zu Wracks alter Ostindienfahrer. *Islands of Angry Ghosts* lautet der Titel eines Buches, das ich 1966 über unsere Tauchexpedition schrieb, auf der wir das 1629 gesunkene Schatzschiff *Batavia* entdeckt hatten. Ein wundervolles Erlebnis. Und wie ich mich so in meinem Kissen zurücklehnte, wurden die alten Erinnerungen wieder lebendig.

Meine Wracktauchzeit war fabelhaft – algenüberwucherte Kanonen, Sonnengeglitzer unter den Wellen … das Schimmern von Silberdukaten und Kronen, teilweise mit Prägedaten aus dem Jahr 1544, oder jene goldenen 8-Real-Stücke aus Mexiko und Peru, die bei den Seeräubern als Beute sehr beliebt waren. *Cabo de barra*. Drehte man sie auf einem Holztresen, klingelten sie hell wie Glocken … vom spanischen Festland bis hierher waren sie einen weiten Weg gekommen.

An Land lagen in seichten Gräbern die mit Schwertern verstümmelten Skelette der Opfer der *Batavia*-Meuterer. *Die Schatzinsel* – unverhofft lebendig geworden. Ich musste mir ab und zu buchstäblich die Augen reiben, um mich zu vergewissern, dass ich nicht träumte. Die Namen der berühmten Schiffe haben sich mir für immer eingeprägt … *Tryal* 1622; *Batavia* 1629; *Vergulde Draeck* 1656; *Zuytdorp* 1712; *Zeewyk* 1729 …

All diesen holländischen Schiffen waren die drei berühmten Initialen gemeinsam, die sie auch mit Hatchers *Geldermalsen* teilten – VOC. Die *Vereenigde Oost-Indische Compagnie VOC* repräsentierte die sieben Provinzen der Niederlande und ihr Kürzel wurde aufgeprägt auf Geschützverschlüsse, Schwertgriffe, Kerzenhalter und Schlosstore sowie auf alle Arten von Waffen, Ehrenspangen und Kompanieinsignien. Die drei Buchstaben flatterten auf Wimpeln an Segelmasten von Schiffen, die von den niederländischen Meeren um das Kap Hoorn herum bis nach Japan segelten.

»Jesus ist gut!«, hieß es in Holland, »aber Handel ist besser!« In jenen Tagen war die VOC die mächtigste Handelskompanie, die die Welt je gesehen hat.

Auf ihren unvollendeten Reisen waren unsere westaustralischen Schiffe auf dem Heimweg ihrer Ostindienfahrt. Allesamt waren sie Schatzschiffe, die tonnenweise Silbermünzen in eisenbeschlagenen Truhen trugen – Geld, mit dem man damals monetären Verpflichtungen nachkam und Ladung kaufte. Heute ist es Geld, das Taucher und Schatzjäger anlockt.

Mike Hatchers *Geldermalsen* war in der entgegengesetzten Richtung unterwegs. Das Schiff befand sich auf der Heimreise nach Holland, voll beladen mit Tee und Porzellan. Eine andere Art von Schatz zwar, aber den heutigen Sammlern offenbar ebenso wertvoll. Was hatten wir doch für ein großes Glück, dass wir unser Tauchabenteuer genau zu der Zeit starteten, als die Wracks entdeckt wurden, dachte ich bei mir. Eigentlich hatte ich geglaubt, dass diese Zeiten vorbei wären.

Gab es tatsächlich noch neue Wracks zu entdecken? Dieser plötzliche Gedanken ließ mein Herz schneller schlagen. Warum war ich eigentlich nicht früher darauf gekommen? Und wie sollte man vernünftig ein Buch schreiben können, ohne selbst am Ort des Geschehens dabei gewesen zu sein?

Um mich mit Mike Hatcher vertraut zu machen, bekam ich jede Menge Material zugeschickt. Die Bilder zeigten einen kräftig gebauten Mann mittlerer Größe, der schon eine leichte Glatze bekam, einen offenen Blick und ein unverwechselbares, selbstgefälliges Lachen hatte. »Auf geht's!« schien in seinem Gesicht zu stehen. Man mochte ihn oder nicht; ihm jedenfalls war das völlig schnuppe. Auf den Bildern sah Mike Hatcher aus, als hätte man ihn gerade eben porträtiert – als einen modernen Piraten. Das einzige Gesetz, das er für sich respektierte, so las ich im Begleittext, hieß Überleben. Wie alle Seeleute hatte auch er für jeglichen Bürokratismus und Amtsschimmel nichts als Verachtung übrig und setzte sich, wo es ging, über alle Vorschriften hinweg … solange er nicht riskierte, verhaftet oder in einem Hafen festgehalten zu werden.

Er war clever genug, sich hinsichtlich alter Wracks gründlich mit der internationalen Rechtslage vertraut zu machen. Das hieß aber nicht, dass er sich dadurch sonderlich gebunden fühlte. (Wenn nicht gerade ein Kanonenboot am Horizont auftauchte.) Über Kanonenboote war Hatcher seit dem Zwischenfall im Golf von Thailand bestens informiert.

Und was war mit den Ladungen?

»Wenn ich das Risiko eingehe, fähig bin und gut genug, ein Wrack ausfindig zu machen und die Ladung zu heben, dann schätze ich mal, dass sie auch mir gehört. Und deshalb mögen mich auch die Archäologen nicht, aber das ist ihr Pech.«

Schon öfter hatte er Archäologen eingeladen, ihn zu Wracks zu begleiten, doch keiner der Herren wollte einen Fleck auf seinem Ansehen riskieren, den man durch direkte Tuchfühlung mit »the Hatch« (dem Raubein) womöglich bekommen könnte. Die intellektuellen Kreise hielten ihn außen vor, was in seinen Augen eher eine Empfehlung war. »Die Knilche sind doch nur neidisch.«

Bis es so weit war und ich Hatcher persönlich kennen lernte, wusste ich bereits eine ganze Menge über ihn. Oder zumindest dachte ich das. Unser erstes Treffen fand im November 1996 im Tradewinds Hotel in Fremantle statt. »Mike Hatcher«, kam es auf mein Klopfen hin aus dem Zimmer. Ein kurzer, kräftiger Händedruck. »Schön, Sie kennen zu lernen. Kaffee?« Er hantierte eine Weile mit der Hotelkaffeekanne herum, während wir uns gegenseitig musterten. Wir waren ähnlich gekleidet – blaues Polohemd, Jeans und Segelschuhe; die übliche Einheitskleidung der Seefahrer rund um den Globus.

»Sie schreiben also das Buch?«, sagte er, und ich schloss daraus, dass er mich ganz in Ordnung fand. Ich nickte und hatte mich soeben erst dazu entschlossen.

»Na dann«, sagte er. »Sieh dir das hier mal durch.« Er kramte eine Mappe voller Dokumente aus seiner Aktentasche und warf sie mir herüber. VERLUST DES SCHIFFES VON MR. RALPH LAMBTON stand auf dem Ordner, der allerlei Forschungsberichte des englischen Autors und Wrackforschers Nigel Pickford enthielt – eine beeindruckende Sammlung, die auch Kopien von Seekarten beinhaltete. Zum ersten Mal las ich den Namen »Condor-Riff«.

Selbst auf der Karte konnte man erkennen, dass das Riff eine Schiffsfalle war. Es lag hüfttief unter der Oberfläche und zwanzig Meilen von der Küste entfernt im Golf von Siam, besser bekannt als Golf von Thailand. Eine einsame Riffnadel aus Granitfels, die sich pyramidenförmig 15 Faden oder 100 Fuß (ca. 30 Meter) hoch erhob und bis knapp unter die Oberfläche reichte. Sie lag unmittelbar auf der üblichen Route der nach Süden fahrenden Segelschiffe, die den leichten Landwind im Golf von Siam suchten. Hunderte von Schiffen fielen dieser Tücke des Meeres im Laufe der Jahrhunderte zum Opfer. Benannt war das Riff nach einem deutschen Schiff, der *Condor*, die 1861 hier untergegangen war. Das Schiff ging verloren, die Crew jedoch wurde gerettet.

»Ein scheußliches Eck«, meinte ich.

Hatcher nickte. »Ganz übel. Man hätte es Killer-Riff nennen sollen.« Die Bezeichnung erinnerte mich an »Killing Fields – Schreiendes Land«, an die Schlachtfelder der jüngsten und traurig-berühmten Geschichte Kambodschas. Zwei Australier, die in den Siebzigern hier in ihrer Yacht die Küste entlang segelten, wurden von den Roten Khmer gefangen genommen, der Spionage für die CIA bezichtigt, gefoltert und schließlich im berüchtigten Verhörzentrum von Tuol Seng ermordet. Noch heute hängen dort ihre Fotos an der Wand, zusammen mit Hunderten von weiteren Opfern jenes Terrorregimes.

Hatcher hatte beide Australier persönlich gekannt. »Als ich die Bilder sah, wurde mir speiübel«, sagte er. Es dauerte einen Moment, bis wir den Faden unseres eigentlichen Gesprächs wieder aufnahmen.

Im November 1679 hatte das Riff das Schiff von Ralph Lambton gefordert, oder besser das Schiff des Königs von Siam, das Lambton auf der Fahrt nach Surat in Indien als Kapitän steuerte. Das Schiff sank derart schnell, dass die Crew unmöglich die königlichen Akkreditive retten konnte. Es riss die gesamte Ladung mit in die Tiefe, gemischte Fracht, einschließlich 10 000 Rix-Dollar in Silber. Doch was Hatcher und sein Konsortium, die United Sub Sea Services, besonders interessierte, war die Porzellanladung, die vermutlich aus rund 100 000 Einzelstücken aus der chinesischen Ming-Dynastie bestand, einer Ära, die in den Augen der Sammler die wertvollste Handwerkskunst hervorgebracht hat.

»Derlei Stücke dürften je zwischen hundert und eintausend englische Pfund einbringen«, hatte Nigel Pickford geschrieben.

Mein Kopf dachte bereits voraus: In Anbetracht der Tatsache, dass es sich um ein begrenztes Gebiet um das Riff herum handelte und Hatcher die Gegend bereits vorab erkundet hatte, war es durchaus möglich, dass er das Wrack schon gefunden hatte und hundertprozentig sicher davon ausging, dass sich dort Geld verdienen ließ. War er nur sicherheitshalber so besonnen? Ich fragte nach, doch er nickte nur kurz und wechselte gleich das Thema. Ich probierte es anders, fragte nach Zustand und Aussehen des Wracks und musste feststellen, dass er gegen derlei zielgerichtete Fragen nichts einzuwenden hatte. Seine Augen blitzten.

»Klar, Mann, habe ich das Wrack gefunden! Und damit erst mal genug. In Ordnung?«

Guter Dinge gingen wir auseinander. Hatcher flog auf seinen Landsitz nach Grafton in New South Wales, von wo aus er nach Kambodscha weiterflog. Ich machte mich indes auf die Heimreise nach Swanbourne, wo ich Zeit hatte, lange und gründlich über unser Gespräch nachzudenken. Und dann gab ich die Zusage, dieses Buch zu schreiben.

Beim ersten Treffen mit den Verlegern sprühte Hatcher förmlich, hatte sichtlich Spaß daran, den Konferenzsaal mit einem Schuss Schießpulver und Seeräubergeist zu beleben. Kurz darauf war der Buchvertrag über Hatchers Leben unter Dach und Fach. Bedingung war natürlich, dass das Wrack am Condor-Riff, Ralph Lambtons Schiff, sich auch tatsächlich als Goldader erwies (so wie es die Recherchen versprachen) – und nicht als Seemannsgarn, wie man zu jenem Zeitpunkt noch meinen konnte.

Anfang März 1997 kaufte ich ein Ticket nach Kambodscha. In den ersten Wochen nach dem Treffen mit Hatcher und den Verlegern hatte ich einige Recherchen betrieben und so viel es ging über dieses unglückselige Land gelesen.

Ich muss gestehen, dass mich die Lektüre und der Film »Killing Fields«, den ich mir zum zweiten Mal ansah, nicht unberührt ließen. Vielleicht aber machten mich auch die Erzählungen meiner Freunde, die des Öfteren schon durch Südostasien gereist waren, am meisten betroffen. Ausnahmslos und ohne zu zögern, sagten sie alle dasselbe: »Kambodscha? Besser, du gehst erst gar nicht hin. Ein gefährlicher und unschöner Ort.«

Erst seit vier Jahren war das Land nach dem berüchtigten Pol-Pot-Regime und der anschließenden Besetzung durch die Vietnamesen wieder für Westler geöffnet. Auch Europäer und Australier waren ermordet worden unter Umständen, die weltweit für Schlagzeilen sorgten und kaum dazu beitrugen, die schaurigen Vorstellungen der Außenwelt über dieses Land zu ändern.

Vor allem die »Rucksacktouristenmorde« gingen durch die

Medien. Sie folgten auf die Entführung und Ermordung des australischen Models aus Queensland Kellie-Anne Wilkinson im April 1994.

Am 26. Juli 1994 begaben sich der 29-jährige Australier David Wilson, der 27-jährige Franzose Jean-Michel Braquet und der 26-jährige Brite Mark Slater auf eine unglückselige Zugreise von Phnom Penh, der Hauptstadt im Zentrum Kambodschas, nach Sihanoukville an der Südküste. Sie waren hartgesottene Rucksacktouristen, die das Reisen in abgelegenen und oft gefährlichen Teilen Asiens gewöhnt waren. Jegliche Warnungen über mögliche Risiken dieser Zugfahrt, die durch ein Gebiet führte, das Splittergruppen der Roten Khmer noch immer im Griff hielten, schlugen sie lachend in den Wind. Doch der Zug wurde aus dem Hinterhalt angegriffen, und die drei wurden unter vorgehaltenen Waffen verschleppt. In Phnom Penh gingen Lösegeldforderungen ein.

Der Überfall wurde vom Rebellenführer der Roten Khmer, Chouk Rin, organisiert und von dessen getreuesten Gefolgsmännern, Sam Bith und Nuon Paet, ausgeführt. Erschütternde Bilder von den Geiseln, die um die Zahlung des Lösegeldes flehten, gingen in der Presse und im Fernsehen rund um die Welt.

Die Geiselsituation hätte sich eigentlich ganz unkompliziert gestalten können – Forderung, Lösegeldzahlung und anschließende Freilassung –, doch wurden entscheidende Verhandlungen verpatzt, und die Angehörigen der Geiseln machten die australische Regierung für die angeblich unsachgemäße Behandlung des Falles verantwortlich. Die kambodschanische Regierung in Phnom Penh war wütend darüber, dass sie vor aller Welt ihr Gesicht verlor, und beschloss, an dieser speziellen Rebellengruppe ein Exempel zu statuieren. Auf die Forderungen der Roten Khmer reagierten sie mit der Bombardierung des Stützpunktes Phnom Vour (Weiberg), wo die Gefangenen festgehalten wurden.

Chouk Rin lief zur Regierung über und gab Informationen preis, die zu einer militärischen Einkreisung des Rebellenstandorts führten. Im darauf folgenden Feuergefecht waren die drei Gefangenen die ersten Opfer. Nuon Paet ließ sie erschießen und verscharren, floh und entkam dem Netz der Militärs.

Eine Katastrophe – eine, die nicht so schnell vergessen sein sollte. Im März 1998 erntete der frühere australische Diplomat in Kambodscha Alastair Gaisford ein breites Echo, als er vor einem Geschworenengericht in Melbourne in der Untersuchung des Todefalles von David Wilson zu Protokoll gab, dass das Büro des australischen Außenministers eindringliche Bitten seitens des Botschaftspersonals in Phnom Penh ignoriert habe, die kambodschanischen Militärs doch von einem rigorosen Vorgehen abzuhalten und dadurch Chancen auf eine lebende Freigabe der Geiseln vertan wurden. Das Commonwealth erwiderte daraufhin, alles in seiner Macht Stehende getan zu haben.

Als ich im März 1997 nach Kambodscha flog, bedrückten mich die Gedanken an den Tod von David Wilson und seiner Freunde und von Kellie-Anne Wilkinson sehr. Es gab noch eine ganze Reihe weiterer Todesfälle, die nicht die gleiche öffentliche Aufmerksamkeit erfuhren.

»Was auch immer du tust«, hatte mich Hatcher gewarnt, »fotografiere nie jemandem mit einem Gewehr in der Hand. Insbesondere keine Polizei und Armee.« Er erzählte mir von einem neuerlichen Fall auf dem Highway 4 (den ich auch nehmen müsste), wo ein paar australische Touristen auf der Rückfahrt von der Küste nach Phnom Penh anhielten, um zuzusehen, wie kambodschanische Militärs gewaltsam die Insassen aus einem Fahrzeug zerrten und durchsuchten.

Fotoapparate klickten. Die Soldaten drehten sich um und knallten die Touristen kurzerhand mit ihren Maschinenpistolen ab, durchlöcherten ihre Körper mit unzähligen Kugeln. Sie hätten das Funkeln der Linsen mit Feuerwaffen verwechselt, erklärten sie später.

Der Flug von Perth nach Kuala Lumpur verlief ohne besondere Vorkommnisse, bis auf die Schilder am Flughafen, auf denen ein

Totenkopf über zwei gekreuzten Knochen die »Todesstrafe für Drogen« ankündigte. Mir wurde kurz mulmig, und ich hoffte, dass meinem Gepäck nichts untergeschmuggelt wurde. Auf der nächsten Etappe meiner Reise, von Kuala Lumpur nach Phnom Penh, war das Flugzeug so gut wie leer. Kambodscha war eindeutig kein beliebtes Reiseziel.

Während des Pol-Pot-Regimes (zwischen 1976 und 1979) starben in einem Land mit vierzehn Millionen Einwohnern ein bis zwei Millionen Menschen (die genaue Zahl wird man wohl nie erfahren) im Zuge eines abwegigen sozialen Experiments. Viele von ihnen wurden hingerichtet oder ermordet in dem absurden Versuch, die Nation zu »entwestlichen« und sämtliche Spuren von europäischem Einfluss zu beseitigen. Selbst der Kalender wurde geändert und das Jahr 1975 zum »Jahr Null« erklärt.

Pol Pot (richtiger Name Saloth Sar), der Revolutionsführer, der 1975 das von den USA unterstützte Lon-Nol-Regime stürzte, schottete das Land gegen die Außenwelt ab.

Die vietnamesische Truppen, die 1978 das Land besetzten, waren schockiert über die Tausende von Leichenbergen, auf die sie überall in ländlichen Gegenden trafen. Die heute so berüchtigten »Killing Fields«, die Schlachtfelder Kambodschas, wurden der Welt vor Augen geführt. Die Vietnamesen ließen die Gebeine unbegraben liegen als Ehrbezeigung den Opfern gegenüber und als ein ständiges Mahnmal an das mörderische Regime unter Pol Pot. Auf meinem Flug nach Phnom Penh waren diese verblichenen und tragischen Überreste der an Menschen verübten Gräueltaten mancherorts noch sichtbar.

Einer Pressemeldung des Außenministeriums zufolge waren die Roten Khmer noch immer aktiv. »Australische Touristen und Einwohner seien eindringlich gewarnt«, so hieß es, »dass räuberische Überfälle gegen Ausländer eine große Gefahr darstellen, sowohl auf dem Land als auch in Phnom Penh selbst.« Und als ich las, dass auch der Reiseweg über die Straße nach Sihanoukville nicht als sicher galt, war ich doch alarmiert … genau diese Straße wollten wir nehmen!

Vom Flugzeug aus sah ich hinunter – Riffe, Inseln, weit aus-
laufende Buchten mit Fischerdörfern und schließlich unver-
wechselbar das Festland. Der Gedanke, dass eine Landung als
Europäer hier an diesen Küsten bis vor kurzem den sicheren Tod
bedeutete, war befremdend. Tatsächlich wurde für Westler der
Besuch des Landes erst möglich, nachdem die Regierungskoali-
tion, bestehend aus Hun Sen und dem Prinzen Norodom Ranariddh, 1994 die Macht übernommen hatte. Die Roten Khmer
hatten sich lieber in die Wälder zurückgezogen, als gegen die
Wahlen anzukämpfen, blieben aber eine große Macht – die buch-
stäbliche Giftschlange im Gras, die bis 1999 einen aussichtslosen
Guerillakampf führte.

Was würden wir wohl jetzt, 1997, alles erleben? Bisher konzen-
trierte sich mein gespanntes Interesse auf die Entdeckung des
verschollenen Schatzschiffes des Captain Lambton. Doch nun,
da ich Kambodscha vor Augen hatte, eine dunkle und ominöse
Landmasse, beschäftigten mich ganz andere Gedanken.

Abgesehen von all jenen toten Seelen, begleitete mich ein
ganz anderer Geist auf meinem Flug. Mein Vater, der 1995 gestorben war, war ein leidenschaftlicher Reisender und sehr an
Kunst und Architektur interessiert. In den siebziger Jahren
hatte er Kambodscha bereist und die Tempelanlage Angkor Wat
besucht. Er zählte dieses Erlebnis zu den schönsten seines Lebens.
Von Südamerika bis Vietnam gab es keine sehenswerte Kunstgalerie, Kathedrale oder Ruine und keinen Tempel, die er nicht
irgendwann besucht hätte.

Nebenbei erinnerte ich mich auch daran, dass in den Siebzigern manche Szenen für den Film *Lord Jim* mit Peter O'Toole in
der Hauptrolle an der Tempelanlage Angkor Wat gedreht wurden. Damals war Kambodscha noch französische Provinz, und
ein vornehmes Leben war für die Europäer im Land selbstverständlich. Die Kambodschaner galten überall auf der Welt als eines der freundlichsten, liebenswürdigsten und künstlerisch em-
pfindsamsten Völker der Erde. Sie waren Buddhisten. Unfähig
der Gewalt.

Was aber verkehrte dieses Märchen in den Albtraum des Horrorregimes unter Pol Pot? Die Tragödie Kambodschas ist zu komplex und würde den Rahmen dieses Buches sprengen. In wenigen Worten: Das Land fiel der ungeschickten und halbgaren Entkolonisierung durch die Europäer zum Opfer und wurde darüber hinaus in den Vietnamkrieg hineingezogen.

Die Idee zu Hatchers Kambodscha-Expedition hatte sich auf einem Treffen entwickelt, bei dem Hatcher, John Wade (ehemaliger geschäftsführender Direktor einer australischen Ölbohrfirma im nördlichen Queensland und Northern Territory) und das französische Unternehmen Friedlander (Firma für Ingenieurprojekte in Kambodscha), vertreten durch Max Couteau, zusammengekommen waren. Die drei Männer hatten vor, gemeinsam nach Schiffswracks entlang der kambodschanischen Küste zu suchen, einem Gebiet, das seit den frühen Siebzigern für die Außenwelt geschlossen war. Nie zuvor war hier eine Wracksuche mit modernstem technischen Gerät durchgeführt worden. Wer konnte ahnen, was sich auf dieser alten Handelsstraße alles finden würde?

Die Initiative ging von John Wade aus, der in Ho-Chi-Minh Stadt, dem früheren Saigon, Unternehmensvertretungen unterhielt. Couteau hatte er durch das Unternehmen Friedlander kennen gelernt, das in verschiedenen Hafen- und Ingenieursprojekten engagiert war. In der australischen Presse hatte Wade über Mike Hatcher gelesen und ihn per Fax zu einem Treffen eingeladen. Ergebnis war ein dreigleisiges Projekt unter dem Management des Hatcherschen Konsortiums United Sub Sea Services. Friedlander hatte von der kambodschanischen Regierung eine Exklusivlizenz zur Wracksuche an der unberührten Küste erhalten, und im Zuge der Forschungsarbeiten, die Nigel Pickford in England für Hatcher anstellte, kam die spannende Geschichte über das Schiffswrack des Captain Lambton zutage.

Eine Untersuchung alter und neuer Seekarten zeigte, dass es nur eine einzige Stelle gab, an der Lambtons Schiff gesunken sein konnte – am Condor-Riff.

»Bingo! Wir sind im Geschäft!« jubelte Hatcher unter dem stummen Applaus von John Wade und Max Couteau (»Nicht Jacques Cousteau«, wie er immer sagte. »Ohne *S*!«)

Und welches Schiff würde sich durch den Golf von Thailand hinaus zum Condor-Riff wagen, um Porzellan aus der Ming-Dynastie und sonstigen Schmuck und Tand des Königs von Siam zu heben?

Eine Dschunke natürlich – die *Song Saigon*.

Das stand zum Zeitpunkt meiner Ankunft jedenfalls fest und wurde als Geniestreich von John Wade und Max Couteau verkündet. Beide hätten später die Verantwortung dafür am liebsten wieder abgeschüttelt.

Die *Song Saigon* war ein originalgetreues Replikat einer chinesischen Dschunke des 17. Jahrhunderts und von einem französischen Unternehmer in Saigon zu touristischen Zwecken gebaut worden. Sie war für Fahrten auf dem Mekong gedacht und von beachtlicher Größe – 30 Meter lang, 180 Tonnen Tragfähigkeit. Sie galt als der Inbegriff von Luxus, war aus Teak- und Mahagoniholz gebaut und hatte schon einmal den amerikanischen Präsidenten Gerald Ford zu einer Kreuzfahrt auf dem Mekong an Bord.

Da über die Tauchexpedition und die Entdeckung ein Film gedreht werden sollte, wollte man die *Song Saigon* als romantisches und belebendes Hintergrundbild einsetzen. John Wade meinte, sie könnte anschließend nach Sydney auf die für 1998 geplante Ausstellung der größten Schiffe der Welt weiterfahren und danach als Touristenschiff, schwimmendes Restaurant oder anderweitig Gewinn bringend verkauft werden. Die *Song Saigon* wurde zu einem der Hauptwerbeträger unserer Condor-Riff-Kampagne. Doch aus völlig falschen Motiven.

Endlich sahen wir die mit Spannung erwartete Dschunke *Song Saigon* in den Hafen von Campong Som (Sihanoukville) einlaufen. Wir gingen hinunter an die Pier, um sie in Empfang zu nehmen, und trauten unseren Augen nicht. Die *Song Saigon* war in einem derart erbärmlichen Zustand, dass wir gleich wussten, dass sie so nicht zur See (oder sonst irgendwohin) fahren würde. Die Crew, darunter auch John Wade, die die Dschunke aus Ho-Chi-Minh-Stadt hierher gebracht hatte, hatte einen wahren Albtraum hinter sich, da Motoren und Pumpen zeitweise ausgefallen waren. Das Schiff leckte so sehr, dass die Pumpen eigentlich ununterbrochen laufen mussten. Und als sie allesamt ausfielen, schöpfte die Crew das Wasser per Hand ab, zwischen Anfällen von Seekrankheit, Dieselschwaden und dem üblen Geruch der Bilgen.

»Keine lustige Seefahrt.« Allein der Gedanke daran ließ den ansonsten so spaßigen und lustigen John Wade kreidebleich erschaudern. Eine stichprobenartige Inspektion der Dschunke ergab grausame Neuigkeiten – der Hauptgenerator war ausgebrannt, die Kühlung untauglich und die Isolierung derart verschlissen, dass das einzig Vernünftige war, sie ganz herauszureißen und auf den Kai zu werfen. Das Schiff hatte eine französische Antriebsmaschine und einen russischen Motor, zwei schlapp und unzuverlässig arbeitende Metallklötze. Die Batterien luden nicht auf. Die Pumpen arbeiteten nicht. Auch die Steuerung stimmte nicht. Doch wie die *Song Saigon* so an der Pier lag mit dem prunkvoll glänzenden Zierwerk und dem Drachenbug, sah sie einfach fantastisch aus.

In mein Tagebuch notierte ich, dass die Ausrüstung eine merkwürdige Mischung darstellte. Die Bilgenpumpen waren aus ausrangierten GM-Lastern aus dem Vietnamkrieg zusammengeklaubt. Die Leitungen waren kohlrabenschwarz, besonders an den Stellen, wo kleine Kabelbrände die Isolierung durchgeschmort hatten. Weiß der Himmel, woher die Schalttafeln und die Regler kamen. Wahrscheinlich aus Russland oder China, nahmen wir an. Sie waren stellenweise von Ratten angeknabbert worden.

»Jede Ratte mit einem Funken Selbstachtung«, bemerkte John Dyson, »wäre vom Schiff gesprungen, just in dem Moment, als das Schiff hier an der Pier anlegte!«

Und in der Tat – wo dieses unfeine Thema schon mal auf dem Tapet war, bemerkten wir mehrere Ratten unverschämt frech an der Pier umherrennen.

Hatcher blieb davon unbeeindruckt. »Wie konnten die nur ein Schiff in diesem Zustand chartern?«, fragte er empört. John Wade hielt sich klugerweise im Hintergrund, berief sich auf sein Unwissen in Bezug auf alle nautischen Dinge. »Ich werde schon vom Lesen der Schiffszeitung seekrank«, erklärte er. »Von Schiffen verstehe ich wirklich nichts.«

Wir standen um das Schiff herum und inspizierten entgeistert das Ausmaß des ganzen Debakels, als Wade mich plötzlich auf einen seltsamen Zufall aufmerksam machte. Auf der Liste der Wracks am Condor-Riff, die Nigel Pickford erarbeitet hatte, stand auch der Name eines amerikanischen Klippers: *John Wade*.

»Wenn das kein Omen ist?« meinte er zu mir.

Ich wusste nicht recht, was ich sagen sollte, doch nahm ich zur Kenntnis, dass die *John Wade* (46 Meter lang, 638 Tonnen) 1851 in Massachusetts gebaut wurde und für fernöstliche Seereisen vornehmlich mit Ziel China konzipiert worden war. Im März 1859 lief sie unter Kapitän King auf das damals in keiner Seekarte verzeichnete Condor-Riff auf und sank. Alle Besatzungsmitglieder wurden gerettet. Als Galionsfigur trug sie eine Büste des Kapitäns John Wade, nach dem das Schiff benannt war.

Wie viele weitere Opfer hatte das Condor-Riff gefordert? Lagen auch tausend Jahre alte Dschunken unter der glänzenden Meeresoberfläche? Vielleicht gab es auch portugiesische Karavellen oder ein bis zwei Indienfahrer? Informationen darüber waren dürftig, da die Gegend lange Zeit von der Außenwelt abgeschnitten war, doch waren wir begierig zu erfahren, was dort unten auf dem Grund des Meeres wirklich alles lag.

Zum Leidwesen aller zogen sich die Reparatur- und Änderungsarbeiten an der Dschunke über Tage hin. Sie hatte zwar Segel, doch waren diese seit Jahren nicht mehr in Gebrauch gewesen. Also wurden sie am Kai ausgebreitet, wo eine Gruppe aus zwanzig eigens dafür abgestellten Khmer geduldig im Schneidersitz saß und neue Bambuslatten einpasste.

Hatcher war außer sich vor Wut und wollte wissen, wer am Ende für die Instandsetzungskosten der Dschunke aufkommen würde. Seine Investoren? (»Die auf gar keinen Fall!«) Oder die Franzosen, die für die Charterung verantwortlich waren? Oder die Eigner?

Jeden Tag gingen wir hinunter an den Hafen, und jeden Abend kehrten wir wieder zurück ins Hotel, enttäuscht und niedergeschlagen, obgleich wir dort im Restaurant mit Meerblick bei fabelhaften Mahlzeiten wieder etwas aufblühten. Einmal hatten wir ein absonderliches Erlebnis mit einem einbeinigen Mann, einem Bettler, der früher einmal Soldat gewesen war und noch immer die zerlumpten Fetzen seiner Uniform am Leib trug. Eine Landmine hatte ihm ein Bein weggerissen, und in einem Land, wo es keine soziale Fürsorge oder Pensionsgelder gab, war Betteln die einzige Einnahmequelle für jemanden mit einem derartigen körperlichen Gebrechen. Jeden Morgen gaben wir ihm das Kleingeld, das vom Abend vorher übrig war, und jedes Mal bedankte er sich ganz ehrerbietig. Eines Tages mussten wir ein paar Mal zwischen Hafen und Hotel hin und her. Jedes Mal, wenn wir an ihm vorbeikamen, stützte sich der Bettler auf seinen Krücken auf, kam mit verdrießlicher Miene auf uns zu gehumpelt und streckte uns seine Mütze hin.

Aus Prinzip hatten wir vereinbart, dass wir ihm nicht jedes Mal etwas gaben, wenn wir den Eingang passierten. Und nun bekam der Bettler einen heftigen Wutanfall, da wir ihn abwiesen. Er fluchte, schrie und bedrohte uns mit seinen Krücken, bis einer der bewaffneten Hotelgarde am Eingang auf ihn zuging, sein Gewehr nahm und durchlud. Das klickende Einrasten des kalten Stahls, ein Geräusch, das er nur zu gut kannte, ließ ihn jäh verstummen, und er humpelte schmollend und noch immer fluchend von dannen. Ich fand den Vorfall sehr verwirrend, wo wir ihm gegenüber doch immer so großzügig gewesen waren. Warum nun diese Wut? Hasste er uns, weil er sich mittlerweile auf unsere Gabe verlassen hatte? Oder machte er uns für sein verlorenes Bein verantwortlich?

Ich empfand tiefes Mitleid für ihn und ein Gefühl der Hilflosigkeit gegenüber dem, was sich als Katastrophe auf nationaler Ebene abzeichnete. David Bowen belegt in seinem Buch *Cambodia*, dass das Land weltweit die höchste Rate behinderter Menschen aufweist. Acht bis zehn Millionen verlegter Landminen bedeutet, dass von 263 Menschen mindestens einer amputiert ist, was 30 000 bis 40 000 Menschen mit fehlenden Gliedmaßen entspricht, wobei allmonatlich 300 weitere Opfer verstümmelt werden. Ein hoher Anteil dieser Opfer sind unschuldige Frauen und Kinder. Man sieht sie überall in Kambodscha, einige mit primitiv gearbeiteten Holzbeinen, andere auf Krücken. Die schlimmsten Fälle – die doppelt Amputierten – sitzen auf Skateboardähnlichen, niedrigen Rollwägen und schieben sich mühselig und geduldig vorwärts.

»Eine Kugel ist besser«, sagte mir ein Arzt. »Eine Schusswunde kann vollständig ausheilen. Eine Landmine aber macht dich für den Rest deines Lebens zum Krüppel.«

Am nächsten Tag stand der Bettler wieder am Eingang und nahm unsere kleinen, zerknitterten Scheine mit einem Nicken entgegen. Blickkontakt vermied er ganz bewusst, doch irgendwo in ihm saß noch immer die Wut.

»Eine grausame Welt«, sagte Mike Hatcher und winkte mich an sich vorbei. »Wirklich grausam. Aber was können wir dafür? Lass es nicht an dich ran.«

In jener Nacht träumte ich, ich träte auf eine Mine, und wachte schreiend und schweißgebadet auf. Im Schlaf hatte ich mit dem Bein gegen die Unterwasserkamera am Fußende auf meinem Bett getreten. Ich setzte mich auf, mein Herz schlug wie wild, ich hielt das Laken krampfhaft an mich gepresst und spürte, wie mich tiefe Dankbarkeit durchströmte, dass alles nur ein Traum war. Meine Beine waren noch dran.

Die Beschäftigung mit Wracks scheint von Tragödien begleitet zu sein, sagte ich mir düster. Die meisten Schiffwracks rissen

Menschen mit in die Tiefe, die im salzigen Wasser grausam umkamen. Hätten sie ihr unerwartetes und unzeitiges Schicksal mit dem des Bettlers tauschen wollen? Doch mit Logik lässt sich einem zerstörten Menschenleben wohl kaum beikommen. Ich jedenfalls fand keine Antwort, die mich befriedigte.

Ich fragte mich auch, ob der Bettler je geträumt hatte, dass er wieder Beine hätte, ob er im Schlaf rennen und gehen konnte und was er wohl beim Aufwachen fühlte.

Zurück am Dock, war die Dschunke schließlich segelfertig, und die Aussicht auf einen Tauchgang im klaren grünen Wasser empfand ich als Erleichterung. Die Geheimnisse des Condor-Riffs würden nun bald gelüftet sein. Ich packte meine »Landminen«-Unterwasserkamera ein und machte mich startklar, doch irgendwo im Hinterkopf hörte ich noch immer das Tack-Tack-Tack einer Krücke.

14
Die Geheimnisse des Condor-Riffs

Die *Song Saigon* sah einfach prächtig aus mit ihren charakteristischen, Bambus-gerippten, hochgezogenen Segeln. Rot-golden leuchteten sie im Sonnenlicht, und der Rumpf mit hohem Heck und dem niedrigen Bug, wie er für die portugiesischen Karavellen und holländischen Ostindienfahrer des 17. Jahrhunderts typisch war, bot ein Bild wie aus einer anderen Welt. Mit vollen Segeln machte sie sechs Knoten und glitt langsam voran, weit schneller aber, als sie es mit ihren heruntergekommenen französisch-russischen Motoren hätte schaffen können.

Mike Hatcher strahlte über das ganze Gesicht.

Von einem anderen Boot aus machte die Film-Crew den ganzen Nachmittag lang Bilder aus allen möglichen Winkeln, bevor die Segel wieder eingeholt wurden und die *Song Saigon* von ihrem Ausflug in die kühle Brise des Meeres wieder an die staubige Pier zurückkehrte, wo sich Ratten und Eidechsen tummelten. Das war das erste und letzte Mal, dass die Segel gesetzt wurden. Es hatte zwei Stunden gedauert, um für diesen theatralischen Effekt das Hauptsegel hochzuziehen.

»Schön anzusehen«, sagte Mike Hatcher bewundernd. »Im Hafen von Sydney würde sie sich großartig machen.«

Wie gerne wäre ich mit vollen Segeln hinaus zum Condor-Riff gefahren und hatte das Gefühl, dass die *Song Saigon* das auch gerne getan hätte. Doch Rahim, der als Junge auf Arbeitsdschunken gesegelt war, zeigte mit einem ernsten Achselzucken auf die Takelage des Hauptmastes. Sie war mit Isolierband festgebunden. An manchen Stellen hatte es sich abgeschält und die verrosteten, einst galvanisierten Drahtseile mit ausgefransten

Fasern schauten hervor. Rahim war eindeutig der Meinung, dass die Masten und die Takelage auf gar keinen Fall eine heftige Windbö überstehen würden. Und damit hatte er, wie sich herausstellte, Recht. Obwohl wir alle eisernes Stillschweigen über unser Vorhaben vereinbart hatten – die offizielle Version war, dass wir einen Film über die Dschunke drehen wollten –, gelang es ein paar Journalisten doch, an Bord unseres Begleitschiffes *Condor* zu kommen. Sie schienen Freunde unserer französischen Partner in Phnom Penh zu sein. Mike Hatchers Laune verdüsterte sich, als sie an Bord waren, und er befahl: »Erzählt ihnen nichts!« Einer von ihnen schaffte es, Hatcher so in Fahrt zu reden, dass er am Ende seine Gelassenheit verlor und mehr ausplauderte als er wollte. Ein alter Journalistentrick.

Imran Vittachi von der *Phnom Penh Post* hatte seine Hausaufgaben in Bezug auf Hatchers Geschichte offenbar gut gemacht. Er verfasste einen sehr lobenswerten Artikel mit der Überschrift SCHATZTAUCHER UNTERSUCHEN KAMBODSCHANISCHE GEWÄSSER, der die gesamte Rückseite einer Zeitungsausgabe füllte. Auch die Dschunke unter vollen Segeln war abgebildet. Der Artikel zitierte einen Ausspruch von Max Couteau: »Die Chancen, auf eine Dschunke voller Porzellan zu treffen, stehen bei achtzig Prozent.« Des Weiteren, so hieß es, seien wir »auf der Suche nach Wracks, die Porzellan, Gold und andere Reichtümer bergen«.

GOLD?

»Gold gab es auf allen Schiffen«, fügte Couteau hinzu. »Was nahm der Kapitän eines Handelsschiffes, das von England oder Frankreich aus ans andere Ende der Welt segelte, als Zahlungsmittel wohl mit? Er konnte nur in Gold bezahlen. Demnach stehen die Chancen, Gold zu finden, ziemlich gut.« Nichts gegen seine Logik. Doch tatsächlich trugen die Schiffe Silber, aus dem einfachen Grund, weil Silbermünzen im Fernen Osten mehr wert waren als in Europa.

Davon abgesehen beinhaltete der Artikel genau das, was Hatcher nicht wollte. »Verdammt noch mal!« brüllte er. »Wir segeln hier in Piratengewässern mit zwei Kinderschießgewehren als einzigem Schutz. Was denkt sich Max eigentlich dabei? Will er die Piraten zur Party einladen? Für Gold schneiden die jedem die Kehle durch!« Er kochte noch immer vor Wut, als wir erste Vorbereitungen trafen und unser Gerät zur Abfahrt verstauten. Eine Abfahrt, die sich zu unserem Ärger mehr als einmal verzögern sollte, was aber eher auf Probleme mit den örtlichen Behörden als auf praktische Probleme mit der Dschunke zurückzuführen war. Letztere, so wurde uns versichert, seien weitestgehend beseitigt worden. Die restlichen Schwachstellen sollten sich erst auf offener See zeigen.

Die momentanen Probleme kreisten um Kapitän Alaine Dumesmic, französischer Trampschiffkapitän, den man in Saigon vom Strand weg als Kapitän für die *Song Saigon* angeheuert hatte. Bei Ankunft der Dschunke aus Vietnam hatte der Hafenmeister den Kapitän angewiesen, das Schiff bis auf weitere Anweisungen in den Hafenwasserstraßen vor Anker zu legen. Das hielt Alaine für unsinnig. Da er dem Ankersystem der *Song Saigon* nicht traute, und im Übrigen auch den Hafenbehörden nicht, fuhr er in das Hafenbecken ein und legte an der Pier an, würgte die Motoren mit gallischem Achselzucken ab und qualmte seine Zigarette, die ihm jeden Moment aus seinem bärtigen Gesicht zu fallen schien.

»Es war niisch notwendiisch su ankern«, erklärte er mit einem weiteren übertriebenen Achselzucken. »Warr nisch wiischtiisch!« Natürlich hatte er damit nicht Recht. Schon so manches Mal war in Alaines Leben etwas schief gelaufen, und das hier war nur ein weiteres Mal.

Dass das rostige Trampschiff, das er von Marseille nach Saigon als Kapitän führte, Motorprobleme bekam, mag wirklich nicht sein Fehler gewesen sein, ebenso wenig, dass die Eigner sich weigerten, die Reparaturkosten zu übernehmen, sein Schiff zu einem abgetakelten Wrack verkommen ließen und er als arbeitsloser »Strandläufer« fernab der Heimat sein Leben fristete. In dieser Hinsicht war der Vertrag mit der *Song Saigon* ein wahres Gottesgeschenk für ihn.

Doch sollte man meinen, er hätte in all den Jahren auf See wenigstens ein bisschen über Hafenmeister gelernt. In ihrem Zuständigkeitsgebiet – im Hafen und den zugehörigen Bezirken – haben sie allerhöchste Befehlsgewalt. Jegliche Zuwiderhandlungen gehen auf eigenes Risiko. Hafenmeister haben tausend Möglichkeiten, die Nichtbefolgung oder Missachtung ihrer Anweisungen zu ahnden. In diesem Falle waren Alaine klare Anweisungen erteilt worden, über die er sich hinwegsetzte. Und mit diesem Verhalten hatte er den Hafenmeister in seiner Ehre verletzt – im Fernen Osten ein ernstes Vergehen. Der Hafenmeister eines westlichen Hafens hätte Alaine vielleicht wütend herbeizitiert und eine ordentliche Entschuldigung verlangt, doch der Hafenmeister hier in Sihanoukville grollte still vor sich hin. Alaine und die anderen Westler auf diesem lächerlichen Schiff sollten erst einmal schmoren.

Kein Schiff konnte ohne Ausklarierung auslaufen. Im Büro des Hafenmeisters lagen unsere Pässe. Keiner ging irgendwohin, bis er es sagte, und er wollte offenbar so lange weiter schmollen, bis er uns damit genug gestraft hatte.

Und das konnte dauern. Wie lange, wusste niemand.

Die Franzosen probierten es mit Diplomatie. Mike Hatcher wurde persönlich vorstellig und entschuldigte sich für die mangelnde Höflichkeit seines Kapitäns. Aber es half alles nichts. Auch auf den versteckten Hinweis, die Angelegenheit stillschweigend mit Geld zu regeln, ging er nicht ein.

Der Hafenmeister hatte uns an der Kandare, und das wusste er.

Friedlander in Phnom Penh wandte sich direkt an den Verkehrsminister, woraufhin ein Fax in Sihanoukville einging, das die Weiterfahrt genehmigte. Der Hafenmeister hob die Brauen, sagte irgendetwas zu seinem Sekretär auf Kambodschanisch und warf das Fax in einen übervollen Papierkorb.

»Ein Fax ist eine Kopie«, sagte er. »Kopien kann jeder machen. Ich kann nur aufgrund eines unterzeichneten Originals handeln.«

Das saß!

Schließlich beschlossen wir, das zu tun, was wir gleich hätten tun sollen.

Alaine war ein kleiner, raubeiniger Mann in ölverfleckten Klamotten und einem ständigen Dreitagebart. Für gewöhnlich guckte ein Zipfel eines öligen Lappens aus seiner Hosentasche. Seine großen, traurigen Augen erinnerten an eine verwahrloste Variante von Peter Lorre aus dem Film *Casablanca*, und im Mundwinkel klemmte stets eine Zigarette. Er seufzte in einem fort und erweckte den Eindruck, dass er Niederlagen als sein gegebenes Los im Leben ansah. Die Hafenbeamten waren alle schmuck gekleidet. Seine schäbige Erscheinung, seine nachlässige Haltung und die gallische Heftigkeit seines Auftretens hielt manch einer schnell für Grobheit. Doch kannte man ihn näher, war er ein liebenswerter und netter Kerl. Außerordentlich gutmütig.

In letzter Not legten wir Hand an, schrubbten und rasierten Alaine, steckten ihn in ein nagelneues weißes Hemd und schickten ihn zum Hafenmeister, damit er zu Kreuze kroch und sich wie ein ungezogener Schuljunge bei ihm entschuldigte. Ohne Zweifel hat der Hafenmeister diesen Moment genossen.

Trotz dieser Anstrengungen erhielten wir noch immer keine Auslaufgenehmigung. Erst ganz allmählich begann sich die Sache zu bewegen. Im Laufe des Nachmittags kam ein hochrangiger Armeeoffizier mit seinen Leibwächtern an die Pier, eskortiert von einem Laster mit einer Kanone auf dem hinteren Wagenteil, und überstellte uns zwei Soldaten in sehr schmucken Uniformen und Stahlhelmen. Der eine hatte eine AK-47, der andere ein ziemlich rostig aussehendes Maschinengewehr chinesischer oder russischer Bauart bei sich. Sie sollten unserer Verteidigung dienen.

Verteidigung gegen wen? – fragten wir uns. Vietnamesen, Thai, Rote Khmer, Piraten …?

Wir bemerkten, dass einer der Leibwächter des Generals eine Waffe bei sich trug – ein Gerät, das gegen Personen eingesetzt wird, aussieht wie ein Mobiltelefon mit zwei spitzen Enden und jedem, der unglücklich im Weg steht, einen heftigen Elektroschock versetzt.

Der General legte bei seiner Abreise ein altmodisch würdevolles Gehabe an den Tag und winkte uns zu wie General MacArthur, der seine Truppen verabschiedet. Der Unterschied bestand darin, dass unsere Militärtruppe nur zweiköpfig war.

Das Tauchgerät wurde an Bord gebracht, und ich registrierte entgeisterte Mienen beim Anblick der Sauerstofftanks und der Ausrüstung. Gut erhaltene Scuba-Sets gab es lediglich drei, und das waren die von Mike Hatcher, Rahim und Maan. Der Rest war von den Franzosen gestellt worden und bestand aus Stahlflaschen, wo die Rostblasen schon durch den Anstrich kamen. Prüfmarken oder Prüfzeichen waren nirgendwo zu sehen. Es handelte sich um alte J-Ventile, die meiner Meinung nach lebensgefährlich waren. In Australien benutzten wir seit zwanzig Jahren Aluminiumtanks, die jährlich kontrolliert werden müssen. Keine Scuba-Füllstation in Australien hätte diese Dinger aufgefüllt. Ein Blick und man hätte sie ausrangiert. Es gab nur vier Bleigurte für zehn Leute, die tauchen würden. Beim Anblick des ganzen Sammelsuriums verlor ich für einen Moment die Fassung.

»Das ist alles sehr unprofessionell«, sagte ich zu Hatcher. Ich fühlte mich wie ein Hochalpinist, dem man eine Rolle ausgefranste Baumwollwäscheleine aus irgendeinem Hinterhof hinschmiss und sagte, das sei das Aufstiegsseil, oder wie ein Fallschirmspringer, der entdeckt, dass sein Schirm von Ratten angenagt ist.

»Ich habe im Augenblick genug andere Sorgen«, antwortete Hatcher kurz angebunden. »Ein andermal, hm?«

Ich wusste, was er meinte, und bisher war er auch sehr beherrscht gewesen. Doch gab es Momente, da stieg der Zorn in ihm hoch, wie etwa beim Anblick der Dschunke, der dürftigen Ausrüstung oder wegen aufgenötigter Verzögerungen. Aber er hatte es bislang immer geschafft, seine Gefühle im Zaum zu halten. Ich denke, er spürte, dass das ganze Abenteuer Gefahr lief, sich in Wohlgefallen aufzulösen. Ein Wutausbruch, auch ein gerechtfertigter, und es hätte gut sein können, dass die Franzosen ihre Siebensachen packten und beleidigt nach Phnom Penh abzogen. Unsere Expedition wäre vorbei gewesen, bevor sie überhaupt begonnen hatte. Er musste sich vor seinen eigenen Investoren verantworten, und nach der Katastrophe im Golf von Thailand war er sehr darauf bedacht, einen weiteren Fehlschlag zu vermeiden.

Wären John Dyson, Rahim und Maan nicht gewesen, wer weiß, ob die *Song Saigon* überhaupt ausgelaufen wäre.

John war ursprünglich Kapitän auf einem der großen Touristenkatamarane im nördlichen Queensland, ein ausgezeichneter Seemann und erfahrener Ingenieur. Eigentlich wollte er hier Urlaub machen, verbrachte aber seine Zeit damit, ölverschmiert an den Bilgen der Dschunken herumzukriechen, um herauszufinden, welches defekte Kabel wohin gehörte. Rahim und Maan verbrachten ihre Zeit auf ähnliche Weise, schwangen Schraubenschlüssel und Schraubenzieher und mühten sich, die verschlissene Maschinerie wieder zum Leben zu erwecken. Und das taten sie mit lächelnder Miene und einer Engelsgeduld.

Jeden Tag gingen wir zur Dschunke in der Zuversicht, dass heute *der* große Tag sein würde, und jeden Abend kehrten wir niedergeschlagen zum Seaside-Hotel zurück.

In diesen Tagen unserer aufgezwungenen Untätigkeit ereignete sich ein Zwischenfall. An der Pier wurden zwei Container entdeckt, die statt der angegebenen Kautschukladung eine Ladung Haschisch enthielten. Sieben Tonnen pro Container … genug, um ganz Nordamerika eine Woche lang zu versorgen. Geplantes Ziel war Sri Lanka, wo es vermutlich in kleinere Mengen aufgeteilt und weiter verschifft werden sollte. Empfänger war einer der betuchtesten und einflussreichsten Geschäftsleute Kambodschas, ein Mann mit einer ganzen Menge politischer Beziehungen. Diese Peinlichkeit wollte der Hafenmeister unbedingt schnell vom Tisch haben. Und in der ganzen Verwirrung gerieten die *Song Saigon* samt ihrem frisch rasierten Kapitän verständlicherweise in den Hintergrund. Der Hafenmeister und seine Beamten hatten nun erst einmal andere Sorgen.

Wir überbrückten die Wartezeit und erkundeten ein wenig den Ort Sihanoukville, eine hübsche kleine Stadt, die in den Tagen vor Pol Pot einst ein beschaulicher französischer Seebadeort gewesen war. Unweit unseres Hotels erzählten die verrußten, ausgebrannten zweistöckigen Villen vom Einfall der Roten Khmer in die Stadt. Alles, was an die Franzosen erinnerte, wurde ausgemerzt, wie auch diejenigen Einwohner, die als zu verwestlicht angesehen wurden.

Auch die Religion wurde verboten und die buddhistischen Tempel wurden in Brand gesetzt. Die Tempel waren erst kurz vor unserer Ankunft wieder restauriert worden und strahlten in Weiß, Schokoladenbraun und Gold – eine etwas ungewöhnliche Farbkombination, die aber in der tropischen Umgebung sehr gut zur Geltung kam.

Der häufigste Baum war gleichzeitig auch die nützlichste aller Pflanzen – die Kokospalme. Sihanoukville war auf Hügeln gebaut, und stellenweise gab es noch Reste von Urwald, die zu einer Dschungelwanderung einluden.

Doch Hatcher sprach ein Machtwort: »Auf gar keinen Fall geht ihr mir abseits der ausgetretenen Pfade. Bleibt auf den Wegen, die jeder andere auch geht. Sonst tretet ihr womöglich noch auf eines dieser kleinen grünen Dinger. Die liegen hier noch haufenweise herum.«

An das Seaside-Hotel grenzte ein Freudenhaus, ein Bordell mit Namen COBRA in blitzenden Neonlettern. Nachmittags saßen die Mädchen immer davor. Einige waren sehr hübsch, und sie winkten uns jedes Mal euphorisch zu, wenn wir vorbei gingen. Karaoke wurde als weitere Spezialität des Hauses angekündigt. Die Klientel schien hauptsächlich aus hochrangigen Armeeoffizieren zu bestehen. Oft sah man Chauffeure gelangweilt in ihren Wagen vor dem COBRA warten, bis ihre Bosse ihr Schäferstündchen beendet hatten.

Weiter die Straße entlang standen zwei mächtige Löwenstatuen, eine männliche und eine weibliche Darstellung. Die Originale waren von den Roten Khmer einst zerstört worden, da sie als »dekadent« galten. Unter der neuen Regierung hatte man sie wieder errichtet, und je nach Blickwinkel konnte man den Eindruck haben, sie seien gerade mitten im Liebesspiel. Ging man aber um die Statuen herum, stellte man fest, dass sie einfach nur freundlich zueinander sind. Wie wir erfuhren, hatten die Einwohner der Stadt etwas zu bemängeln, als die restaurierten Statuen auf den Sockel kamen. Die Hoden des Herrn Löwen, so die einhellige Meinung, seien entschieden zu klein. Auf ihr Betreiben hin wurde er mit einem größeren Paar ausgestattet. Das Lächeln im Gesicht der Frau Löwin schien diese Veränderung gutzuheißen.

Schließlich und endlich, nach vierzehn Tagen Warterei, um halb fünf Uhr nachmittags am Freitag, den 28. Februar 1997, ließ die Hafenmeisterei urplötzlich verlauten: »Ihr könnt jetzt fahren!«

Der kaputte Kühler war durch zwei senkrecht ausgerichtete Kondensatoren ersetzt worden. Ein scheußlich gelber Generator wurde mit einem Kran auf das Vorderdeck der Dschunke gehievt, da alle Versuche, den ursprünglichen Generator der Dschunke wieder zum Laufen zu bringen, fehlgeschlagen waren.

Zwei Köchinnen kamen lächelnd an Bord, mit Töpfen und Pfannen und einem bisschen Proviant. Die Ausklarierungspapiere kamen per Motorradkurier aus der Hafenmeisterei, die *Song Saigon* wurde am Bug von unserem Beiboot mit dem passenden Namen *Condor* von der Pier gezogen, und wir waren auf See.

»Condor-Riff, ahoi!«

Die Schiffskompanie bestand aus Mike Hatcher, Expeditionsleiter, Alaine Dumesmic, Kapitän, Rahim und Maan, Crew, sowie aus Tauchern und Technikern. Friedlander hatte Olivier Toupin und Didier Faraud als Taucher und Elektroingenieure mitgeschickt. Mahli und Mohm waren die Köchinnen. Zum Filmteam gehörten Steve Standen, Kamera, Ian MacLagan, Ton, und Jeremy Taylor. Die beiden kambodschanischen Soldaten hießen Leng und Tin. Offiziell sprachen sie kein Englisch, doch der Größere der beiden las ein englisches Buch. Wir gingen davon aus, dass sie mehr Englisch konnten, als sie zugaben, und von der Regierung angewiesen waren, uns im Auge zu behalten.

Die *Song Saigon* schaukelte durch die Compong-Som-Bucht, senkte und hob ihren Bug, schlängelte sich durch Reihen von Fischerbooten, die ihre Netze ausgelegt hatten. Die Sonne ging in glutrotem Glanz unter, und hinter uns zog sich eine blasige Kielwasserspur. Ebenfalls hinter uns schlingerte wie eine Marionette an einer Schnur die *Condor*, ein sehr ungewöhnliches Seefahrzeug, das etwas näher erläutert werden muss. Die *Condor* war gut acht Meter lang, hatte ein stählernes Gehäuse und sah aus wie ein Landungsboot, da sie eine Laderampe am Bug hatte, die sich auf eine Ebene mit dem Wasser absenken ließ. Sie war als Fährschiff über Flüsse und Seemündungen konzipiert und dafür wohl bestens geeignet. Als Tauchboot aber war ihr Einsatz eher fraglich. Sie war mit einem Nissan-LKW-Motor ausgestattet sowie einem Antrieb von zweifelhafter Herkunft. Wie so vieles andere in Kambodscha war auch sie zusammengestoppelt aus wiederverwertetem Schrott. Farbenfreudige Flaggen vervollständigten ihr bizarres Erscheinungsbild.

Kein Wunder, dass den Fischern auf ihren Booten der Mund vor Verwunderung offen stand, als wir vorbeifuhren. Einer chinesischen Dschunke mit einem Landungsboot im Schlepptau würde man wahrscheinlich überall auf der Welt nachstarren.

Wir fuhren in die Nacht hinein, und der Bug der *Song Saigon*, »Saigon Suzie«, hob und senkte sich im Auf und Ab der Wellen auf offener See, als wir die Landzungen der Compong-Som-Bucht passierten. Und schließlich, im Licht eines strahlend schönen Morgens, lag es vor unserem Bug – das Condor-Riff. Das Festland war nun außer Sichtweite. Das Riff zeigte sich zunächst als leuchtend grüner Fleck. Im hellen Morgenlicht war es klar zu erkennen, doch nachts oder bei stürmischer See war es unsichtbar – für die Schifffahrt eine der gefährlichsten Tücken. Doch ein Signalfeuer gab es noch immer nicht. Nicht einmal eine Boje tanzte auf den Wellen, um die Gefahrenstelle anzuzeigen.

An Bord herrschte helle Aufregung.

War das die Stelle, an der Ralph Lambtons Schiff mitsamt den 10 000 Rix-Dollar und dem Porzellanschatz aus der Ming-Dynastie seit 1672 auf dem Grund des Meeres ruhte? Würden wir es gleich am ersten Tag finden?

Hatcher war zuversichtlich. »Es kann nirgendwo sonst liegen«, sagte er. »Ich denke, wir werden es sehr schnell finden.« Wir drängten uns in die *Condor* und stoben mit Volldampf zu einer Erkundungsfahrt hinüber zum Riff, während die Dschunke auf einer spiegelglatten und ruhigen See trieb. Die Spitze des Riffs lag derart knapp unter der Wasseroberfläche, dass die *Condor* mit einem unangenehmen Knirschen an einem Graniteck aufsetzte. Glücklicherweise wurde der Rumpf dabei nicht durchbohrt, und wir hatten noch einmal Glück, nicht das Schicksal der ursprünglichen *Condor* auf dem Grund des Meeres teilen zu müssen.

Wir ließen die Laderampe herunter und tauchten zum Schnorcheln ins Wasser. Das Riff übertraf alles, was ich je zuvor gesehen hatte. Granithänge mit großen Spalten und Rissen, vorspringenden Gesimsen und Felsblöcken fielen ab in die Tiefe des Meeres. Die Tiefensicht war ausgezeichnet, vielleicht dreißig Meter oder mehr. Trotz der tropischen Breite gab es nur wenige Korallen. Wahrscheinlich deshalb, weil die Einheimischen zum Fischen Sprengstoff einsetzten. Eine unrentable und zerstörerische Methode. Und zudem sehr riskant. Sie demontierten alte Artilleriegranaten und packten die Sprengkörper in braune Tontöpfe. Tonscherben fanden sich am ganzen Riff zerstreut und ein paar einarmige Fischer.

Auf der Suche nach Schiffswracks hält ein Taucher meist nach geraden Linien oder Kreisen Ausschau, die auf etwas Fremdartiges oder Künstliches auf dem Meeresboden deuten. Doch dieses Riff mit all den geradlinigen Spalten und Sprüngen im Granit machte die Sache äußerst schwierig. Überall hingen Fischernetze auf vorspringenden Felsgesimsen, und neuere Schrunden auf dem Granitfels zeigten, dass Fischerboote häufig gegen das Riff stießen. Zudem zeigten schwere, doppelte Drahtschlaufen auf dem Boden und große Traktorreifen, wie sie von Schleppern als Fender verwendet werden, dass hier erst vor kurzem eine große Bergungsaktion stattgefunden hatte. Und dass diese vielleicht gar nicht so reibungslos verlaufen war.

Doch wie stand es mit älteren Schiffen?

Mike Hatchers Hoffnungen auf eine schnelle Entdeckung von irgendetwas Bedeutungsvollem erfüllten sich nicht. Bei diesem ersten Schnorchelgang fanden wir ein paar uralte Anker, Träger eines aus gemischten Einzelteilen (Holzbeplankung, Eisenrahmen) zusammengebauten Schiffes des 19. Jahrhunderts (vielleicht war es die *John Wade*) und eine ganze Reihe kleiner Wrackteile, Kupferverschalungen, Keramikscherben, etwas Messing sowie einen großen Bleibarren. Hatcher berichtete von zwei Eisenkanonen, die im Riff feststeckten. Die anderen, die im Wracktauchen recht unerfahren waren, übersahen Stücke, die von Seegras überwuchert waren, bis man sie darauf hinwies. Rahim und Maan, erfahrene Wracktaucher, waren damit beschäftigt, das Side-Scan-Sonar anzubringen, und nahmen deshalb nicht am ersten Schnorchelgang teil.

Die *Condor* trug sowohl das Sonargerät als auch das Magnetometer. Doch gleich in den ersten Minuten fiel das Magnetometer aus. Es hatte sich auf einem Felsen verhakt und die Leitung war gerissen. Und obwohl es gleich repariert wurde, war es nie wieder das Alte.

Trotz dieser kleineren Schwierigkeiten endete der Tag doch glücklich. Zumindest hatten wir ein paar Anzeichen von Schiffswracks. Doch auf der *Song Saigon* kamen immer mehr beunruhigende Einzelheiten zutage. Die meisten Toiletten, oberste Voraussetzung für körperliches Wohlbefinden auf dem Schiff, waren kaum funktionstüchtig. Die Kajüten waren muffig – eigentlich hatten sie eine Klimaanlage, allerdings defekt –, und es gab keine Belüftung. Obgleich die *Song Saigon* ein Holzschiff war, existierte keine Feuerlöschanlage.

Von den fünf Bilgenpumpen unterschiedlichster Ausführung waren nur drei funktionstüchtig. Auch die Ankerwinde war defekt. Der Hauptanker wog buchstäblich eine Tonne. War er erst einmal über Bord geworfen und auf Grund, schien es, als würde er dort als Muringklotz liegen bleiben. Es gab keine mechanische Methode, ihn wieder heraufzuholen, und ihn von Hand zu heben, war aussichtslos.

Wasserdichte Schotten gab es nicht. Es gab ein Rettungsschlauchboot, doch wer wusste schon, wann es zum letzten Mal begutachtet oder geprüft wurde? Und selbst wenn es sich, oh Wunder, aufblasen ließ, war es nicht groß genug, um im Falle einer Katastrophe alle Mann an Bord aufzunehmen.

Das Radargerät funktionierte nicht, ein Funkgerät für große Reichweiten war ebenfalls defekt und ein Hochfrequenz-Funkgerät arbeitete nur in Sichtweite des Hafengeländes. Wir waren aber viel zu weit vom Hafen entfernt, um irgendetwas damit empfangen zu können. Die Liste kaputter oder fehlender Gegenstände wurde immer länger. Die Masten wogten und schwankten von einer Seite auf die andere und ließen die schlaffe, verrottete Takelage krächzen. Wie lange noch, bis irgendetwas einstürzte? Würden die Masten, Hartholzstangen von mehreren Tonnen Gewicht, herunterkommen? Würden sie Deck und Rumpf wie Wurfspieße durchbohren?

Und zu allem Übel waren auch noch gleich *beide* Köchinnen seekrank. Arme kleine Paradiesvögel – sie lagen an Deck, bleich wie eine Wand. Von Zeit zu Zeit brachten sie mit Mitleid erregende Gebärden zum Ausdruck, dass sie am liebsten wieder an Land gehen würden. Aussichtslos! Hatcher betrachtete die beiden mit versteinertem Blick. »Zu nichts nütze«, brummte er. »Noch ein Schlamassel.« Dann stapfte er verärgert hinunter in seine Kajüte.

Das Essen an jenem Abend wurde von Olivier, einem Franzosen, zubereitet. An Land lebte er mit seiner kambodschanischen Frau. Hier an Bord verbrachte er eine tolle Zeit und hatte blendende Laune. Da die Köchinnen ausgefallen waren, ging er hinunter in die Kombüse. Seine Spezialität waren Spaghetti, unter die er kübelweise Anchovis rührte und fertig. Eine Art Spaghetti Marinara für Arme.

Wir schliefen draußen an Deck, zogen die harten Bohlen den muffigen Matratzen vor, zumal es in den Kajüten – bei dem ganzen Gestank der Bilgen und der bedenklichen Toiletten – ohnehin viel zu heiß und stickig war, um sich darin aufzuhalten!

Am folgenden Morgen machten wir endlich unseren lang ersehnten Scuba-Tauchgang am Riff. Wir waren ganz aus dem Häuschen, denn mit Atemluft und tief unten würden wir wahrscheinlich weit mehr entdecken als mit einem Schnorchel an der Wasseroberfläche. Tatsächlich gab es am abschüssigen Hang eine Menge Anzeichen für Schiffswracks. Wir zählten nun vier Anker, und es fanden sich auch mehrere kleine Kanonen und sonstige Relikte, alte wie neue. Blau-weiße Keramikscherben und Zinnbarren waren für uns von allerhöchstem Interesse. Mike Hatcher meinte, dass diese Keramiken den Stücken ähnelten, die er 1984 aus der unbekannten Dschunke am Admiral-Stellingwerf-Riff gehoben hatte. Damit hätten sie jedenfalls in den richtigen Zeitrahmen für den Untergang des Lambton-Schiffes 1671 gepasst. In der Gegend, in der die blau-weißen Keramikscherben lagen, fanden sich auch Tassen, Kupferbarren und andere Stücke, die eindeutig auf ein Schiffswrack in der Nähe deuteten. Rahim hatte eine Nase für Zinn und fand prompt einen Stoß quadratischer Zinnbarren.

Doch war hier wirklich die letzte Ruhestätte des Schiffes von Ralph Lambton? Wenn ja, schienen die paar Stücke noch längst keine vollständige Ladung auszumachen. Und sicherlich war das bisschen Ladung keine Bergung wert.

»Es könnte auch gut sein, dass es auf das Riff traf, mit der

Nase eine Weile feststeckte und dann mit der nächsten Änderung der Windrichtung oder der Strömung in tieferes Wasser abdriftete«, überlegte Hatcher als praktisch denkender Mensch. »Vielleicht sollten wir einfach tiefer suchen.«

Bei einem tiefen Tauchgang zeigte sich eine sandige Ebene in 36 Metern Tiefe, die sich bis in die trübe Ferne hinein ausdehnte. In der Mitte das Riff – zwanzig Meilen von der nächsten Küste ragt es wie ein Haizahn steil empor. Dort unten in der Tiefe tummelten sich Gartenaale und weit mehr Fischarten als an der Oberfläche sowie ein paar ungewöhnliche Seegurken oder *Bêche-de-mer*. Diese waren mindestens einen Meter lang und an beiden Enden mosaikartig gesprenkelt. Quer über die ganze Sandebene lagen Fetzen und Streifen von verhakten Schleppnetzen, und der ganze Sandboden war durchfurcht mit Spuren und Vertiefungen, die die Netze der Trawler gezogen hatten. Eindeutig ein ziemlich belebter Ort.

Und nicht gerade ermutigend für uns. Falls auf dieser Sandebene tatsächlich ein Wrack lag, so waren sehr wahrscheinlich zumindest ein paar Teller und Schüsseln in die Schleppnetze geraten und darin gehoben worden. Auf diese Art spüren Fischer normalerweise Wrackstellen auf. Vereinzelte Keramikstücke lagen am Grund des Riffes verstreut. Sie waren zum größten Teil zerbrochen, doch fanden wir auch ein paar wenige fragile Tassen, die noch unversehrt waren. Die große Enttäuschung war, dass das Wrack nicht so schnell zum Vorschein kam, wie wir zuerst gehofft hatten. Zudem dürften in dieser Gegend auch noch andere Wracks liegen. Abgesehen von Ralph Lambtons Schiff – wo lagen die im 19. Jahrhundert gesunkenen Wracks *John Wade* und *Condor*?

Mike Hatcher diskutierte die Lage ausgiebig beim Abendessen. Alle Artefakte, die wir bislang geborgen hatte, standen auf einem Klapptisch und waren unsere einzige Ermutigung: ein paar unversehrte Tassen ohne Henkel, ein paar zerbrochene blau-weiße Gefäße, ein paar fingerdicke Kupferbarren und ein paar quadratische Zinnbarren. Hinweise zwar, aber kein endgültiger Beweis. »Alles auf der Spitze des Riffs wäre bei Zyklonen oder stürmischem Wetter kaputtgegangen«, sagte Hatcher. »Unsere große Chance liegt darin, dass es aufgeschlagen und abgetrieben ist. Sieht so aus, als bräuchten wir das Side-Scan-Sonar.«

Das Essen an jenem Abend war eine Variante des Menüs vom Vortag. Nur dass Olivier diesmal Reis mit Anchovis zusammengerührt hatte, was auf wenig Begeisterung stieß. Alle Mann an Bord wünschten den Köchinnen baldige Genesung.

Als wir im Begriff waren beizudrehen, entlud sich am Horizont ein heftiges Gewitter, und das Tosen eines Sturms kam rasend schnell näher. Kurz darauf tobte er über uns mit einer heulenden Strichbö, die das Wasser weiß aufschäumen ließ und dicke Regentropfen brachte. Der Regen peitschte über die Decks, der Wind heulte und die *Song Saigon* schwankte und leckte an Tausenden unerwarteten Stellen. Wenn man unter Deck ging, war es, als stände man unter der Dusche, da das Wasser in Bächen durch die Decks strömte. Alle hatten es schrecklich eilig, das wertvolle Kameragerät in Sicherheit zu bringen, während die Kojen klatschnass wurden. Der Sturm dauerte eine ganze Stunde, dann zog er nach Nordosten ab. Der Wind legte sich und die Decks trockneten im aufsteigenden Wasserdampf, da es noch immer sehr warm war.

Am nächsten Morgen hatte sich das Wetter erneut geändert – 18 Knoten Wind aus Süden und eine aufgewühlte, stürmische See, die die Dschunke an der Ankertrosse hin und her stieß, sie schaukeln und schlingern ließ. Die *Condor*, die hinter dem Schiff lose schaukelte, warf sich beängstigend hin und her. Mike und der Kapitän beratschlagten, ob es nicht besser wäre, hinter den Inseln am Festland Schutz suchen. Doch die Fahrt dorthin würde vier Stunden dauern, gab Alaine zu bedenken, die Dschunke würde teuflisch schlingern, alles würde durcheinander fallen und jeder klatschnass werden. Solange der Wind aus Süden käme, wären wir hinter dem Riff zumindest halbwegs in Sicherheit. Er schlug daher vor, die Sache auszustehen, und im Nachhinein betrachtet, hatte er damit wahrscheinlich auch Recht.

Hatcher, ohnehin frustriert wegen der vielen Dinge, die auf der Expedition schon schief gelaufen waren, war damit zwar einverstanden, wollte aber unbedingt einen Tauchgang machen. Das war bei diesem Wetter eine völlig verrückte Idee.

»In 36 Metern Tiefe merkt man nichts mehr davon«, sagte er, und alle waren stocksauer, als es losging. »Man kann nie wissen. Vielleicht ist heute *der* Tag!« Er nahm Maske und Flossen und war wild entschlossen.

Das Ganze geriet zu einer richtigen Mutprobe. Die Film-Crew lehnte es vernünftigerweise ab mitzukommen. Sie bekamen in jedem Fall mehr spannende Bilder, wenn sie trocken an Bord blieben. Die Taucher mussten über Bord springen und mit den Tanks zurück zur *Condor* schwimmen, die sich wild und ruckartig in den Wellen aufbäumte, bevor sie dann über das mit Muscheltieren bedeckte Heckgerüst kletterten, das den Antrieb schützte. Das Herunterlassen der Laderampe hätte eine sofortige Überschwemmung verursacht.

Am Riff brachen sich die Wellen mit aller Wucht an der Felsspitze und drohten über die Vorderseite auf die *Condor* hereinzustürzen. Mike ging schnell über Bord, und der Rest der Mannschaft folgte ihm über das felsige Gefälle hinunter in die Tiefe, froh, sich nun unterhalb des Seegestöbers an der Oberfläche zu befinden.

Wie bei einer Schnitzeljagd wies die Spur zerbrochenen Porzellans den Weg nach unten. In siebzehn Metern Tiefe wurde der Meeresboden eben und fiel über eine Reihe von Terrassen weiter ab. Ich fand eine schöne, zarte kleine Schale, blütenweiß (*Blanc de Chine*), und steckte sie vorne in meinen Tauchanzug. Ein guter Anfang, dachte ich bei mir, fragte mich aber gleichzeitig, wo wohl der große Berg der Ladung lag.

Am Grund bot sich ein friedvolles Bild. Fächerkorallen wogten sanft und Fische aller Arten sahen uns neugierig an. Ein Schwarm Trevally umringte uns kurzzeitig und die silberfarbenen Flanken leuchteten wie kleine Spiegelblitze hell auf. Doch noch immer gab es kein Anzeichen auf ein großes Wrack. Unsere Tauchcomputer begannen anzuzeigen, dass wir uns schon viel zu lange in dieser Tiefe tummelten. Unumstößliche Tatsache war, dass es auf der *Song Saigon* keine Dekompressionskammer gab und dass die nächste in Thailand oder Malaysia stand. Die *bends* sollte man also nicht unbedingt in Kambodscha bekommen. »Zwei Minuten zur Dekompressionszeit«, warnten die Messegräte mit einem lauten Pieps.

Das hieß also, zurück zur Oberfläche, hinein in die weiß schäumende tosende See. Die See war in der kurzen Zeit, die wir unten waren, gewaltig angestiegen. Das armdicke Ankertau der *Condor* war schon einmal durchgerissen und Rahim hatte sie wieder verbunden, aber an das Ablassen der Laderampe war nicht zu denken. Erneut mussten wir vom Heck her über den Antrieb klettern, was schwierig und gefährlich gleichermaßen war. Wer auf das muschelverkrustete Heckgerüst aufkam, konnte sich ernstlich verletzen. Die *Condor* schleuderte wild umher, und die Turbinen unter dem Heckgerüst schaukelten auf und nieder, drei Meter über das Wasser und zwei Meter unter das Wasser. KLATSCH! Die Taucher mussten also eine rasche Bewegung nach vorn machen, um die niedrige Querversteifung zu fassen zu bekommen, eine ungewisse Zeit daran baumeln und sich schließlich darüber hinweg ins Boot ziehen. Irgendwie schaffte es jeder.

Es gab keine Möglichkeit, die *Condor* auf der Rückfahrt zur Dschunke längs an der *Song Saigon* beizudrehen, selbst mit den ausgefahrenen Stoßfängern nicht. Wir mussten also noch einmal ins Wasser, am schaukelnden Schiff entlang schwimmen, um einen lose schwingenden Reifen zu fassen zu bekommen, sobald die Dschunke mal in einem Wellental war. Weder die Dschunke noch die *Condor* hatten eine Tauchleiter.

»War wirklich haarig!« sagte Hatcher mit einem breiten Grinsen, als er wieder an Deck war und sich das Gesicht mit einem Handtuch trocken rieb. »Ganz schön berauschend!« Es hatte ihm sichtlich Spaß gemacht, und das Kamerateam hatte ein paar aus-gezeichnete Bilder tollkühner Männer unter extremen Bedin-gungen bekommen. Hatcher testete sich ab und zu gerne selbst und stellte sich den Gefahren der rauen See. Der Adrenalinstoß war für ihn das Gegenmittel zu den all den Enttäuschungen und dem Ärger, die diese Expedition ständig begleitet hatten.

Doch was wäre passiert, wenn sich da draußen auf dem Boot, weit ab von der Küste, ohne Funk oder sonstige Kommunikations-mittel, tatsächlich jemand ernstlich verletzt hätte? Kein Mensch an Bord hätte einen gebrochenen Knochen richten, eine Platz-wunde nähen oder gar Schlimmeres beheben können. Ich behielt diese Gedanken für mich, Negatives gab es ohnehin schon ge-nug. Und da alle den Tauchgang wohlbehalten überlebt hatten, gab es auch keinen Grund darüber zu spekulieren, was schlimms-tenfalls alles hätte passieren können.

Das stürmische Wetter hielt den ganzen Tag an, und schon bald konnten die Soldaten den Köchinnen die Hand reichen – die Seekrankheit hatte auch sie übermannt. Bis zum Abend hat-ten sich Wind und Wellen gelegt. Für alle, die es noch runter-brachten, gab es wieder einmal Spaghetti mit Anschovis.

»Was zeigt das Barometer?«, fragte ich Alaine.

»Wiird disch errstaunen«, sagte er und nahm einen langen Zug an seiner Zigarette »dasss esss niischt giibt ein Barrometer auf diiesses Boot.«

Erstaunen? Mich doch nicht.

»Egal«, sagte er, »wir braauchen niischt.«

Ach ja!

Mike Hatcher runzelte die Stirn. Das Wrack zeigte sich un-auffindbar, und das Wetter spielte auch nicht mit. Ganz abgese-hen davon, dass es Abend für Abend Spaghetti mit Anschovis oder Reis mit Anschovis gab.

»Gehen wir noch einmal alle Anhaltspunkte durch«, sagte er. »Vielleicht haben wir ja irgendwo irgendwas übersehen.«

Die Forschungen hatte Nigel Pickford in England angestellt. Seine Informationen hatte er aus Aufzeichnungen der VOC im

Algemeen Rijksarchief in Den Haag und denen der Ostindien-kompanie in London sowie aus der Universitätsbibliothek in Cambridge. »Ralph Lambtons Schiff war klein«, sagte er. »Die Besatzung bestand aus nur zwanzig Mann. Doch der Wert der Ladung, der mit 150 000 Rix-Dollar angegeben war, deutete auf erlesenes Porzellan und andere wertvolle Güter an Bord. Wir können auch davon ausgehen, dass Stücke aus dem Jahr 1671, der Zeit der späten Ming-Dynastie, heute je zwischen 200 und 2000 US-Dollar einbringen.« Könnte gut sein, so meinte Hatcher, dass die Ladung aus rund 100 000 Einzelstücken Porzellan bestanden hat.

Und die Position?

Das Condor-Riff wird bis in die 1860er Jahre nicht genannt. Holländische Verzeichnisse jener Zeit legen dar, dass Lambtons Schiff auf eine »*blind klip*« oder untergetauchten Fels aufgelaufen war, die auf die Beschreibung des Riffs passen würde. Das Schiff sank derart schnell, dass Lambton und allen anderen keine Zeit blieb, irgendetwas aus dem Wrack zu retten. Zehntausend Rix-Dollar in Silber sanken auf den Boden des Meeres zusammen mit den Akkreditiven des Königs von Siam. Lambton, seine Crew und die königlichen Diener überlebten, da sie von einem vorbeifahrenden maurischen (arabischen) Schiff aufgenommen wurden, und kamen in einem völlig erbärmlichen Zustand in Malakka an.

Den holländischen Aufzeichnungen zufolge hat Lambton seine Reise nach Surat nicht fortgesetzt. Stattdessen kehrte er zurück zur Wrackstelle, um zu sehen, was sich aus dem gesunkenen Schiff noch bergen ließ.

Ein späterer VOC-Bericht vermerkt das Scheitern des Bergungsversuchs. »Sie gerieten in einen Gewittersturm und in sehr schlechtes Wetter, verloren ihre Anker und Segel, mussten umkehren und zurück nach Siam.«

War die Bergung sonst jemandem geglückt, wo Lambton gescheitert war? Oder suchten wir an der falschen Stelle? »Die Position der Unglücksstelle ist leicht auszumachen«, hatte Nigel

Pickford gesagt. Doch erinnerte ich mich etwas beunruhigt an eine Bemerkung von Fergus Hinds in *Riches From Wrecks*: »Fast durchweg liegen Schiffswracks nicht dort, wo sie den Berichten nach liegen sollen.«

Auch hatte man uns glauben gemacht, dass in ganz Kambodscha keinerlei Tauchausrüstung verfügbar wäre. Doch plötzlich sahen wir ein paar kambodschanische Taucher auf einem kleinen Boot, knapp sieben Meter lang und nur dreißig Zentimeter Freibord, um das Riff herumtuckern, die in regelmäßigen Abständen abtauchten. Sie fuhren an uns vorbei, wollten Zigaretten, das Bootsdeck voller Seegurken und *Bêche-de-mer*. Mit primitivstem Gerät tauchten sie bis auf 36 Meter hinunter auf den ebenen Sandgrund. An Deck hatten sie einen winzigen Benzinkompressor. Jeder Taucher war mit einem zerknautschten langen Pressluftschlauch ausgestattet, wie man sie an Tankstellen und in Werkstätten zum Reifenaufpumpen verwendet. Ein Mundstück gab es nicht. Der Taucher, der nur mit Maske und ohne Flossen arbeitete, steckte das Ende des Schlauches durch seinen Gürtel, klemmte ihn zwischen den Zähnen fest und atmete die Luftblasen. Ich fragte mich, wie hoch die Lebenserwartung eines kambodschanischen *Bêche-de-mer*-Tauchers wohl sein mochte?

»Wenn es dort unten irgendetwas gibt, dann haben die es vielleicht gesehen«, meinte ich zu Hatcher.

»Fragen wir sie«, sagte er.

Allerdings gab es ein kleines Verständigungsproblem. Hatcher musste Olivier erst die Fragen in Englisch stellen. Dann fragte Olivier die Soldaten auf Französisch. Und die Soldaten gaben die Frage schließlich auf Kambodschanisch an die Fischer weiter. Sie nickten, als sie die Keramikscherben sahen. Davon gäbe es viele am Riff, meinten sie. Doch Fragen nach der eigentlichen Wrackstelle schienen sie zu verwirren. Ich versuchte es, indem ich ihnen die Umrisse von Kanonen, Ankern und Ladungsbergen auf ein Stück Papier aufmalte. Doch das schien sie nur noch mehr zu irritieren. Sie wussten nichts davon. Schließlich zogen sie mit einer Schachtel Zigaretten wieder ab und versprachen, uns wissen zu lassen, sobald sie auf etwas stießen.

»Wenn es irgendetwas Wertvolles in dem ganzen Berg da unten gegeben hat«, meinte Hatcher, »dann haben die Jungs es schon vorher gefunden. Ich denke, unsere einzige Chance besteht darin, dass Lambtons Schiff abgetrieben und auf dem Weg irgendwo gesunken ist. Das heißt für uns, wieder einmal ›Gras mähen‹.«

Also nahmen die *Condor* (bei schönem Wetter) oder die Dschunke (bei Wind) die Arbeit mit dem Side-Scan-Sonar wieder auf. Der Apparat machte immer wieder Probleme wegen Spannungsschwankungen am angemieteten Generator. Alle, die nicht aktiv in die Arbeiten eingebunden waren, saßen unterdessen gelangweilt herum. Wir saßen oben auf dem hinteren Heck der Dschunke, lasen oder starrten auf das Wasser hinaus. Es war frustrierend, denn es herrschte eine wunderbare Schönwetterperiode, bei der man herrlich hätte tauchen können, doch die Arbeiten mit dem Side-Scanner hatten Vorrang.

»Zwei Tanktauchgänge in zehn Tagen«, schrieb ich murrend in mein Tagebuch. »Was mache ich eigentlich hier?« Meiner persönlichen Meinung nach lag das Wrack entweder anderswo oder es war längst geborgen worden. Vielleicht hatte Ralph Lambton ja die verlorene Ladung selbst wieder gefunden, ohne es dem König von Siam mitzuteilen.

Zwischendurch gab es ein paar Ablenkungen. Kleine Fischerboote kamen vorbei und boten uns Fisch an. Olivier feilschte um einen riesigen, übel aussehenden Barracuda – in meinen Augen kein besonders guter Handel, in Australien würden wir nie einen Barracuda dieser Größe essen. Das Risiko einer Vergiftung wäre viel zu groß. Immerhin brachte der Barracuda-Eintopf ein wenig Abwechslung auf die Teller. Die Köchinnen hatten sich mittlerweile von der Seekrankheit erholt, zeigten aber kein großes Interesse, ihre Pflichten wieder aufzunehmen.

»Zu nichts nütze!« schnaubte Hatcher. »Die sollten besser gehen!«

Sie hätten wahrscheinlich nichts lieber getan, doch ohne Funkkontakt, um ein Schnellboot zu organisieren, blieb ihnen lediglich abzuwarten (es sei denn, sie schwammen an Land), bis die *Song Saigon* wieder zurück zum Hafen fuhr.

Mike Hatcher war nach wie vor entschlossen weiterzumachen. Selbst angesichts der Enttäuschung war sein Optimismus ungebrochen. »Es muss hier irgendwo liegen!« sagte er und stieß klatschend mit der Faust in die flache Hand. »Es muss hier einfach irgendwo sein!«

Der schönste Moment für mich persönlich war das Auftauchen eines Wal-Hais. *Rincondon typus* ist der größte aller Haie, wird bis zu zwölf Meter lang, ist aber trotz seiner gewaltigen Größe ein harmloser Planktonfresser. In Australien war ich schon einmal mit Wal-Haien geschwommen, am Ningaloo-Riff, wo sie jedes Jahr im März erscheinen. Ich nahm meine Maske und die Flossen und schwang mich zum Schrecken der Kambodschaner über Bord, die dachten, dass alle Haie Menschenfresser seien und ich mich in den Tod stürzte.

Der Hai, ein junges weibliches Tier, war wunderschön. Wie alle seiner Art war er braun mit münzgroßen weißen Flecken, die ein verworrenes Muster auf den Leib zeichneten. Er war zuerst scheu und tauchte weg, als ich ihm folgte. Doch es dauerte nicht lange, da kam er wieder, und wenn ich mich an der Oberfläche ganz ruhig verhielt, kam er so nahe heran, dass ich mich tatsächlich wegbeugen musste, um nicht mit ihm zusammenzustoßen. Er wurde von einem großen Trevally begleitet und einem Cobia oder schwarzen Königsfisch. Sie hielten sich als treue Begleiter im Hintergrund, wie bei den Wal-Haien zu Hause. Wurden sie von den Wal-Haien als eine Art Haustier gehalten, ähnlich wie wir Menschen uns Haustiere halten, oder waren diese Fische einfach gerne in seiner Gesellschaft? Wie auch immer, große Haie, insbesondere Tigerhaie haben oft ein ganzes Gefolge kleinerer Fische einschließlich Cobias im Schlepptau. Ein König mit seinen Höflingen.

Fischerboote kamen in regelmäßigen Abständen vorbei. Darunter auch riesige thailändische Trawler, in aller Regel grau gestrichen, mit hoch aufragendem Bug, während auf anderen die kambodschanische Flagge wehte. Ich bemerkte, dass sich die Soldaten gern unter das Schanzdeck verzogen, sobald ein thailändisches Boot näher kam, während sie eine fröhliche Miene aufsetzten und winkten, wenn ein kambodschanisches Boot uns musterte. Einige der kambodschanischen Boote waren sehr klein, doch kreuzten sie furchtlos außer Sichtweite der Küste. Die Fischer angelten auf seltsame Weise, sie hielten Angelrute und Spule getrennt jeweils in einer Hand und wickelten mit großer Geschicklichkeit auf. Am Ende der Angelleine gab es ein halbes Dutzend mit silbernen Flitterködern bestückte Haken. Die Fische, die sie fingen, waren klein und silbrig, etwa heringsgroß und kamen in einen Behälter am Boden ihrer Boote.

Bald schon war das Trinkwasser alle, auch die Lebensmittel waren knapp und die Stimmung sank. Keiner außer Hatcher glaubte noch daran, dass wir das Wrack finden würden. Er behielt eine eiserne Entschlossenheit, und Tag für Tag klapperte die *Song Saigon* das Riffgebiet ab, fuhr auf und ab, Bahn für Bahn, und »mähte das Gras«

Schließlich beschloss man, näher an die Küste heranzusteuern, in der Hoffnung, dass wenigstens eines der Mobilfunktelefone funktionieren würde.

»Okay«, sagte Hatcher. »So wird's gemacht. Heute Abend fahren wir dicht heran, ordern mehr Vorräte und lassen am Sonntag das Schnellboot kommen, um die Köchinnen mitzunehmen und die Vorräte abzuladen.«

Die Markierungsbojen wurden vom Riff genommen und die Muringleine der Dschunke am Grund ausgelegt, damit sie mit einem Enterhaken wieder heraufgeholt werden konnte (da der Anker zu schwer war, um ihn zu heben). Die *Song Saigon* drehte den Bug landwärts in Richtung dorthin, von wo aus Mikes Mobilfunktelefon Kontakt bekommen könnte. Ein magischer Moment, wieder mit der Welt verbunden zu sein. Was für eine absurde Situation, in der wir waren, sinnierte ich. Den Mast hinaufzuklettern mit einem Mobilfunktelefon und auf Empfang zu hoffen!

Wir fuhren in die Nacht hinein und Wind kam auf, der schnell 15 bis 20 Knoten erreicht hatte, und am Horizont entluden sich zuckende Blitze. Ein weiterer Sturm kündigte sich an. Die Blitze kamen näher und unmittelbar darauf folgte ein Donnergrollen. Heftige Strichböen erfassten uns. Gewitterregen brauste über das Wasser und das Donnerdröhnen schwoll zu ohrenbetäubendem Kanonendonner an. Zickzackförmige Blitze schlugen in nächster Nähe im Wasser ein und der grelle Lichtschein blendete uns förmlich. Wir versuchten, nicht an einen möglichen Blitzeinschlag zu denken … wir hatten ja genug andere Sorgen. Die Dschunke schwankte hin und her und machte kaum Fahrt. Von unten schwappte bedrohlich schmutziges Bilgenwasser. Alles war nass.

Was mache ich eigentlich hier? – fragte ich mich zum x-ten Mal.

Endlich hörte der Regen auf und John Dyson kletterte den Mast hinauf. Heureka! Das Mobilfunktelefon hatte endlich Kontakt zur Welt!

Warum wir uns nicht gemeldet hätten, wollte eine Stimme am anderen Ende der Leitung wissen. »Wir haben uns schon alle Sorgen gemacht!«

Die Frage unterstrich die Anfälligkeit unseres Schiffes. Es war einfach lächerlich, in einem 180-Tonnen-Schiff ohne jegliche Kommunikationsmöglichkeit, mit untauglichen Rettungsvorrichtungen und defekten (oder fehlenden) Pumpen und Motoren zur See zu fahren. Was würde passieren, wenn in diesem chronisch leckenden Schiff alle Pumpen gleichzeitig ausfielen? Rahim zeigte mit dem Finger nach unten und schüttelte den Kopf. Da hinunter würden wir gehen, hinunter auf den Grund des Meeres. Er meinte ertrinken.

Wir schliefen wie immer an Deck, während die Dschunke sich auf dem Rückweg zum Riff in der tobenden, aufgewühlten See dahinwälzte. Die Masten schwankten und knarzten in ihren

Sockeln, das lose Takelwerk bog sich und ruckte heftig. Geplant war, den Enterhaken auf die Leeseite des Riffs zu schleppen, doch in der tobenden, kaffeebraunen See mit weißen Schaumkronen war das Riff nicht zu sehen. Die Bojen hatten wir ja entfernt, und so konnte niemand die genaue Position der Riffnadel ausmachen. Das Herz schlug mir bis zum Hals. Was, wenn die *Song Saigon* das Riff auf die schlimmstmögliche Weise finden würde? Wenn sie wie das Schiff von Ralph Lambton, die *Condor* und die *John Wade* dieser Tücke des Meeres ebenfalls zum Opfer fallen würde?

»Iist su gefährrlisch!«, hielt der Kapitän Hatcher entgegen.

»Du hast Recht«, gab dieser schließlich nach. »Wenden. Wir fahren heim!«

In diesem Moment hatte er beschlossen, dass er genug hatte von dieser Dschunke. »Dschunke ist das richtige Wort!« sagte er. »Wir brauchen ein anständiges Boot und eine anständige Ausrüstung. Das hier ist nichts als Zeit- und Geldverschwendung!«

Die Worte klangen wie Musik in den Ohren aller Mann an Bord. Wir fuhren den Weg wieder zurück, passierten noch einmal die Inseln mit ihren bewaldeten Hängen, die malerischen Fischerdörfer auf Bambuspfählen und ganze Flotten von Fischerbooten mit Blumengirlanden auf dem Bug. Zurück zu der mit Kokospalmen gesäumten Küste von Sihanoukville.

Dieses Mal sprach der Kapitän respektvoll mit dem Hafenmeister, doch der hatte ein gutes Gedächtnis und ließ ihn vier Stunden lang außerhalb des Hafenbezirks warten, während wir anderen in der absonderlichen *Condor* an Land düsten und heißhungrig unsere erste wohlschmeckende Mahlzeit seit drei Wochen verschlangen.

Am späteren Nachmittag erst wurde der Kapitän angewiesen, die Dschunke in den Hafen zu fahren und sie längsseits an ein grauschaliges Fischerboot zu legen.

»Aber iisst su klein!«, protestierte Alaine.

»Deins ist auch nicht viel größer«, kam die Antwort.

Der Kapitän versuchte es noch einmal: »Das Wasser iisst su flasch!«

»Genau da habt ihr auch das letzte Mal gelegen. Anker werfen!«

Dabei wusste dieser Sadist genau, dass wir keinen Anker hatten. Schließlich und endlich, nach zahlreichen gallischen Schulterzucken, wütenden Zügen an seiner im Mundwinkel hängenden Zigarette und mehrmaligem *merde*, das er in seinen Bart brummelte, steuerte der Kapitän die Dschunke diagonal zur Werft in den Hafen. Der Bug berührte das Mauerwerk, doch das Heck blieb im schlammigen Boden stecken und ragte hinaus auf die Fahrrinne.

Die Köchinnen sprangen von Bord und das Herz hüpfte ihnen vor Freude. Die wird wohl keiner so schnell wieder auf ein Schiff bringen.

Alle übrigen, schwer beladen mit Tauch- und Kameragerät, bewegten sich weniger schnell voran. Ich warf einen Blick zurück auf die *Song Saigon* und empfand plötzlich eine Art Zuneigung für sie. Sie hatte die raue See selbstsicher gemeistert, und sie war uns eine Heimstatt in den fremden und gefährlichen Wassern. Sie konnte ja nichts dafür, dass die Männer, in deren Besitz sie war, sie derart hatten verwahrlosen lassen. Noch immer hielt sie ihre angeschlagene Würde hoch, ein bisschen wie eine vornehme Lady, die durch schwierige Zeiten vom hohen Rosse herunterkam, nun gezwungenermaßen Toiletten putzt, aber noch immer Haltung bewahrt.

Hatcher ging als Letzter von Bord, sah ein letztes Mal hinaus auf das Meer. »Es liegt noch immer da draußen!«, sagte er. »Wartet noch immer, dass wir es finden!« Dann drehte er sich auf dem Absatz um. »Auf! Geh'n wir!«, sagte er.

Nachdem wir von Bord waren, fuhr die *Song Saigon* noch einmal hinaus. Und diesmal fiel der Fockmast um und die Pumpen versagten. Rahim weigerte sich, noch einmal in See zu stechen, bevor nicht der Hauptmast überprüft war, und John Wade unterstützte ihn dabei gegen alle Proteste der Franzosen. Die

Mastspur war derart morsch, dass sie buchstäblich auseinander-fiel, als der Mast mit einem Kran angehoben wurde. Wäre das auf hoher See passiert, hätte er sich direkt durch das Schiff bohren oder wie ein Sturmbock längsseits aufschlagen und den Rumpf zertrümmern können. In beiden Fällen hätte die Dschunke das Schicksal der gesunkenen Schiffe geteilt, und wir wären um un-ser Leben geschwommen. Eine Zeit lang zumindest, bis wir nicht mehr gekonnt hätten.

Wir hatten mehr Glück als Verstand.

In Kambodscha hatte Mike Hatcher kein Glück. Doch machte er beharrlich weiter, versuchte es schließlich mit der *Restless M*, bis am Ende drei Millionen US-Dollar verschleudert waren.

Was ihn letztendlich besiegte, war nicht etwa ein Mangel an Beharrlichkeit und Ausdauer, sondern der Bürgerkrieg in Kam-bodscha. Kurz nachdem wir das Land verlassen hatten, brachen offene Feindseligkeiten aus zwischen den Anhängern des Prin-zen Norodom Ranariddh mit seiner FUNINPEC-Partei und den Parteigängern seines Koalitionspartners, des Stellvertretenden Premierministers Hun Sen, der die kambodschanische Volks-partei CCP anführte. Erneut brach in Kambodscha ein blutiger Aufruhr los, und alle Westler mussten gezwungenermaßen das Land verlassen.

Während meiner letzten Tage dort schaffte ich es, ein Ver-sprechen einzulösen, das ich mir selber gegeben hatte. Ich trat in die Fußstapfen meines Vaters und besuchte die alte Stadt und die Tempel in Angkor Wat. Ausgangspunkt für den Ausflug zur Tempelanlage war Siem Reap nahe des großen Sees Tongle Sap, ein Gebiet unweit der Roten Khmer. Noch immer hielten sie ein Teilgebiet im Nordosten des Landes fest im Griff.

Im Prinzip tolerierten die Roten Khmer den Touristenverkehr nach Angkor als wirtschaftliche Notwendigkeit für die Region.

Trotz der allgegenwärtigen Gefahr bot Angkor Wat einen über alle Maßen grandiosen Anblick. Mein Vater hatte Recht.

Hinter einem gewaltigen Wassergraben liegt die Hauptanlage, ein gewaltiger, konzentrisch zulaufender Komplex aus Türmen, Turmspitzen, Stufen und Gängen, die alle untereinander über drei Flachreliefs verbunden sind. Der höchste Turm ragt 65 Meter hoch in den Himmel. Die Anlage wurde im 12. Jahrhundert erbaut und weist Tausende von einzelnen Skulpturen, Friesen und Gesichtertürmen auf.

Von einem buddhistischen Mönch in einer orangefarbenen Kutte ließ ich mir wahrsagen. Er warf die traditionellen Stäbchen, und was er sagte, verblüffte mich.

»Du wirst das Buch schreiben!«, verkündete er. Für mich persönlich hatte ich die Hatcher-Sache eigentlich schon als ein zum Scheitern verurteiltes Unterfangen abgeschrieben. Doch davon ganz abgesehen – woher wusste er, dass ich Schriftsteller war, wo ich doch nicht einmal Block oder Kugelschreiber bei mir hatte? Das weiß ich bis heute nicht.

15
Die große Dschunke

Die große Dschunke *Tek Sing* begann ihre Reise in Amoy in Fukien an der südchinesischen Küste. Im Dezember 1821 ging sie unter einer furiosen Feuerwerkssalve, die ihr Glück für die lange Reise bringen sollte, und dem Donnerschlag der eigenen Kanonen in See. Drachenfahnen und farbenfrohe kleine Wimpel wehten an den Masttopps. Das Beladen hatte viele Monate gedauert, und nun war sie bereit auszulaufen, die Ladung sicher unter den Decks. Die erste Ladung, Kisten über Kisten voll mit erlesenem Porzellan, wurde in die untersten Stauräume verfrachtet und so dicht aneinander gepackt, dass keine Messerklinge mehr zwischen die einzelnen Behälter gepasst hätte. Über die Porzellankisten kam eine Lage Holzplanken – die sich ebenfalls gut verkaufen ließen – und zuoberst allgemeines Ladungsgut, das für den holländischen Hafen Batavia und entferntere Häfen bestimmt war.

Neben den Keramiken gab es hunderterlei Handelswaren, von Seidenballen, Nadelkästchen, Kisten mit Sonnen- und Regenschirmen, bis hin zu unzähligen Kisten voll mit feinem chinesischen Tee. Die wertvollste Fracht, die Menschen an Bord, zählte 1600 Passagiere – eine unglaubliche Zahl. Die meisten waren auswandernde Kulis, die eine Anstellung in den Zuckerplantagen von Java erhofften. Auch reiche Kaufmannsfamilien, die ein angenehmeres Leben bei Verwandten in Überseegebieten suchten, waren unter den Reisenden.

Alle hofften sie auf ein neues Glück in fernen Ländern.

Die gewaltige Größe des Schiffes (fast 60 Meter Länge) erforderte eine entsprechend große Besatzung von 400 gelernten und ungelernten Arbeitern. Und so befanden sich schließlich fast 2 000 Passagiere an Bord der *Tek Sing*.

In früheren Jahren war es Chinesen verboten, auszuwandern oder Handel mit dem Ausland zu treiben. Der Kaiser im fernen Peking hatte einen Erlass herausgegeben, wonach die Nation rein bleiben und von den verderblichen Einflüssen der Europäer und verderbter anderer Asiaten jenseits der Grenzen des Kaiserreiches abgeschottet werden sollte. In der Tat hielt sich über Jahrhunderte ein Verbot, das es den Chinesen untersagte, ins Ausland zu reisen, und wer es dennoch tat und zurückkehrte, riskierte die Todesstrafe. Trotz dieser Restriktionen ist in der chinesische Provinz Fukien das Meer seit jeher die Lebensgrundlage der Menschen dort geblieben – Land zu bewirtschaften brachte nichts ein, das Meer zu nutzen, war schlichtweg bittere Notwendigkeit.

Seit dem 16. Jahrhundert hatten die Portugiesen, danach die Holländer und schließlich die Engländer die oberen Ränge des Handels im Indischen Ozean und dem Südchinesischen Meer dominiert. Ihre Ladungen mit Tee, Gewürzen und Seide wurden nach Europa verschifft, doch nach wie vor spielten chinesische Dschunken für den Handel zwischen China, Thailand, Malakka, den Philippinen und dem Indonesischen Archipel eine wichtige, wenn auch etwas untergeordnetere Rolle. Für die Holländer war es eine billigere und einfachere Lösung, Ladungen auf Dschunken von China ins südlich gelegene Batavia zu befördern. Dort verlud man sie dann in die Frachträume der Ostindienfahrer und verschiffte sie weiter. Durch die Tore der Sunda-Straße über den Indischen Ozean und das Kap der Guten Hoffnung ging es weiter bis nach Europa.

Die große Dschunke *Tek Sing* war Teil dieses Handelsmusters. Sie half, ein Vakuum zu füllen. Die mächtige VOC wurde durch die Napoleonischen Kriege von 1795 bis 1815 in die Knie gezwungen, und der ausgedehnte holländische Schiffshandel über die östlichen Meere schrumpfte auf einen kümmerlichen Rest der früheren Glanzzeit zusammen. Die VOC war bankrott.

Die Briten hatten Batavia unter sich und waren dabei, unter Thomas Stamford Raffles an der Mündung der Malakka-Straße um die Inseln vor Singapur ihre Fahnen zu hissen und sich den Handelsweg nach China zu sichern, was das asiatische Handelsmuster veränderte.

In der Folge kam es zu einer großen chinesischen Völkerwanderung. Vor allem Kaufleute und Kulis machten sich auf die Reise zu Orten, die ihnen zuvor versagt gewesen waren.

Viele gingen nach Indonesien.

Tek Sing heißt übersetzt so viel heißt wie »Wahrer Stern« oder »Tugendhafter Stern«. Doch können Übersetzungen manchmal irreführend sein. Der Name bezieht sich so gut wie sicher auf Kanopus, den zweithellsten Stern am Firmament nach Sirius. Der Kanopus steht im Sternbild der Carina, in der Konstellation des Kiels der südlichen Himmelshalbkugel. Ein passender Stern für ein Schiff. Der Kanopus hat einen gelbweißen Schein, eine Farbe, die bei Chinesen sehr beliebt ist. Ein besonderes Merkmal ist, dass er umso heller scheint, je weiter ein Schiff nach Süden zum Äquator und den südlichen Meeren kommt. Tatsächlich war der Stern für die riesigen Flotten des berühmten Eunuchen Zheng He auf der Jahrhundertexpedition ein wichtiger Orientierungspunkt auf ihrer Reise in Richtung Äquator.

Im Dezember 1821 verließ die *Tek Sing* die sicheren Wasser des Hafens von Amoy, nahm mit den starken Winden des nördlichen Monsuns unter ihren riesigen Mattensegeln die Fahrt auf und steuerte nach Süden in Richtung Äquator, immer dem Stern Kanopus nach, mit Ziel Batavia.

An Bord saßen die Passagiere dicht gedrängt in allen möglichen Ecken und Winkeln. Einige hatten auf dem Oberdeck kleine Hütten aus Bambus und Bastmatten errichtet, um auf der Reise geschützt zu sein, und die meisten hatten ihren eigenen Proviant und Kochutensilien dabei. Es war ausgesprochen unkomfortabel, doch tröstete man sich damit, dass es ja nur für eine kurze Zeit sein würde. Ein Monat, vielleicht auch weniger, hatte der Kapitän versprochen … vorausgesetzt natürlich, dass die Winde günstig und die Götter wohlwollend blieben. Viele Reisende hatten kleine Miniaturtempel dabei, und regelmäßig wurden Sandelholzräucherstäbchen abgebrannt, um die Götter bei Laune zu halten.

Die zwei Monsune – Nordost- und Südwestmonsun – waren ausgesprochen verlässlich, wobei der aus nördlicher Richtung der rauere und stürmischere der beiden war. Der Nordwind trieb die Dschunke nach Süden.

Bis Mitte Januar hatte die *Tek Sing* drei Viertel ihrer Reise hinter sich. Sie segelte in Begleitung eines Schwesterschiffes, befand sich bereits südlich des Äquators unter dem hellsten Schein des Kanopus. Hier näherte sie sich der Gaspar-Straße, dem Tor zur Java-See, und hatte nur noch etwas über 300 Kilometer vor sich. Dort würden die Winde zwar schwächer sein, aber dennoch würde die Dschunke binnen der nächsten zwei Wochen die Wasserstraßen vor Batavia erreichen. Wie sich die eng zusammengepferchte Masse Menschen in den wuchernden schmutzigen Slums an Deck auf diesen Tag wohl freuten!

Doch dann die Tragödie.

Eine Fehleinschätzung durch den Kapitän oder vielleicht einfach bloß Pech – auf jeden Fall steuerte die *Tek Sing* auf ein kleines Riff in unmittelbarer Nähe des Belvidere-Riffs zu, einen Ausläufer nördlich der Gaspar-Straße. Wäre sie nur hundert Meter westlicher gesegelt, hätte sie vom Riff nichts bemerkt und wäre ahnungslos weiter ihrem Ziel entgegengesteuert, und alles wäre anders gekommen.

Doch das Schicksal wollte es anders. Der Monsun blies weiße Schaumkronen auf das trübe Meer, und gelegentlich vorbeiziehende Gewitterschauer behinderten immer mehr die Sicht. An schönen Tagen sind die Riffs als hellgrüne Flecken in den Untiefen leicht zu erkennen, und ein scharfsichtiger Matrose im Ausguck konnte sie leicht von weitem und rechtzeitig erkennen, um eine eventuelle Kursänderung zu veranlassen. Doch bei düsterem Himmel, das Meer braun wie Kaffee, anhaltenden Regenschauern und Gewitterböen, die einen dunklen Schleier voraus bildeten, gab es keine Warnung. Und keine Zeit, um ein Ausweichmanöver einzuleiten.

Der Aufprall kam völlig überraschend, so plötzlich und verheerend wie eine Explosion. Die *Tek Sing* schrammte über die abschüssige, scharfe Kante des Riffs, wobei ihr Kiel mit einem laut schleifenden Geräusch aufgerissen wurde, sodass es von weitem so ausgesehen haben muss, als wäre sie wie ein Wal aus dem Wasser gesprungen. Für einen kurzen Moment hing sie gefährlich unstabil auf waagrechtem Kiel im Wasser. Dann, als sie abrupt zum Stehen kam, fing der peitschende Nordwind ihre Segel ein und schleuderte sie auf die Seite.

Die Notbehelfskabinen und Schutzhütten auf dem Oberdeck stürzten ein und begannen ins Meer zu rutschen; Bambusrohr, Bastflechtwerk, Töpfe, Pfannen und menschliche Körper fielen erdrutschartig über das Schanzdeck, schlitterten und klatschten ins Wasser. Wie viele in diesen ersten Minuten ertranken oder zu Tode gequetscht wurden, wird nie geklärt werden. Doch wahrscheinlich befand sich ein Großteil der 1600 Passagiere samt Habseligkeiten auf dem Oberdeck, wo sie sich ihres unheilvollen Schicksals, das sie unaufhaltsam immer schneller in die Tiefe beförderte, nicht erwehren konnten. Denjenigen, die sich noch halten konnten, erging es wenig besser. Es war unmöglich, sich auf dem steil abfallenden Deck zu bewegen, und tief unten verschob sich die Ladung, wodurch viele andere in der Falle saßen.

Kapitän und Offiziere sahen sich verzweifelt nach dem Schwesterschiff um und erhofften Hilfe in dieser gefahrvollen Situation. Doch die andere Dschunke segelte weiter, überließ die *Tek Sing* ihrem Schicksal, aus dem es kein Entrinnen mehr gab. Sie schlug heftig hin und her, und auch die unteren Abteilungen, die eigentlich wasserdicht waren, liefen voll, da an zahlreichen Stellen die Beplankung durchgebrochen war. Sobald mehr und mehr Wasser durch den aufgerissenen Rumpf in das Schiff lief, wurde es immer schwerer, das heftige Schlagen ließ nach und es bog sich durch.

Doch nun, da der Wind noch immer die Segel bauschte, wurde die *Tek Sing* vom Riff weg auf den steigenden Gezeitenstrom getrieben. Mit dem zertrümmerten Steuerruder und dem Trümmerhaufen von Deck war sie nicht mehr navigierbar und sank in kürzester Zeit. Unter den noch lebenden Passagieren herrschte ein heilloses Durcheinander, sie liefen in Panik umher oder waren starr vor Schreck und Entsetzen angesichts dessen, was da passierte.

Rund einen Kilometer vom Riff und nach zweistündigem Todeskampf torkelte die *Tek Sing* wie ein verwundetes Pferd, das ins Straucheln gerät, und dann unter den angsterfüllten Schreien der letzten an Bord Verbliebenen langsam nachgab und in den Wellen versank. Tief und tiefer hinunter, um auf dem sandigen Grund in 36 Meter Tiefe die letzte Ruhe zu finden.

Vielleicht wären Passagiere und Crew samt der Geschichte der *Tek Sing* im Meer versunken, wäre nicht gerade ein englisches Schiff – die *Indiana* unter Kapitän Pearl, einem früheren Kapitän der Königlichen Marine – in entgegengesetzter, nördlicher Richtung von Batavia nach Indien gesegelt. Pearl befand sich auf dem Achterdeck und verfluchte das scheußliche Wetter, als er plötzlich das Meer am Eingang zur Gaspar-Straße von treibenden Kisten, bündelweisen Schirmen und Bambusrohr übersät sah und mitten im Treibgut zahllose verzweifelte Gesichter … Trotz des stürmischen Wetters schaffte es Kapitän Pearl, den Kurs seines Schiffes zu ändern und in Windrichtung zu drehen. Die Rettungsboote wurden herabgelassen, und Kapitän Pearl fischte mit seiner Mannschaft die Chinesen aus dem Wasser, an die sie herankamen und die noch am Leben waren.

An die Ufer der Gaspar-Insel wurden unzählige Leichen gespült, doch wundersamerweise erreichten einige der Schiffbrüchigen die Küste noch lebend. Siebenundzwanzig Menschen wurden von einem Floß gerettet, auf dem ursprünglich 47 Schiffbrüchige im Meer getrieben waren. Andere wurden von Felsen aufgelesen, die für die Rettungsboote nur unter äußerster Gefahr anzusteuern waren.

Die großmütige und hochherzige Rettungsaktion von Kapitän Pearl rettete 150 Menschen das Leben – eine Aktion, die sowohl sein Schiff als auch seine Männer in größte Gefahr gebracht hatte. Dennoch fanden rund 1850 Menschen den Tod, weit mehr als beim weltbekannten Untergang der *Titanic* im Atlantik im Jahre 1912.

Mit der Zeit geriet der Name *Tek Sing* in Vergessenheit, obwohl sie in ihrem Heimathafen Amoy natürlich noch länger in Erinnerung blieb. Unterdessen begannen tief unter der Oberfläche des Südchinesischen Meeres, weit unten in ihrem Meeresgrab, die Planken der *Tek Sing* allmählich zu vermodern und zu verfallen, brachen zusammen, nach innen und nach außen, bis schließlich nur noch der Ladungsberg übrig war. Schwämme und Korallen wuchsen an den Rändern der Schüsseln und Gefäße, machten die harten Ecken und Kanten zu einer weichen Grundlage, sodass sich immer noch mehr Korallen und Anemonen darauf ansiedelten. Fische und Muränenaale nisteten sich in den Vasen ein, und mit der Zeit wurde die *Tek Sing* Teil des Meeresboden.

Ein Jahrhundert und weitere siebzig Jahre vergingen. Die Geschichte der Welt nahm ihren Lauf. Es gab unzählige Kriege und neue Erfindungen – dampf- oder ölgetriebene Kolbenmotoren und Antriebsschrauben ersetzten die Mattensegel der großen Dschunken, die von Kanton und Amoy aus in See stachen. Neue Schiffe mit stahlverkleidetem Rumpf begaben sich auf die gleiche Reiseroute, doch fuhren sie nun mit Dampf oder Dieselmotoren, und es kam nicht mehr darauf an, ob gerade Südwest- oder Nordostmonsun blies.

Im Juni 1998 schob sich der Schatten von Mike Hatchers Suchboot *Restless M* über die schlafenden Überreste der *Tek Sing*. Wenn überhaupt, dann konnte nur ein solches Schiff, das mit Spezialgeräten zur Wracksuche ausgestattet war, jene ungewöhnlichen Linien und Kreise auf dem Meeresboden aufspüren.

»Da, da ist etwas. Da!«, rief der Kapitän Alastair Feast.

»Ein Riff«, sagte Rahim, der erfahrenste Taucher an Bord. »Nur ein Riff.«

Wie bereits erwähnt, endeten der Zwischenfall vor der thailändischen Küste sowie die Unternehmung in Kambodscha für Hatcher in einer finanziellen Katastrophe. Jeder Fehlschlag schmälerte das Vertrauen der Investoren in seine Unternehmungen. Mit dem Einsetzen des Südost-Monsuns sollte die *Restless M* nach Singapur auslaufen. Wunder gibt es zwar immer wieder, doch glaubte die Crew längst nicht mehr daran.

In jener Nacht, als das Tauchbeiboot, die »Gummiente«, Hatchers Lieblingsspielzeug, verloren ging, war Hatcher gerade in Jakarta, um in einem letzten Versuch seine Investoren zu überreden, den Geldhahn nicht endgültig zuzudrehen. Doch rannte er mit seiner Bitte, wie er befürchtet hatte, gegen eine Wand. Die Nachricht vom verloren gegangenen Beiboot erreichte ihn über Satellitentelefon von der *Restless M* und gab ihm für diesen Tag den Rest.

Am nächsten Morgen beschloss die Crew, die Unregelmäßigkeiten auf dem Meeresboden, die das Side-Scan-Sonar lokalisiert hatte, zu überprüfen. Die ausbleibenden Signale auf dem Magnetometer schienen Rahims Vermutung von einem Riff zu bestätigen. Die Fische und die beiden schwarzen Stechrochen, die auf dem Wrack mit den Flossen schlugen, wurden vom wuchtigen Aufschlag des großen Stahlankers der *Restless M* auf dem Meeresboden und den aufwirbelnden Wolken aus Luftblasen sehr wahrscheinlich aufgeschreckt.

Kurz darauf noch mehr Blasen – die schattenhaften Umrisse zweier Taucher mit Scuba-Gerät, die von der silbern schimmernden Oberfläche herabstiegen. Sie landeten auf dem Meeresboden wie zwei Astronauten auf dem Mond, in einiger Entfernung von ihrem Ziel. Sie nahmen die Suche auf und verankerten zunächst eine Schwimmleine am Abstiegspunkt.

Der erste Taucher, Rahim, hatte das Ende seines Schwimmradius erreicht und versetzte den Bezugspunkt noch einmal. Dann, als er den fernen Schatten des »Riffs« wahrnahm, schwamm er auf ihn zu.

Als die Umrisse von Fischen und Schwämmen deutlicher wurden, erkannte er noch etwas, eine vertraute Form. Er blinzelte verwundert, doch das Ding war immer noch da und spiegelte sich weiß am Boden. Es war eine Schale, blau-weiß, genau wie jene, die er damals, 1985, bei der *Geldermalsen* gefunden hatte Dann entdeckte er weitere Gegenstände, Gefäße, Schüsseln, Keramikscherben, Vasen, Töpfe. Abdul Rahim wusste, dass das, was er da sah, nur die Spuren einer Ladung von riesigen Dimensionen war.

Alarmiert von den Schreien, die Rahim in sein Mundstück heulte, kam Yoni, der zweite Taucher, herbeigeschwommen. Er dachte zuerst, Rahim sei von einem Hai oder einem Seemonster angefallen worden. Doch als er sah, was Rahim gesehen hatte, stieß er selbst laute Schreie aus. Der Ladungsberg war mehr als fünfzig Meter lang.

Das Schiff, das unter einer Salve von Feuerwerkskörpern und Kanonenschlägen in See gegangen und dann unter den angsterfüllten Schreien seiner Passagiere gesunken war, war nun, nach 172 Jahren, unter Schreien einer ganz anderen Art, unter Triumphgeschrei, wieder entdeckt worden.

Die Nachricht ging rund um die Welt und erreichte schließlich auch mich.

»Wir haben es«, knarzte Mike Hatchers vertraute Stimme durch den Hörer. »Wir haben den Volltreffer.« Pause – und dann: »Wirklich, wir haben ihn! Hugh! Sensationell. Pack dein Zeug zusammen und mach, dass du herkommst.«

Ich zögerte, denn wenige Monate zuvor hatte es falschen Alarm gegeben, als die *Restless M* eine portugiesische Bronzekanone vor Ternate auf den Molukken, den berühmten Gewürzinseln, aufspürte. Auch damals hatte Hatcher mich angerufen.

»Du fliegst über Ambon her«, hatte er gesagt.

Am folgenden Tag waren die Zeitungen voll mit entsetzlichen Bildern von Christen und Muslimen, die sich in Ambon gegenseitig abschlachteten, von brennenden Moscheen und Kirchen und von Europäern, die vor dem Bürgerkrieg flohen.

»Auf keinen Fall«, sagte ich damals, nicht zuletzt, weil sich das Wrack als ein Blindgänger herausgestellt hatte.

Und nun rief Hatcher erneut an, diesmal vom Südchinesischen Meer …

»Du fliegst über Bangka. Sumatra. Wir sind draußen an den Belvidere-Bänken.«

Bangka, wunderte ich mich. Wo zum Teufel lag denn Bangka? Und wer schießt wohl in diesem hinterletzten Zipfel Südostasiens gerade auf wen?

»Also wir sehen dich dann?« Seine Frage lenkte meine Aufmerksamkeit wieder zurück. Mir wären Hunderte von Gründen eingefallen, logische und ganz vernünftige, sein Angebot dankend abzulehnen.

»Okay«, sagte ich statt dessen. »Ich komme.«

»Gut«, sagte er und hängte auf.

Kurze Zeit später war ich in Bangka, eine große Insel in der südlichen Region von Sumatra, wie ich herausgefunden hatte, und berühmt für den Zinnabbau. Hatcher holte mich in Singapur ab, und wir fuhren weiter nach Jakarta, wo erfreulicherweise Zeit blieb, den alten Handelsposten von Batavia zu besuchen sowie die Lagerhäuser am alten Hafen aus der Blütezeit der VOC.

Die ganzen 35 Jahre, nachdem wir das Wrack des 1629 gesunkenen Schatzschiffes *Batavia* an der westaustralischen Küste gefunden hatten, träumte ich davon, diese historische Stätte einmal zu besuchen. Es war ein zauberhafter Tag. Die Lagerhäuser, heute beinahe vier Jahrhunderte alt, waren innen mit riesigen Planken verschalt – wie auf den Kopf gestellte Schiffe. Die werden gut noch weitere eintausend Jahre überdauern.

Anschließend sah ich das Dock, wo die Sulawesi-Schoner mit ihren charakteristischen Steven und Bugspriets hoch über die Pier hinausragten. Sie gehören zu den letzten funktionstüchtigen Segelschiffen der Welt. Ein schöner Anblick.

Kurz nach meinem Besuch kam es in Osttimor zu Massakern, zur australischen Intervention und einer Reihe von Krawallen, die sich gegen die Australier in Jakarta richteten. Unter diesen Umständen wäre ein Besuch am alten Hafen nicht möglich gewesen. Doch als wir durch Bangka reisten, war von Feindseligkeiten nichts zu spüren. Die Nachrichten von den Unruhen in Ost-Timor gingen bald darauf um die Welt.

Auf der Reise hinaus zum Meer fuhren wir auf der *Restless M* über einen malerischen, von Kokospalmen gesäumten Fluss, wo an der Mündung zum Meer zahllose Fischerhütten auf Bambuspfählen standen. Über der Stelle, an der die *Tek Sing* ihre letzten Augenblicke schwimmend verbracht hat, war eine riesige Bergungsplattform verankert, mit einem hochseetüchtigen Schlepper als Begleitschiff.

Die *Swissco Marie II* war 55 Meter lang, und an der größten Schiffsbreite maß sie knapp 14 Meter. Am Heck befanden sich drei Etagen mit Mannschaftseinrichtungen, Unterkünften und ein Konferenzraum. Das Schiff war Heimstatt und Arbeitsbasis für 42 Männer, Taucher und die Crew. Dort am Heck war auch ein großer A-Rahmen angebracht, eine Dekompressionskammer sowie ein Wartungsraum für die Tauchgeräte. Des Weiteren gab es Kompressoren, einen 50-Tonnen-Kran, Boote, technisches Gerät und Container. Kaum ein Quadratmeter, der nicht mit Maschinen, Tauchgeräten, Booten, Leinen und Flößen belegt gewesen wäre.

Die Taucher arbeiteten in ununterbrochenen Schichten, paarweise, von morgens bis abends. Rahim war für den Arbeitsablauf verantwortlich, und er zeigte mir stolz Skizzen, die er vom Rumpf der Dschunke unter Wasser gefertigt hatte.

»Schauen wir uns die Sache aus nächster Nähe an«, sagte Hatcher und wählte für den Tauchgang ein Scuba-Zwillingstank-Gerät. »Die Tiefe beträgt 30 Meter und noch was, also vergewissert euch, dass eure Mickymaus an ist.« Die Mickymaus war der Tauchcomputer, der Freund eines jeden Tauchers, der einem die komplizierte Aufgabe abnahm, die noch verbleibende

Grundzeit bis zum *bends*-Risiko zu errechnen. Er errechnete außerdem die erforderliche Dekompressionszeit unter der Plattform, falls die Grundzeit überschritten würde.

Die professionellen Taucher benutzten Kirby-Anzüge mit integrierten Helmen und hatten über ein Kommunikationssystem und eine Kamera Kontakt zur Oberfläche. Sie wurden von oben über gelbe Luftschläuche mit Sauerstoff versorgt, arbeiteten neunzig Minuten auf dem Grund und verbrachten nach dem Aufstieg vierzig Minuten im »Topf« – der Dekompressionskammer –, wo sie Sauerstoff zugeführt bekamen, um den Stickstoff aus dem Körper zu lösen.

Mit der Scuba-Ausrüstung hatten wir etwa zwanzig Minuten Grundzeit auf dem Wrack. Um auf der sicheren Seite zu sein, würden wir beim Aufstieg Tauchstopps von fünf Minuten einlegen, und zwar bei sechs Metern und bei drei Metern, damit die überschüssige Stickstoffmenge abgebaut werden konnte. Die Tauchunternehmung gestaltete sich insofern etwas komplizierter als ein gewöhnlicher Scuba-Tauchgang, als die Sicht durch den vom Airlift aufgewirbelten Schutt erheblich eingeschränkt war und zudem die Transportkörbe ununterbrochen auf und ab liefen. Wir mussten darauf achten, den Arbeitstauchern nicht in die Quere zu kommen.

»Achtet auf die Körbe, wenn sie runter kommen«, warnte Hatcher. »Es könnte euch den Morgen verderben, wenn einer auf eurem Kopf landet.« Er brauchte mich eigentlich nicht daran zu erinnern, dass ein Korb zweihundert Kilo wog und scharfe Kanten hatte.

Wir wurden ungewöhnlich luxuriös nach unten befördert. Die Taucher hatten einen Lift, und sobald eine Schicht unten war, konnten Hatcher und ich den Lift-Käfig zum Abstieg benutzen. Es war eine ganz neue Methode, auf den Meeresgrund zu gelangen, die Zeit und Kraft sparte.

»Macht euch bloß keine Hoffnungen für den Rückweg«, sagte Hatcher. »Zurück wird geschwommen.«

Am Grund angekommen, stiegen wir aus dem Lift – am Ende

des Führungskabels sah er genau aus wie ein Förderkorb – und geradewegs hinein in einen dunklen Sedimentnebel. Einen kurzen Moment lang konnten wir gar nichts erkennen, weder oben noch unten oder vor uns. Unbeirrt nahm Hatcher die Taucherleinen, die uns unmittelbar zum Ort des Geschehens führten, und hangelte sich daran entlang. Ich klebte ihm dicht an den Fersen, wollte auf keinen Fall den Anschluss verlieren und im Dunkeln zurückbleiben.

Schlagartig kamen wir in klareres Gewässer und trafen auf die anderen Taucher. Der Airlift blies Reihe für Reihe das schlammige Sediment von den Gefäßen. Die Taucher zeigten uns eines. Es hatte ein fein ausgearbeitetes Fischnetzmuster und sah aus, als wäre es just an diesem Morgen aus dem Brennofen gekommen. Die Gefäße wurden sehr vorsichtig behandelt und in große Plastikeimer gesetzt. Ein weiterer Behälter war für die ungewöhnlicheren Gegenstände vorgesehen – für Statuetten, chinesische Stempelkissen, Kerzenleuchter, Messingteile eines Teleskops und für Münzen.

Unter dem ganzen Schutt fand sich ein menschliches Skelett. Es wurde respektvoll aus dem Weg in den hinteren Teil der Abteilung geschafft, wo der schlammige Ausstoß aus dem Airlift es binnen weniger Minuten erneut begraben hatte. Die Taucher hatten sich geeinigt, menschliche Gebeine im Wrack zu belassen. Die Crew bestand zum großen Teil aus Asiaten, Indonesiern, Singapurern, Malaysiern und Chinesen, nach deren Glauben es Unglück bringt, die Toten in ihrer Ruhe zu stören. *Han tu*. Ich erblickte einen menschlichen Oberschenkelknochen unter einem Balken und erschauderte. Er erzählte seine eigene Geschichte vom Schiffsuntergang.

Die Ausgrabung hatte ergeben, dass die Planken, einige davon meterdick, bis zur Wasserlinie der eingesunkenen Dschunke perfekt erhalten waren. Sand und Gewicht der Ladung schützten sie vor dem Verfall und vor Schiffsbohrwürmern. Alles oberhalb davon war vermodert oder hatte sich im Lauf der Jahre zersetzt.

Wir tauchten am Wrack entlang, sahen einen ganzen Stapel eiserner Kanonen und fragten uns, ob sie wohl Teil der Ladung waren oder beim Sinken einfach alle aufeinandergefallen sind.

Hatcher deutete auf eine Reihe riesiger Eisenringe, die auf der Steuerbordseite wohl geordnet in einer Reihe lagen. Es waren die Ringe, die den Hauptmast der Dschunke hielten, und die, die am nächsten beim Rumpf lagen, hatten einen Durchmesser von rund einem Meter. Da der Hauptmast beim Aufschlagen auf die Oberfläche bei drei Metern brach, musste er fast 30 Meter hoch gewesen sein.

Ein Stückchen weiter kamen wir an eine Stelle, wo die Ladung noch ganz überzogen war mit farbenprächtigen Korallen und Schwämmen. Ich machte mehrere Bilder von Hatcher mit blauweißen Schalen und sprang auf, als ich zufällig mit einem der großen schwarzen Stechrochen zusammenstieß. Kurz darauf piepste mein Tauchcomputer. Ich überprüfte meine Zeit und war erstaunt, wie lange wir schon unten waren. Hatcher tippte auf seine Uhr und zeigte nach oben. Zeit zum Aufstieg.

Als wir nach den Dekompressionsstopps zurück an Deck waren, inspizierten wir die Artefakte, die an jenem Tag in den Transportkörben nach oben gekommen waren. Trevor McInery aus Sydney war für das Sortieren, Verpacken und Fotografieren der Stücke verantwortlich, nachdem sie gewaschen und gesäubert waren. Schalen, Schüsseln und Teller, die perfekt ineinander passten, wurden in Plastikbeuteln verstaut und in Kartons verpackt und kamen dann in Frachtcontainer. Die ungewöhnlichen Artefakte platzierte Trevor auf einem eigens dafür aufgestellten separaten Tisch, wo sie fotografisch erfasst wurden. Der Tisch war voll faszinierender Stücke, einige davon perfekt erhalten, andere korallenverkrustet und kaum erkennbar. Auch spanische Pillar-Dollars fanden sich darunter. Ein Münzstück trug das Prägedatum 1797, ein anderes 1804, und sie waren überstempelt mit chinesischen oder japanischen Marken. Pillar-Dollars von außergewöhnlich reinem Silber waren bei den Chinesen sehr gefragt. Solche Münzen wurden überall auf der Welt auf alten

Wracks gefunden. Das amerikanische Schiff *Rapid* trug 350 000 Tonnen davon, als es 1811 auf dem Weg nach China vor der westaustralischen Küste auf Grund lief. Auf der einen Seite der Münzen waren das Abbild des längst verstorbenen Karl III. von Spanien sowie Schloss und Löwe von Leon und Kastilien dargestellt, auf der anderen Seite die »Herkulessäulen«, das Symbol für die Straße von Gibraltar. Ich fragte mich, wo diese Münzen wohl schon überall herumgekommen waren auf ihrem Weg von der Münzwerkstätte in Potosi in Südamerika durch Asien, ehe sie auf den Grund des Südchinesischen Meeres sanken.

Unter den Relikten waren auch ein europäischer Sextant sowie Messingteile und Linsen eines Teleskops. Außerdem europäische Weingläser sowie Wein- und Portweinflaschen, was darauf deuten könnte, dass sich auch Europäer an Bord befunden haben. Aus der Tatsache, dass keine der typisch holländischen quadratischen Genever-Flaschen gefunden wurden, folgt, dass vermutlich keiner der Passagiere an Bord der *Tek Sing* aus den Niederlanden kam.

Besonders faszinierten mich die chinesischen Stempelkissen, wie sie die Kaufleute benutzten. Die »Tinte«, rotes Eisenoxid, ergab beim Mischen auf dem Kissen mit Wasser eine karminrote Paste. Tauchte man einen Stempel ein, übertrug dieser die Marke, die Signatur eines Kaufmannes, in chinesischen Zeichen auf ein Dokument oder die Frachtliste. Einige der Stempelkissen und Amtsstempel waren noch perfekt erhalten.

Vorhängeschlösser aus Messing in ungewöhnlichem Stil, Nadelkästchen, Schirmgriffe, kunstvoll gearbeitete Kerzenhalter, Götterstatuetten und reihenweise kleine Knabenfiguren mit perfekten Penissen fanden sich ebenfalls. Auch Miniaturkohleöfen (wahrscheinlich von den unglückseligen Kulis, der menschlichen Ladung an Deck), Haarnadeln, Fächer, eine riesige Sammlung von Teekannen aller Sorten, von winzigen zerbrechlichen Stücken bis hin zu 15-Liter-Monstern. Eine besondere Kuriosität war ein Kästchen mit menschlichem Haar – der Pferdeschwanz einer Verblichenen, der als liebes Erinnerungsstück aufbewahrt wurde. Zudem wurden kleine Mengen Gold und etwas Opium gefunden.

Auf einige der großen 5-Gallonen-Teekannen waren prächtige Drachen aufgemalt. Unter den Keramiken fanden sich auch Tausende von Löffeln, die exakt denen glichen, die heutzutage in jedem chinesischen Restaurant benutzt werden. Tausende von Schüsseln und Schalen aller Qualitäten und Muster fanden sich unter der Ware. Einige davon waren auffällig grob gearbeitet, Haushaltsgegenstände, die vermutlich für den asiatischen Gebrauch bestimmt waren, andere wiederum waren von ausgezeichneter Qualität, fein bemalt mit Vögeln, Bäumen, Blumen und Insekten. Selbst wenn Schalen und Gefäße das gleiche Muster trugen, unterschied sich jedes Einzelstück minimal, was zeigt, dass jedes Stück ganz individuell handbemalt worden war.

Während wir zusahen, wie die Ladung in den Transportkörben tropfend Stück für Stück nach oben kam, spekulierten wir natürlich auch eine Menge über Namen und Typ des Schiffes, Informationen, die Nigel Pickford erst zu einem späteren Zeitpunkt geben konnte. Die einzigen Hinweise, die wir zu diesem Zeitpunkt hatten, waren die Prägedaten auf den spanischen Münzen, die von 1797 bis 1804 reichten, und verschiedene Typen von Keramiken. Die zeitliche Einordnung der Keramiken war weit schwieriger, da sie aus der späten Qing-Periode stammten. Zur selben Zeit hatten in Europa Leute wie Joseph Wedgewood in England in Konkurrenz zum chinesischen Import gerade die Kunst der feinen Porzellanherstellung entdeckt. Tatsächlich dachte man, dass der Importfluss von chinesischem Porzellan in jener Periode weitgehend zum Stillstand gekommen war, obgleich Amerika weiterhin große Mengen abnahm.

In England war Nigel Pickford bereits damit beschäftigt, die Aufzeichnungen zu durchforsten. Man hatte Sorge, dass auch diese neueste Wrackentdeckung unidentifiziert bleiben könnte – wie Mike Hatchers 1984 entdeckte und unbenannte Dschunke am Admiral-Stellingwerf-Riff. Die erfolgreiche *Geldermalsen*-Auktion hatte gezeigt, wie wichtig der Name eines Schiffes ist und die Geschichte, die sich um die Artefakte rankt, wenn das Interesse der Öffentlichkeit geweckt werden soll. Wie sich herausstellte, gelang es Pickford, eine beträchtliche Menge an Informationen über die Dschunke zusammenzutragen, über ihr tragisches Ende und die Rettung der Schiffbrüchigen durch Kapitän Pearl.

»Pearl muss ein richtig guter Typ gewesen sein«, sinnierte Hatcher später. »Das ist nämlich ein sehr tückisches Stück See. Sein eigenes Schiff, die *Indiana,* und seine Mannschaft brachte er in Gefahr, um jene entkräfteten Menschen eines anderen Volkes zu retten. Viele europäische Kapitäne wären damals wahrscheinlich einfach weitergesegelt, so wie die andere Dschunke, und hätten die Menschen ihrem Schicksal überlassen.« Kapitän Pearl hat mehr als das getan. Mit der Rettung der Schiffbrüchigen stand er nun vor dem Problem, auf seinem eigenen Schiff zusätzlich 150 Menschen ohne Habe, einige sogar ohne Kleider, an Bord verpflegen und beherbergen zu müssen. Eine wahrhaft großherzige Tat. Pearl hatte den Kurs seines Schiffes geändert und segelte hinüber nach Pontianak in Borneo (Kalimantan), wo eine große chinesische Goldgräbergemeinschaft lag, die sich dieser armen Habenichtse annehmen würde.

»Er beklagte, dass die Rettung ihn eine Stange Geld gekostet hat, da ihm Zeit und Vorräte verloren gingen. Doch ich schätze mal, dass es ihm später bestimmt eine Befriedigung war, wenn er noch einmal daran zurückdachte. Irgendwo in Indonesien leben heute wahrscheinlich Nachkommen jener 150 Überlebenden, die allen Grund haben, Kapitän Pearl für das zu danken, was er geleistet hat.«

Rahim, der ein weit über die bloße Bergung hinausgehendes archäologisches Interesse an den Schiffen hatte, an denen er tauchte, fertigte ein paar hervorragende Zeichnungen der Dschunkenplanken unter Wasser. Er machte uns auf die riesige Größe der Hauptträger aufmerksam, die wasserdichten Abteilungen und die enorme Plankendicke.

Die *Tek Sing* war in den Aufzeichnungen als »Kanton-Dschunke« beschrieben, was heißen konnte, dass sie entweder in Kanton gebaut wurde, oder dass sie eine jener hochseetüchtigen Handelsschunken von besonderer Klasse und Bauart war. Europäische Seefahrer belächelten die Dschunken meist, denn die andere Bedeutung des Wortes »Dschunke« ist »Müll«. Dabei überquerten gewaltige asiatische Handelsschunken bereits die Meere, lange bevor Christopher Columbus 1492 Amerika erreichte oder Vasco da Gama 1498 nach Indien segelte. Jahrhunderte vor den Europäern waren die Chinesen in der Lage, nach Europa oder an jeden anderen Ort der Welt zu segeln. Sie verspürten lediglich keinen Hang dazu. Doch die Gewässer ihrer eigenen Region sowie den Indischen Ozean durchkreuzten sie rege.

Die berühmtesten Seereisen jener Zeit waren die des Eunuchen Zheng He, der 1402 von der Mündung des Jangtse aus mit einer Flotte von sechzig Schiffen (welche bis zu 134 Meter lang waren, 54 Meter Masthöhe und mehr als 3 000 Tonnen hatten) in See stach. Ihre Segel waren angeblich aus reiner Seide, und im Vergleich zu diesen Maßen hätte sich jedes europäische Schiff jener Zeit wie eine winzige Nussschale ausgenommen. Er nahm 27 000 Soldaten, Matrosen und Seeleute mit (laut Eric Rolls in seinem Buch *Sojourners, The Relationship of the Chinese with Australia*). Die Kavallerie nahm ihre Pferde mit an Bord, und es gab dort sogar Gemüsegärten mit Kräutern und Ingwer – also auch keinen Skorbut.

Die Chinesen hatten eine ausgezeichnete Navigationstechnik, bestimmten ihren Kurs anhand der Sterne und Kompasse. Sie kannten das Südchinesische Meer so gut, dass sie am Geschmack und der Beschaffenheit des Meeresschlamms auf ihren Senkbleien bestimmen konnten, wo sie gerade waren – sagt Rolls.

Zheng He unternahm sechs große Reisen in neunzehn Jahren, und Rolls berichtet, dass jede Einzelne davon an die achtzehn Monate Vorbereitungszeit brauchte und weitere achtzehn Monate bis zur Vollendung. Die Flotten erreichten jedes noch so entlegene Ziel, fuhren nach Indien, Sri Lanka, in den Persischen Golf, nach Afrika und Madagaskar sowie an den Indonesischen Archipel im Osten, bis hin nach Neuguinea. Es ist nicht auszuschließen, dass sie auch die nördliche Küste Australiens gesichtet haben, die dem Volk der Bhughi damals schon als »Feuerland« bekannt war, da der Wind den Rauch der Buschfeuer im nördlichen Australien manchmal bis zu den indonesischen Inseln wehte. Zheng He sandte eines seiner Schiffe nach Süden aus; es sollte so weit wie möglich südwärts fahren, um dem Stern Kanopus, der uns ja bereits bekannt ist und der den Gott der Langlebigkeit verkörpert, Opfer darzubringen.

Waren Zheng Hes Schiffe wirklich so groß, wie es in den Sagen heißt? Vielleicht nicht ganz. Aber zweifelsohne haben die Chinesen einige sehr große Schiffe gebaut, und Grund zu Zweifeln an der Authentizität der Seereisen besteht keinesfalls.

Die Mongolen, ein Nomadenvolk, das China eroberte, machte der chinesischen Seemacht schließlich den Garaus. Die Mongolen, selbst ein kriegerisches Volk, fürchteten die Invasion anderer barbarischer Stämme aus dem Westen und Norden. Und so setzten sie lieber alle Kräfte in den Ausbau der Chinesischen Mauer und ihrer Militärstärke als in die Flottenstärke. Nach wie vor jedoch pflegte man an der Südküste die alten Seetraditionen. Dorthin waren die letzten Getreuen der Kaiser der Ming-Dynastie geflohen. Die Chinesen an der Südküste fuhren weiterhin zur See trotz des offiziellen Verbots. Und bis es so weit war, dass die *Tek Sing* in See ging, hatte man bereits einige sehr große Dschunken gebaut und segelte fernen Zielen über den Meeren entgegen.

Die Ladung der *Tek Sing* bedeckte den Meeresboden über eine Länge von 54 Metern und einer Breite von über 10 Metern. Über chinesische Schiffe und die Navigation im 19. Jahrhundert ist sehr wenig bekannt. Nicht, weil keine Schiffe gebaut wurden oder nicht zur See fuhren – Schiffe wurden sehr wohl gebaut und sie fuhren auch zur See. Aber es war illegal und daher vernünftiger, keine Aufzeichnungen darüber aufzubewahren. Und wie es schien, war das Meiste in Bezug auf die *Tek Sing* verboten. Sie hätte nicht gebaut werden dürfen, sie hätte nicht in See stechen sollen, und schon gar nicht hätte sie als menschliche Exportfracht Kulis an Bord nehmen sollen. Doch auch wenn wir nicht so viel über sie wissen, wie wir uns wünschen, es gibt vergleichbare Schiffe aus jener Zeit.

Eines der berühmtesten war die *Keying*, eine sehr große, einhundert Jahre alte Dschunke, die zwischen 1847 und 1849 von Kanton nach New York segelte und von dort aus nach London. Ihre Maße schienen denen der *Tek Sing* sehr ähnlich gewesen zu sein. Laut einem Artikel von H. H. Brindley im *Mariner's Mirror* vom Oktober 1992, den Nick Burningham von der westaustralischen Duyfken-Stiftung recherchiert hat, war die *Keying* knapp fünfzig Meter lang und maß eine größte Schiffsbreite von zehn Metern. Sie war aus Teak-Holz gebaut, hatte fünfzehn Abteilungen, »von denen mehrere wasserdicht waren«. Ihr Fockmast war 23 Meter hoch und hatte einen Durchmesser von 43 Zentimetern. Der Großmast der *Keying* war 27 Meter hoch, hatte einen Durchmesser von einem Meter und der Kreuzmast war 15 Meter hoch. Der Großmast war, wie der der *Tek Sing*, gerundet, und die Großrah des Großsegels war gut zwanzig Meter lang.

Das Ruder war linienförmig perforiert, vermutlich um den Kurs leichter verändern zu können. Es wog acht Tonnen und reichte sieben Meter tief. Bei stürmischem Wetter wurde es von fünfzehn bis zwanzig Männern bedient, die eine »dritte Hand« benutzten (eine Talje mit einem Doppelblock oben und einem einfachen Block unten), doch bei schönem Wetter genügten zwei Mann. Ihre Ankerschäfte waren neun Meter lang und ihr Rumpf unterhalb der Wasserlinie mit Werg abgedichtet und überzogen mit einem Kalkzementgemisch aus gebrannten Austernschalen und Holzöl. Das Gemisch verhinderte nicht nur Lecks, es machte den Rumpf auch undurchdringlich für Schiffsbohrwürmer.

Die *Keying* wurde letztendlich 1848 als eine Neuheit von einem Konsortium junger Engländer in Kanton aufgekauft. Mit ihrer riesigen Größe übertraf sie alles bisher Gekannte.

Der wagemutige Kapitän Kellett nahm mit der *Keying* Kurs

nach Süden durch die Gaspar-Straße und die Sunda-Straße, steuerte also auf demselben Kurs wie die unglückselige *Tek Sing*. Die *Keying* hatte Kanton sogar im selben Monat verlassen wie die *Tek Sing*, um den Nordost-Monsun einzufangen, damit er sie über das Südchinesische Meer trieb. Aus Mangel an genügend Wind brauchte sie sechs Wochen, um die Java-See und die Sunda-Straße zu durchqueren. Sie trotzte vermutlich einem Zyklon vor Mauritius und umrundete das Kap der Guten Hoffnung im März – vielleicht die erste Dschunke, die das überhaupt je geschafft hat. Bis Mitte April war sie ein gutes Stück nördlich im Atlantik, wo sie auf heftigen Gegenwind stieß.

Die Chinesen der Crew hatten noch nie zuvor eine solch lange Seereise gemacht und waren einer Meuterei nahe. So wurde beschlossen, New York anzusteuern, wo das Schiff Anfang Juli 1847 ankam. Die Dschunke wurde in New York und Boston für mehrere Monate ausgestellt und machte sich am 17. Februar 1848 auf die Fahrt nach England.

Die *Keying* kam schnell voran, erreichte am 15. März 1849 Jersey und am 28. März Gravesend, sechzehn Monate nachdem sie Kanton verlassen hatte. So viel man weiß, ist das die längste Reise, die eine chinesische Dschunke je gemacht hat. In mehreren britischen Häfen, einschließlich Liverpool, wurde sie ausgestellt, und sie war die einzige Dschunke, die ein gekröntes europäisches Haupt je besucht hat. Während die *Keying* vertäut in der Themse lag, kam die junge Königin Victoria an Bord.

Die Seereise der *Keying* stellte die Hochseetüchtigkeit der Dschunken auch unter rauesten Bedingungen und auf langen Fahrten unter Beweis. Ihre Geschichte ist deshalb für uns so interessant, da sie in Größe und Bauart der *Tek Sing* sehr ähnlich war.

Das Hauptdeck wurde als »gewölbt« oder gerundet beschrieben, was zum einen den Vorteil hatte, dass hohe Wellen, die über das Deck rollten, schnell abflossen, zum anderen aber auch den Passagieren der *Tek Sing* die Lage erschwerte, als das Schiff am Riff in Schräglage geriet. Die *Keying* hatte ein erhöhtes Achterdeck mit noch einmal zwei Poopdecks, mit den ersten angemessenen Kabinen. Der Hauptsalon maß neun auf acht Meter und war dreieinhalb Meter hoch. Am Bug gab es ein erhöhtes Vorderdeck und am Heck Laufgänge.

»Es war kein Zufall, dass wir sie fanden«, sagt Mike Hatcher. »Ich wusste, dass sie da lag. James Horsburghs Buch *Directions For Sailing To The East Indies* hat mich auf ihre Spur gebracht.«

1827 beschreibt Horsburgh das Gebiet, in dem die *Tek Sing* ihr trauriges Ende fand:

Die Belvidere-Sandbänke: Deren südwestliches Ende liegt 2 Grad 15 Minuten südlicher Breite und reicht vom Gaspar Island Peak über 16 Kilometer nach Westen; von dort verlaufen sie etwa 6,4 Kilometer weit in nordöstlicher Richtung mit etlichen Korallenbänken, darüber 1,8 bis 3 Meter Wasser, und am nordöstlichen Ende ragt ein schwarzer Fels aus dem Wasser. Das Meer bricht sich an ihnen, wenn es ansteigt, und während des Tages können sie mit einem guten Mann im Ausguck leicht umfahren werden, vor allem da einige der Flecken bei Niedrigwasser trocken sind ...

Das war so ziemlich die Beschreibung, die auf das passte, was wir vom Topdeck auf der Bergungsplattform der *Swissco Marie* aus sehen konnten, während unsere Taucher unten am Bug der *Tek Sing* arbeiteten. Horsburgh fährt fort:

... kurz darauf sank dort eine große chinesische Dschunke. Etliche der Passagiere erreichten die Gaspar-Insel, während andere, die auf Wrackstücken im Meer trieben, durch die lobenswerten Bemühungen eines Landungsschiffs aus Kalkutta gerettet wurden ...

Bravo, Kapitän Pearl!

Australien feierte gerade den Beginn des neuen Jahrtausends, als die kostbare Ladung der *Tek Sing* vom Grund des Südchinesischen Meeres gehoben und über Singapur nach Australien verbracht wurde. Während die Sachverständigen in einem Hafenlager außerhalb von Adelaide von Ehrfurcht ergriffen Quantität, Qualität und Vielfalt des Porzellans begutachteten, sinnierte Hatcher über seine Zukunft.

»Wir haben eine Lizenz der indonesischen Regierung für weitere Bergungen«, sagte er. »Und natürlich wird sie dann an der Ladung beteiligt.«

Hatchers Partner planten bereits das Marketing und die Auktion für diese Riesenmengen Porzellan, während Hatcher schon wieder Pläne für weitere Wracksuchen schmiedete.

»Mit 360 000 Einzelstücken an Porzellan ist die Bergung der Keramikladung aus der *Tek Sing* die größte, die es je gegeben hat«, sagte er. »Die größte weltweit und sicherlich die wertvollste. Das wird kaum mehr zu schlagen sein!«

Und das weiße Gold in klingende Münzen zu verwandeln, war obendrein eine ziemliche Herausforderung!

Der Großteil der Porzellanladung der *Tek Sing* stammte aus Dehua und war im 18. und 19. Jahrhundert für den Export nach Südostasien hergestellt worden. Doch gab es auch einzelne Stücke, die aus dem 15. Jahrhundert stammten. Die riesige Menge an Stücken aller Formen und Größen mit dem gleichen Muster bot dem Käufer die einmalige Gelegenheit, sich daraus ein komplettes Tafelservice zusammenzustellen. Da die Ware für den asiatischen Markt bestimmt war, handelt es sich um reines und echtes »Asienporzellan«, also nicht auf den europäischen Geschmack oder Bedarf abgestimmt. Neben dem Porzellan wurden noch eine ganze Reihe äußerst interessanter Objekte entdeckt, darunter persönliche Habseligkeiten der Passagiere sowie verschiedenes Schiffsgerät, nautische Instrumente und Kanonen.

Im Anschluss an die gigantische Bergungsoperation wurde die Ladung der *Tek Sing* nach Adelaide in Australien transportiert, wo die Stücke noch einmal gewaschen, restauriert und katalogisiert wurden. Von Sachverständigen der südaustralischen Kunstgalerie und der Auktionshäuser Christies, Sotheby's und Nagel wurde die Ladung zu Versicherungszwecken gesichtet, geprüft und geschätzt.

Das deutsche Auktionshaus Nagel in Stuttgart, eines der führenden Häuser für asiatische Kunst in Europa, wurde schließlich mit der Versteigerung des Sensationsfundes beauftragt. Unter der Adresse www.teksing.com wurde eine Website für virtuelle Besucher eingerichtet mit aktuellen Informationen zum Projekt.

Zum Auftakt der Versteigerung ließ das Auktionshaus den Nachbau einer chinesischen Dschunke im Stuttgarter Hauptbahnhof aufstellen, in der die Besucher auf drei Stockwerken die Schätze vorbesichtigen konnten. Die Ausstellung *Der Schatz der Tek Sing* wurde von täglich 250 000 Besuchern, die durch den Bahnhof strömten, bestaunt.

Vor der Auktion startete eine riesige Werbekampagne mit Präsentationen in dreizehn großen Städten der Welt, auf denen die Geschichte der *Tek Sing* und ihrer erstaunliche Ladung das Interesse der Öffentlichkeit fand. Mike Hatcher und Nigel Pickford waren als Stargäste dabei. Die Geschichte der Bergung wurde auf Film festgehalten, um diesen sensationellen Fund und Teil der Weltgeschichte für immer zu erhalten.

Vom 18. bis zum 19. November 2000 fand in Stuttgart die Auktion statt, die weltweit größte dieser Art. Alle 350 000 Stücke fanden einen Käufer.

Zurück in Adelaide, schweifte Mike Hatchers Blick in die Ferne, wanderte im Geiste über die Weiten der Südchinesischen See. Ein Leben lang Schatztaucher und gerade dabei, endlich den großen Gewinn aus seiner sensationellsten Entdeckung einzustreichen, war er mit seinen Gedanken bereits wieder woanders. Ihn reizte das Abenteuer, und er brannte auf neue Aktionen.

Er sah mich mit einem fröhlichen, breiten Lachen an: »Du setzt dich jetzt hin und schreibst das Buch. Und lass' noch etwas Tinte übrig für das nächste!«

Und genau so habe ich es gemacht.

Nachbemerkung

Tek Sing - seit ihrer Entdeckung und Bergung ging der Name der chinesischen Dschunke aus dem frühen 19. Jahrhundert als Zauberwort um die Welt, als Synonym für das Einzigartige, noch nie Dagewesene. Einen Schatz zu finden, wer hätte nicht schon einmal davon geträumt? Selbst für den in dieser Hinsicht geübten Mike Hatcher war die *Tek Sing* ein Erlebnis der Superlative. Die größte je geborgene Ladung antiken chinesischen Porzellans - 350 000 Teile - allein die Menge der Teller, Schüsseln, Tassen etc. war kaum vorstellbar. Darüber hinaus erregte die dramatische Geschichte vom Untergang des Schiffes und seiner Passagiere, die der berühmteren Katastrophe der *Titanic* in nichts nachsteht, das Interesse einer breiten Öffentlichkeit. Hatchers Entscheidung, die Vermarktung des Sensationsfundes dem Stuttgarter Auktionshaus Nagel zu übertragen, erwies sich als Glücksfall. Die Überlegung, daß eine derartige Menge antiken chinesischen Porzellans nicht auf einer Auktion für ausschließlich Händler und Liebhaber angeboten werden konnte, sondern neue Kundenkreise angesprochen werden mussten, führte zu einem neuartigen Marketingkonzept. Man wollte auch dem Normalverbraucher Gelegenheit geben, zu erschwinglichen Preisen Stücke zu erwerben, an Masse fehlte es ja wirklich nicht. Der Nachbau einer chinesischen Dschunke in der Halle des Stuttgarter Hauptbahnhofs, in dem ein Großteil des Schatzes der *Tek Sing* ausgestellt und mit multimedialen Darstellungen zu Porzellanherstellung, dem Schiffsunglück und der Bergung begleitet wurde, weckte ein enormes Publikumsinteresse, das zusätzlich durch kleinere aber repräsentative Ausstellungen in Singapur,

New York, Verona, Paris und London weltweite Dimensionen erreichte. Um den Interessenten aus aller Welt Gelegenheit zu geben, an der Auktion im November 2000 in Stuttgart teilzunehmen, wurde die Möglichkeit geschaffen, per Internet mitzubieten. Die Website zur *Tek Sing* wurde vor der Auktion von durchschnittlich tausend Besuchern pro Tag genutzt.

Der organisatorische Aufwand und das Medienecho im Vorfeld waren groß und entsprechend auch die Erwartungen der Veranstalter, als am 17. November 2000 mit dem Los Nr. 1 von 16 100 Losen die bisher weltweit größte Kunstauktion eröffnet wurde. Nach acht Versteigerungstagen stand fest, dass sich der Einsatz gelohnt hatte: Alle 350 000 Stücke der Ladung waren verkauft zu einem Bruttogesamterlös von 22,4 Millionen DM. Das Schnäppchen der Auktion waren sechs rötlich-braune Löffel für 20 DM, das höchste Gebot, 40 000 DM, wurde für eintausend blau-weiße Teller mit Phönix-Muster erzielt. Die Enttäuschung darüber, daß die Kanone der Tek Sing nur für vergleichsweise bescheidene 13 200 DM einen Käufer fand, tat dem insgesamt alle Erwartungen erfüllenden Unternehmen keinen Abbruch. Eine vertragliche Vereinbarung zwischen der indonesischen Regierung und der Bergungsfirma über eine fünfzig prozentige Beteiligung des indonesischen Staates am Auktionserlös konnte auch die mancherseits gegen Mike Hatcher erhobenen Vorwürfe entkäften, Indonesien ginge bei der Vermarktung des Schatzes der Tek Sing leer aus. Fest steht in jedem Fall, daß der Abenteurer Mike Hatcher und seine nicht weniger risikofreudigen Partner dafür gesorgt haben, daß der Name *Tek Sing* und das Schicksal dieser chinesischen Dschunke so schnell nicht in Vergessenheit geraten werden.

REISEN, MENSCHEN, ABENTEUER

Sir Francis Chichester
Held der sieben Meere
Allein um die Welt in einer
Einhandjacht
ISBN 3-89405-111-6

Maria Coffey
Ein Kajak im Gepäck
Eine Frau paddelt
um die Welt
ISBN 3-89405-083-7

Albrecht Schäfer
Sarimanok
Eine Seereise wie
vor 2000 Jahren
ISBN 3-89405-092-6

Jonathan Waterman
**Kajak-Abenteuer
Baja California**
800 Meilen durch das
mexikanische Meer
ISBN 3-89405-076-4

Lutz Herbert
Auf dem Amazonas
Eine Reise zu den
Ticuna-Indianern
ISBN 3-89405-079-9

Dieter Kreutzkamp
**Mit dem Kanu durch
Kanada**
Auf dem Spuren der Pelz-
händler
ISBN 3-89405-045-4

SIERRA BEI FREDERKING & THALER

REISEN, MENSCHEN, ABENTEUER